Monique Meyerer

Rechtsprobleme einer Leistungserbringung auf parapsychologischer Grundlage

Monique Meyerer

Rechtsprobleme einer Leistungserbringung auf parapsychologischer Grundlage

Tectum Verlag

Monique Meyerer
Rechtsprobleme einer Leistungserbringung auf parapsychologischer Grundlage

ISBN: 978-3-8288-4341-7
E-Book: 978-3-8288-7322-3

Zugl. Diss. Julius-Maximilians-Universität Würzburg, 2019
Printed in Germany

Informationen zum Verlagsprogramm finden Sie unter
www.tectum-verlag.de

Bibliografische Informationen der Deutschen Nationalbibliothek
Die Deutsche Nationalbibliothek verzeichnet diese Publikation in der Deutschen Nationalbibliografie; detaillierte bibliografische Angaben sind im Internet über http://dnb.ddb.de abrufbar.

Bibliographic information published by the Deutsche Nationalbibliothek
The Deutsche Nationalbibliothek lists this publication in the Deutsche Nationalbibliografie; detailed bibliographic data are available online at http://dnb.ddb.de.

Meinen Eltern.
Meiner Schwester.

Inhaltsverzeichnis

Einleitung **1**

Gang der Darstellung **3**

Kapitel 1: Parapsychologie im Recht – eine Bestandsaufnahme **5**

1. Definition „Parapsychologie" für die folgende Untersuchung 5
2. Parapsychologische Dienstleistungen 6
3. Parapsychologie in der Rechtsprechung seit 1900 7

Kapitel 2: Rechtliche Behandlung von Verträgen auf parapsychologischer Grundlage im Hinblick auf § 138 BGB **14**

1. Die von der Rechtsprechung angewandten Normen 14
   1.1 Die Sittenwidrigkeit gem. § 138 BGB 15
      1.1.1 § 138 Abs. 1 BGB 15
         1.1.1.1 Die guten Sitten als Maßstab 16
         1.1.1.2 Der Begriff der guten Sitten 16
         1.1.1.3 Verträge auf parapsychologischer Grundlage und die guten Sitten 18
            1.1.1.3.1 Anforderungsmaßstab an § 138 Abs. 1 BGB 19
            1.1.1.3.2 Vereinbarkeit von Verträgen auf parapsychologischer Grundlage mit dem Grundgesetz 21
               1.1.1.1.1.1 Art. 12 GG im Hinblick auf die Astrologie 21
               1.1.1.1.1.2 Art. 12 GG im Hinblick auf sonstige parapsychologische Betätigungsfelder 22
               1.1.1.1.1.3 Art. 4 GG 24

1.1.1.4 Zwischenergebnis ... 25
1.1.2 § 138 Abs. 2 BGB ... 26
1.2 Rechtsfolge des § 138 BGB ... 27
1.2.1 § 812 Abs. 1 S. 1 Alt. 1 BGB ... 27
1.2.2 Anspruchsausschluss gem. § 814 BGB ... 28
1.2.3 Anspruchsausschluss gem. § 817 S. 2 BGB ... 28
1.2.4 § 817 S. 1 BGB ... 29
2. Analyse der in der Rechtsprechung entschiedenen Fälle im Hinblick auf § 138 BGB ... 30
2.1 Der „Kartenlegerfall" des BGH (BGH III ZR 87/10) ... 31
2.1.1 1. Instanz (LG Stuttgart) ... 32
2.1.2 2. Instanz (OLG Stuttgart) ... 32
2.1.3 3. Instanz (BGH) ... 32
2.1.3.1 § 138 Abs. 2 BGB ... 33
2.1.3.1.1 § 138 Abs. 2 BGB: Auffälliges Missverhältnis ... 33
2.1.3.1.2 § 138 Abs. 2 BGB: Schwäche des Vertragspartners ... 34
2.1.3.1.2.1 Mangel an Urteilsvermögen ... 34
2.1.3.1.2.2 Erhebliche Willensschwäche ... 35
2.1.3.1.3 Ausbeutung ... 36
2.1.3.2 § 138 Abs. 1 BGB ... 36
2.1.3.2.1 § 138 Abs. 1 BGB: Wucherähnliches Rechtsgeschäft ... 36
2.1.3.2.2 § 138 Abs. 1 BGB: Ausnutzung einer Vertrauensstellung ... 37
2.1.3.3 Gesamtwürdigung ... 40
2.2 Weitere Urteile ... 40
2.2.1 OLG Düsseldorf, Urteil vom 27.02.1953, 5 U 319/52 ... 40
2.2.2 LG Kassel, Urteil vom 14.03.1985, 1 S 491/84 ... 43

2.2.3 LG Braunschweig, Urteil vom 28.11.1985, 7 S 327/84 47

2.2.4 LG Kassel, Urteil vom 26.05.1988, 1 S 483/87 49

2.2.5 LG Mannheim, Urteil vom 20.04.1992, 4 Ns 80/91 50

2.2.6 AG Grevenbroich, Urteil vom 03.11.1997, 11 C 232/97 51

2.2.7 LG Augsburg, Urteil vom 13.05.2003, 4 S 5354/02 54

2.2.8 LG Ingolstadt, Urteil vom 23.05.2005, 2 Qs 69/05 56

2.2.9 LG München, Urteil vom 18.09.2006, I 30 S 10495/06 57

2.2.10 AG Mannheim, Urteil vom 04.03.2011, 3 C 32/11 58

2.2.11 LG Trier, Urteil vom 16.02.2011, 5 O 49/11 60

2.2.12 AG Bad Segeberg, Urteil vom 05.03.2015, 17a C 87/14 61

2.2.13 Ergebnis 63

Kapitel 3: Rechtliche Behandlung parapsychologischer Verträge im Hinblick auf das Unmöglichkeitsrecht 66

1. Der „Kartenlegerfall" vor dem BGH – Urteilsanalyse im Hinblick auf die Unmöglichkeitslehre 66

2. Das System der „Unmöglichkeit" 67

2.1 gesetzlicher Ausgangspunkt: § 275 Abs. 1 BGB 67

2.1.1 Anfängliche objektive Unmöglichkeit 68

2.1.2 Anwendung des Unmöglichkeitsrechts auf Verträge auf parapsychologischer Grundlage – die Argumentation des BGH 68

2.1.3 Die Argumente der vom BGH zitierten instanzgerichtlichen Urteile 69

2.1.4 Fazit: Anknüpfung der Unmöglichkeit an die Beweisbarkeit 70
2.1.5 Ähnliche Argumentation anderer instanzgerichtlicher Urteile 71
2.1.6 Die Grenze des BGH: allgemeine Lebensberatung und jahrmarktähnliche Unterhaltung 73
2.1.7 Zusammenfassung 74
2.2 Analyse der Argumentation des BGH 75
2.2.1 Gleichlauf von Unmöglichkeit und Unbeweisbarkeit 75
2.2.2 Durchsetzbarkeit des Anspruchs bedingt seine Entstehung 75
2.2.3 Übertragung strafrechtlicher Argumente auf das Zivilrecht 77
2.2.4 Ausnahme der jahrmarktähnlichen Unterhaltung ... 78
2.3 Folgerungen aus der Unmöglichkeit 79
2.3.1 Früher unproblematisch Nichtigkeit gem. § 306 BGB a.F. 80
2.3.2 Heute: §§ 275, 326, 311a BGB 80
2.3.2.1 Primäre Rechtsfolgen 80
2.3.2.2 Sekundäre Rechtsfolgen 81
2.3.3 Folgerungen aus der gesetzgeberischen Konzeption bei Anwendung auf parapsychologische Verträge 83
2.3.3.1 Konstruktion des BGH 85
2.3.3.1.1 Entweder: Konkludente Abbedingung des § 326 Abs. 1 BGB 85
2.3.3.1.2 Oder: (Konkludente) vertragliche Risikoübernahme 86
2.3.3.2 Zwischenergebnis 87
2.3.3.3 Zahlreiche ungelöste Folgeprobleme 89
2.3.3.4 Das Schicksal des § 311a BGB 92

2.3.3.4.1 Grundsätzliche Einschlägigkeit des § 311a BGB 93
2.3.3.4.2 Entfallen des Schadensersatzanspruches von vorneherein 94
2.3.3.4.3 Reduzierung des Schadensersatzanspruches auf Null 94
2.3.3.4.4 Konkludente Abbedingung des Schadensersatzanspruches 95
2.3.3.4.5 Reduktion des Schadensersatzanspruches auf das negative Interesse 95
2.3.3.4.6 Saldierung des Zahlungsanspruches mit dem Schadensersatzanspruch 95
2.3.3.4.7 Stellungnahme: Einordnung als auf Null reduzierter Schadensersatzanspruch 95
2.3.3.5 Stellungnahme zur Konstruktion des BGH 97
2.3.3.5.1 Widerspruch zur allgemeinen Einordnung als Dienstvertrag 97
2.3.3.5.2 Keine gerechte Lösung bei Vorkasse 100
2.3.3.5.3 Bewertung bei fehlendem Bewusstsein 100
2.3.3.5.4 Was bleibt übrig von der Aussage des BGH? 101
2.3.3.6 Kritik und Meinungsstand in der Literatur 102
2.3.3.6.1 Grundsätzliche Zustimmung 103
2.3.3.6.2 Unmöglichkeit und Wegfall der Gegenleistungspflicht 105
2.3.3.6.3 Ablehnung der Konstruktion des BGH 106
2.3.3.6.4 Stellungnahme: Entwicklung einer Lösung aus der Vertragseinordnung heraus 110

Kapitel 4: Vertragseinordnung ... **116**

1. Analyse des Vertragstyps ... 116
   1.1 Einordnung als Dienstvertrag ... 117
      1.1.1 Bestimmung anhand der Kausalität ... 117
      1.1.2 Bestimmung anhand der Risikoverteilung und des Erfolgskriteriums ... 119
      1.1.3 Bestimmung anhand eines Alternativkriteriums ... 120
      1.1.4 Bestimmung anhand der Rechtsfolgen ... 123
         1.1.4.1 Leistungsstörungen ... 123
         1.1.4.2 Kündigung ... 124
   1.2 Keine Einordnung der Dienstleistung auf parapsychologischer Grundlage als unmöglich ... 126
      1.2.1 Die Erfüllung des Dienstvertrages i.S.d. § 362 Abs. 1 BGB ... 127
      1.2.2 Die ordnungsgemäßen Dienste als Voraussetzung für die Erfüllung ... 128
         1.2.2.1 Ausdrückliche Bestimmungen ... 129
         1.2.2.2 Gesetzliche Vorgaben ... 130
         1.2.2.3 Auslegung des Vertrages ... 130
         1.2.2.4 Parameter „Leistungserfolg" ... 131
         1.2.2.5 Parameter „subjektiver Verwendungszweck" ... 132
         1.2.2.6 Ergebnis ... 134
            1.2.2.6.1 Die Beförderung des Erfolges (Vertragszweck) als Vorgabe für die Leistungshandlung im Dienstvertrag ... 135
            1.2.2.6.2 Subjektive Geeignetheit der Funktion der Tätigkeit ... 136
      1.2.3 Ergebnis ... 138
   1.3 Verbleibende Fälle des § 275 Abs. 1 BGB im Rahmen eines Dienstvertrages auf parapsychologischer Grundlage ... 140
2. Zusammenfassung und Generalisierung ... 141

3. Magische Kräfte als Geschäftsgrundlage nach § 313 BGB? 142

Kapitel 5: Vergleich parapsychologischer Verträge mit dem Behandlungsvertrag gem. § 630a BGB 144

1. Die Merkmale eines Behandlungsvertrages nach den §§ 630a ff. BGB 144
2. Verträge auf parapsychologischer Grundlage als Behandlungsverträge 145
3. Rechtliche Behandlung von Behandlungsverträgen auf parapsychologischer Grundlage 146
   3.1 Aufklärungspflichtverletzung 147
   3.2 Behandlungsfehler 148
   3.3 Erstes Zwischenergebnis 149
   3.4 Unmöglichkeit 149
   3.5 Zweites Zwischenergebnis 152
4. Erfolg und Wirksamkeit im Behandlungsvertrag beim Therapieauswahlfehler 152
   4.1 Grenze der Unwirksamkeit 153
   4.2 Stellungnahme 154
   4.3 Lösung über Aufklärungsfehler 158
   4.5 Ergebnis 159

Kapitel 6: Dienstverträge auf parapsychologischer Grundlage als Dienstverträge sui generis i. S. d. § 311 Abs. 1 BGB in Anlehnung an § 630a ff. BGB 162

1. Inhaltliche Aufklärung 163
2. Sonderfall: Erfolgsversprechen 164
   2.1 Erfolgsabhängige Vergütungsvereinbarung 165
   2.2 Garantievertrag 166
   2.3 Stellungnahme 167
3. Wirtschaftliche Aufklärung und Einwilligung/Bestätigung 169

4. Rechtsfolgen bei nicht ordnungsgemäßer inhaltlicher und wirtschaftlicher Aufklärung 171

5. Klagbarkeit und Vollstreckbarkeit nach § 888 Abs. 3 ZPO 171

5.1 Notwendigkeit der Klagbarkeit 171

5.2 Vollstreckbarkeitsausschluss nach § 888 Abs. 3 ZPO .. 173

5.3 Rechtspolitisches Aufgabenfeld 174

6. Rechtsfortbildung praeter legem 175

Kapitel 7: Ergebnis und Zusammenfassung 178

1. Sittenwidrigkeit als Ausnahme statt Regel 178

2. Unmöglichkeitsrecht als unpassende Notlösung 178

3. Dienstvertrag sui generis i.S.d. § 311 Abs. 1 BGB als Rechtsfortbildung praeter legem 180

Literaturverzeichnis XV

Einleitung

Im Jahr 2011 entschied der Bundesgerichtshof einen Fall, in dem es um den Vergütungsanspruch für eine Leistung ging, die unter Einsatz übernatürlicher, magischer Kräfte und Fähigkeiten erbracht werden sollte.[1] Das oberste deutsche Gericht behandelte damit zum ersten Mal einen zivilrechtlichen Fall mit parapsychologischem Bezug. Es verwundert zunächst, dass das Bürgerliche Gesetzbuch über 100 Jahre alt werden musste, bevor sich der Bundesgerichtshof mit einem derartigen Rechtsproblem auseinandersetzen musste – oder durfte. Bei der Recherche nach weiterer Rechtsprechung in diesem Bereich fiel angesichts der rar gesäten Entscheidungen auf, dass sich die Bürger in Deutschland hierüber wohl sehr ungerne streiten. Diese Feststellung verblüfft doch sehr vor dem Hintergrund, dass der Markt für parapsychologische und metaphysische Dienstleistungen boomt. Alleine bei dem weltweiten Auktionshaus eBay finden sich unter dem Suchwort „Wahrsagen" mehr als 12.000 Angebote, die man telefonisch, elektronisch oder persönlich in Anspruch nehmen kann. Doch was hat es mit diesen Begrifflichkeiten überhaupt auf sich? Was genau steckt hinter einer parapsychologischen Dienstleistung? Und wie ordnet die Wissenschaft, insbesondere die Rechtswissenschaft, die Parapsychologie ein? Die vorliegende Arbeit gibt zunächst einen Überblick, was unter einer parapsychologischen Dienstleistung verstanden werden kann, untersucht sodann den heutigen Erkenntnisstand hierüber und zieht nach einer Bestandsaufnahme die Brücke zur rechtswissenschaftlichen Behandlung solcher Leistungen. Im Fokus steht hierbei insbesondere der oben genannte „Karten-

[1] BGH, NJW 2011, 756 (Leitsatz).

legerfall" des BGH aus dem Jahr 2011. Ziel der Arbeit ist es, die rechtliche Einordnung von Verträgen auf parapsychologischer Grundlage umfassend zu untersuchen und ihre Rechtsfolgen herauszuarbeiten.

Gang der Darstellung

Nach Einführung in die zentralen Normen, die bisher zur Lösung zivilrechtlicher Probleme in diesem Bereich angeführt wurden, wird ein Lösungsvorschlag erarbeitet, der das eigentliche Problem solcher Dienstleistungen systematisch und zweckorientiert verarbeitet.

Im ersten Kapitel soll der Leser einen Eindruck von der Thematik der Parapsychologie bekommen und wie sich diese in den rechtlich zu entscheidenden Fällen ausgewirkt hat. Die Zusammenfassung der seit 1900 in der Rechtsprechung diesbezüglich entschiedenen Fällen soll das Grundverständnis für die spätere Einordnung und den alternativen Lösungsvorschlag bilden.

Kapitel zwei beschäftigt sich mit der Sittenwidrigkeit gem. § 138 BGB als eine der beiden zentralen Normen, die für die Lösung rechtlicher Probleme im Zusammenhang mit Verträgen auf parapsychologischer Grundlage bisher herangezogen wurden. Nach ausführlicher Analyse der Fälle, die ihre rechtliche Lösung über § 138 BGB suchen, zeigt die Arbeit Schwächen der Sittenwidrigkeitslösung auf und grenzt den Anwendungsbereich detailliert ein.

Das dritte Kapitel rückt das Unmöglichkeitsrecht als zweiten zentralen Lösungsansatz der bisherigen Judikatur in den Mittelpunkt. Hierzu untersucht die Arbeit die im Kartenlegerfall des BGH gewonnenen Ergebnisse im Hinblick auf die historische, wortlautgemäße, systematische und teleologische Auslegung des Tatbestandes und der Rechtsfolgen der anfänglichen Unmöglichkeit und zeigt Folgeprobleme bei deren Anwendung auf.

Im vierten Kapitel wird die dargelegte Kritik an der Anwendung des Unmöglichkeitsrechts durch die rechtliche Einordnung des Vertrages auf parapsychologischer Grundlage untermauert. Zugleich wird anhand des Vertragstyps analysiert, inwieweit überhaupt Spielraum für die Anwendung des Unmöglichkeitsrechts verbleibt.

Das fünfte Kapitel widmet sich dem Vergleich des Vertrages auf parapsychologischer Grundlage mit dem in einem eigenen Kapitel des BGB verorteten Behandlungsvertrag, da diesem zumindest auch parapsychologische Behandlungen zu Grunde liegen können. Aufgrund der Ähnlichkeit der Vertragstypen wird untersucht, ob sich die zur rechtlichen Behandlung herangezogenen Normen des Kapitels über den Behandlungsvertrag auch für allgemeine Verträge auf parapsychologischer Grundlage, die keine Behandlungsverträge darstellen, nutzen lassen.

Im letzten Kapitel wird das Ergebnis der vorherigen Analyse dazu genutzt, einen eigenen Lösungsvorschlag zur rechtlichen Behandlung von Verträgen auf parapsychologischer Leistung zu unterbreiten. Bei der entsprechenden Darstellung werden die wesentlichen Ideen als rechtliche Voraussetzungen formuliert und allgemeine sowie besondere Rechtsfolgen erläutert.

Kapitel 1: Parapsychologie im Recht – eine Bestandsaufnahme

1. Definition „Parapsychologie" für die folgende Untersuchung

Bei einer Recherche unter dem Begriff „Parapsychologie", findet man diverse Definitionen. „Parapsychologie ist die Wissenschaft von den okkulten, außerhalb der normalen Wahrnehmungsfähigkeit liegenden, übersinnlichen Erscheinungen, wie Telepathie bzw. Tele- oder Psychokinese, Materialisation, Spuk o.Ä."[2] Erfasst sind also neben den sog. mentalen (außersinnlichen Wahrnehmungen) auch die sog. physischen paranormalen Phänomene.[3] Es ist die „1889 von M. Dessoir geprägte Bezeichnung für jene Disziplin, die mit empirischen Methoden der Sozial- und Naturwissenschaften okkulte oder übersinnliche Erscheinungen kritisch auf ihren Tatsachengehalt hin untersucht und – sofern möglich – in den Rahmen geltender Erklärungsmodelle (Paradigmen) von Psyche und Natur einordnet."[4] Synonym finden sich Begriffe wie Paraphysik, Grenzwissenschaft, Metapsychologie, Metapsychik oder Metaphysik.[5] Grundvoraussetzung für die Entwicklung dieser Wissenschaft ist der Glaube an Kräfte und Geschehnisse paranormaler Art – der Aberglaube[6]. Der Aberglaube ist seit jeher bei allen Völkern verbreitet und bezeichnet den in seinen Inhalten stark wechselnden Glauben an die Wirkung magischer, naturgesetzlich unerklärter Kräfte und die damit verbundenen Praktiken.[7] Die Parapsychologie findet im Aberglauben eine vorwissenschaftliche Erklärung für die von ihr untersuchten Phänomene, sie will sich seiner in positiver Kritik annehmen.[8] Da der Aberglaube fester Bestandteil der Menschheitsgeschichte ist, ist auch die Parapsychologie – unabhängig von ihrer Akzeptanz als Wissenschaft – ein Bereich, der aus der Gesellschaft nicht mehr wegzuden-

---

2 Bedeutungsübersicht „Parapsychologie" auf Duden online: https://www.duden.de/rechtschreibung/Parapsychologie, zuletzt abgerufen am 02. Januar 2019.

3 *Meyers Enzyklopädisches Lexikon*, Bd. 18, Stichwort Parapsychologie.

4 *Brockhaus-Enzyklopädie*, Bd. 21, Stichwort Parapsychologie.

5 *Brockhaus-Enzyklopädie*, Bd. 21, Stichwort Parapsychologie.

6 *Meyers Enzyklopädisches Lexikon*, Bd. 1, Stichwort Aberglaube.

7 *Brockhaus-Enzyklopädie*, Bd. 1, Stichwort Aberglaube.

8 *Brockhaus-Enzyklopädie*, Bd. 1, Stichwort Aberglaube.

ken ist. Die ersten Versuche, übernatürliche Phänomene mit wissenschaftlichen Methoden zu untersuchen, gehen auf das Gründungsjahr der „Society for Psychical Research" (1882) zurück.[9] In einer 1938 und 1952 durchgeführten Einstellungsuntersuchung bei Psychologen erhöhte sich die Zahl der an die Realität von parapsychologischen Phänomenen glaubenden Psychologen von 8,8 % auf fast das Doppelte (16,6 %).[10] Eine repräsentative forsa-Studie im Auftrag der Gothaer Versicherung aus dem Jahr 2015 ohne Beschränkung auf einen bestimmten Gesellschafts-/Personenkreis ergab, dass sich knapp ein Drittel (31 %) der Befragten als sehr (2 %) oder etwas (29 %) abergläubisch einschätzen.[11] Auffällig hierbei ist jedoch, dass die Frage nach der Beachtung gängiger abergläubischer Bräuche, wie z.B. „zum Schutz dreimal auf Holz klopfen", fast von der Hälfte (45 %) der Befragten positiv beantwortet wird.[12] Dies zeigt, dass der Aberglaube und die Parapsychologie in unserer Gesellschaft nach wie vor stark verwurzelt sind.

2. Parapsychologische Dienstleistungen

Die aktive Ausübung aberglaubensbedingter Handlungen vollzieht sich meist unter Beachtung bestimmter Regeln bzw. Bedingungen. Das Spektrum parapsychologischer Dienstleistungen ist denklogischerweise gleich umfassend wie der Bereich der Parapsychologie an sich und lässt sich schwer anhand eines Kataloges abschließend benennen. Gängige Beispiele parapsychologischer Betätigung sind das Wahrsagen (insbesondere in Verbindung mit der Astrologie), Karten-/Handlesen, Voodoo, Hexerei, aber auch esoterische Rituale und sog. Körper-/Geist-

---

9 *Meyers Enzyklopädisches Lexikon*, Bd. 18, Stichwort Parapsychologie.

10 *Meyers Enzyklopädisches Lexikon*, Bd. 18, Stichwort Parapsychologie.

11 *Forsa* (2015): Repräsentative Umfrage „Aberglaube" (Datenbasis: 1.004 Befragte, Erhebungszeitraum: 5. Bis 7. Oktober 2015, statistische Fehlertoleranz: +/- 3 Prozentpunkte).

12 *Forsa* (2015): Repräsentative Umfrage „Aberglaube". Weitere Beispiele des *Instituts für Demoskopie Allensbach* ergaben, dass 42 % der Deutschen daran glauben, dass das vierblättrige Kleeblatt Gutes bedeutet, 40 % denken, dass es irgendwie bedeutsam ist, am nächtlichen Himmel zufällig Sternschuppen zu sehen, 36 % halten die Begegnung mit einem Schornsteinfeger für ein Glück verheißendes Omen, 28 % wollen nicht ausschließen, dass Zahlenmagie tatsächlich bedeutsam sein könnte, 25 % sehen in schwarzen Katzen, die von links über den Weg laufen, ein ungutes Vorzeichen, *Institut für Demoskopie Allensbach* (2005): Allensbacher Berichte 2005 / Nr. 7, Gute und ungute Vorzeichen – Aberglaube existiert weiter.

und Seelenreinigung. Es ist dagegen nicht möglich alle in Betracht kommenden Praktiken und Handlungen aufzuzählen, da sie von Kulturkreis zu Kulturkreis in unterschiedlichster Ausprägung vorhanden sind.[13] Um das Feld zu veranschaulichen, sind im Folgenden die bisher in der Rechtsprechung entschiedenen Fällen dargestellt:

3. Parapsychologie in der Rechtsprechung seit 1900

Die Rechtsprechung hat sich auf Grundlage des Bürgerlichen Gesetzbuches zum ersten Mal im Jahr 1900 mit der Frage auseinandergesetzt, wie parapsychologische Handlungen zu bewerten sind. Das Reichsgericht kam in einem strafrechtlichen Urteil zu dem Schluss, dass weder ein Mordversuch noch eine Anstiftung zum Mord vorliegt, wenn die angeklagte Ehefrau eine andere Person beauftragt, durch Teufelsbeschwörung und sog. Sympathiemittel den Tod ihres Ehemannes herbeizuführen.[14] Das Reichsgericht stellte fest, dass die angeklagte Ehefrau von dem Gedanken beherrscht war, der Tod ihres Mannes könne auf diesem Wege herbeigeführt werden und es ihr fern lag, den beiden Mitangeklagten einen tätlichen Angriff auf das Leben ihres Ehemannes anzusinnen.[15] Von der Beantwortung der Frage, ob dies überhaupt möglich ist, sah das Reichsgericht ab und stützte sich auf die Begründung, dass die Existenz der hier fraglichen Kräfte jedenfalls nicht beweisbar ist, sondern diese lediglich dem Glauben oder Aberglauben, der Vorstellung oder dem Wahne angehören: Die fraglichen Kräfte können als nicht in der wissenschaftlichen Erkenntnis und Erfahrung des Lebens begründet, vom Richter nicht als real wirksam anerkannt werden, sondern sind in rechtlicher Beziehung weder als taugliche, noch als relativ oder absolut untaugliche, d.h. überhaupt nicht als Mittel zur Herbeiführung irgendwelcher Veränderungen in der Welt des Tatsächlichen anzusehen; wie tatsächlich, so sind sie auch rechtlich indifferent, sie fallen

---

[13] Beispielhaft: Die Befragung des Schildkröten- und Schafgarbenorakels in China (seit dem Altertum bis heute als beliebte Wahrsagekunst gesellschaftlich vollständig anerkannt); vorstaatliche (Lynch-) Justizpraktiken gegen „Hexen" in Teilen Südamerikas, Indiens, Süd-, West- und Ostafrikas und Papuas sowie teilweise in Saudi-Arabien.

[14] *RG*, RGSt 33, 321 (322).

[15] *RG*, RGSt 33, 321 (322).

aus dem Kreise kausaler Veranstaltungen ganz hinaus.[16] Diese Auffassung der Rechtsprechung des Reichgerichtes zieht sich bis heute durch die Entscheidungen der Gerichte:

So beschrieb das OLG Düsseldorf 1953 die astrologische Zukunftsvorhersage als eine Leistung, die nach dem Stand der Wissenschaft sowohl in naturwissenschaftlichem als auch im Rechtssinne unmöglich sei.[17]

Der 1. Strafsenat des Bundesgerichtshofes befand 1978, dass – zumindest im Bereich der Strafrechtswissenschaft – die Ergebnisse der Parapsychologie nicht als naturwissenschaftlich gesicherte Erkenntnisse anerkannt werden können und ein parapsychologisches Gutachten ein völlig ungeeignetes Beweismittel darstelle.[18]

Das Landgericht Kassel übertrug diesen Gedanken auf das Zivilrecht und begründete die objektive Unmöglichkeit der Leistung, Partnerschaftsprobleme auf parapsychologischer Grundlage zu lösen, damit, dass solche Kräfte nicht existierten und durch naturwissenschaftliche Forschung bislang auch nicht nachgewiesen werden konnten; die Unmöglichkeit der Leistung sei daher gemäß § 291 ZPO offenkundig und auch eine hierauf gestützte Beweisaufnahme sei überflüssig.[19]

Das LG Braunschweig sah die Sonderheit der Absprache zwischen den streitenden Parteien, die die Abschirmung gegen Erdstrahlen zum Gegenstand hatte, darin, dass sie nicht auf die Ergebnisse naturwissenschaftlicher Forschung ausgerichtet gewesen sei.[20] Genauer sei die Auffassung des Klägers zum Abschirmen gegen Erdstrahlen naturwissenschaftlich nicht abgesichert, sie lasse sich mit den Grundlagen der exakten Naturwissenschaften – wie der Physik - nicht vereinbaren und liege außerhalb des Bereichs gesicherter physikalischer Erkenntnis. Hieraus folgert das Gericht die objektive Unmöglichkeit der Leistung.

Wiederum das LG Kassel hatte sich mit einem Vertrag über magische Partnerzusammenführung zu befassen, wonach die Beklagte den Ehemann der Klägerin durch magische Kräfte nach deren Trennung zur Rückkehr veranlassen sollte.[21] Auch hier entschied das LG, dass die geschuldete Leistung objektiv unmöglich sei, da solche mentalen Kräfte

---

16 *RG*, RGSt 33, 321 (322).

17 *OLG Düsseldorf*, NJW 1953, 1553.

18 *BGH*, NJW 1978, 1207.

19 *LG Kassel*, NJW 1985, 1642.

20 *LG Braunschweig*, NJW-RR 1986, 478 f.

21 *LG Kassel*, NJW-RR 1988, 1517 f.

nicht existierten und aufgrund der Offenkundigkeit dieser Tatsache gemäß § 291 ZPO deshalb auch die Einholung eines parapsychologischen Gutachtens kein geeignetes Beweismittel im Sinne der Zivilprozessordnung darstelle.

Das LG Mannheim verurteilte die Angeklagte wegen versuchten Betruges und stützte sich bei seiner Argumentation darauf, dass ein Vertragsverhältnis nach § 306 BGB a.F. von vorneherein gar nicht zu Stande kommen konnte, weil die von der Angeklagten versprochene Leistung unmöglich sei.[22] Es sei nämlich offenkundig, d.h. es werde von keinem verständigen Menschen bezweifelt, dass niemand den „Teufel austreiben" kann und sich okkulte Behauptungen dieser Art außerhalb der allgemein geltenden Erfahrungssätze und wissenschaftlichen Erkenntnisse und damit auch außerhalb der auf den Naturgesetzen beruhenden Regeln menschlichen Zusammenlebens bewegen.[23] Es deutete zugleich aber an, dass Kartenlesen und Handlesen gegen übliche und geringe Honorare nur jahrmarktähnliche Unterhaltung darstellten und nicht unter den Betrugstatbestand fielen. Dieser Gedanke stellte einen wichtigen Ansatzpunkt für die sich später entwickelnde oberste Rechtsprechung zur Einordnung parapsychologischer Verträge dar.

1997 entschied das AG Grevenbroich noch krasser: Die Beklagte, eine sich selbst als Medium bezeichnende „Hellseherin, die mit telefonischer und persönlicher Beratung, Partnerschaftszusammenführung und weißer Magie" warb, bot nach Meinung der Richter im konkreten Fall sowohl eine objektiv unmögliche als auch eine sittenwidrige Leistung an. Unter Hinweis auf die Argumente des Reichsgerichts, des Landgerichts Kassel und Mannheim und des Oberlandesgerichts Düsseldorf verdeutlichte es in seiner Entscheidung, dass die Beklagte magische Kräfte nicht besitze und auch nicht besitzen könne.[24] Darüber hinaus qualifizierte das Amtsgericht den Vertrag zwischen den Parteien als sittenwidrig i.S.d. § 138 Abs. 1 und 2 BGB, da die Beklagte „Lebenshilfe" versprochen habe, ohne dafür über eine entsprechende, durch Ausbildung erworbene Fähigkeit zu verfügen.

Das Landgericht Augsburg hatte im Jahr 2004 einen Fall zu entscheiden, in dem die beklagte Wahrsagerin dem Kläger versprochen hatte, wirksame Hilfe bei der magischen Partnerzusammenführung zu leisten und ihm in diesem Zusammenhang die Karten zu legen. Auch hier entschied das Gericht gegen die sogenannte Wahrsagerin, da die

---

22 *LG Mannheim*, NJW 1993, 1488 f.

23 *LG Mannheim*, NJW 1993, 1488 f.

24 *AG Grevenbroich*, NJW-RR 1999, 133.

von ihr angewendeten Maßnahmen nach dem maßgeblichen Stand der Wissenschaft und Technik ungeeignet seien, auch nur im Ansatz zur Lösung der Eheprobleme beizutragen, derentwegen sie in Anspruch genommen wurde.[25] Auch hier stützte sich das Gericht auf die objektive Unmöglichkeit der Leistung.

Unter Verweis auf die Andeutung des LG Mannheim zum Kartenlegen entschied das LG Ingolstadt dagegen 2005 zum ersten Mal im Sinne der Kartenlegerin: Hier hatte die Angeklagte unter Vorspiegelung ihrer Zahlungsfähigkeit Dienste bei der Kartenlegerin in Anspruch genommen und das Honorar in Höhe von 40 EUR nicht gezahlt. Das LG hob das erstinstanzliche Urteil des AG Pfaffenhofen/Ilm auf, welches den Betrug mangels Vermögensschadens ablehnte, da die Dienste einer Kartenlegerin nach herrschenden Vorstellungen von Vermögen keinen Wert hätten und das Versprechen und Erbringen solcher Leistungen auf einer Entsagung von Vernunft beruhe.[26] Das LG entschied dagegen, dass die Voraussetzungen des Betruges erfüllt seien, da die Vereinbarung über die Erbringung der Dienste des telefonischen Kartenlegens gegen Entgelt in Höhe von 40 EUR unter keinem rechtlichen Gesichtspunkt als unwirksam anzusehen sei, insbesondere, dass keine objektive Unmöglichkeit vorliege, da die Erbringung der Leistung des Kartenlegens sehr wohl möglich sei.[27] Zum ersten Mal differenzierte ein Gericht hier zwischen Phänomenen wie Partnerzusammenführung auf Grund von Hexerei oder Geisterbeschwörung und Fällen, bei denen dem Leistungsempfänger aufgrund einer bestimmten Reihenfolge von Karten Deutungen über die Zukunft mitgeteilt werden.[28] Es verglich diesen Fall mit dem Erstellen von Horoskopen und Handlesen gegen übliche, geringe Honorare, wobei die Kunden selbst davon ausgingen, dass sie keine echten Leistungen im Sinne einer Verifizierung des vorher Gesagten erwarteten, sondern vielmehr eine jahrmarktähnliche Unterhaltung kauften oder sich im Rahmen einer allgemeinen Lebensberatung Tipps und Anregungen holten. Ein solcher Vertrag sollte daher auch nicht gegen die guten Sitten verstoßen.

Das Landgericht München I dagegen bestätigte nur wenig später das Urteil des Amtsgerichts München, wonach ein Liebeszauber einer selbsternannten Hexe, der darauf gerichtet war, den Ex-Partner zurück

---

25 *LG Augsburg*, NJW-RR 2004, 272.

26 *LG Ingolstadt*, NStZ-RR 2005, 313 f.

27 *LG Ingolstadt*, NStZ-RR 2005, 313 f.

28 *LG Ingolstadt*, NStZ-RR 2005, 313 f.

zu bringen, auf eine objektiv unmögliche Leistung gerichtet sei. Ein Liebesritual sei unter keinen Umständen geeignet, einen Menschen aus der Ferne zu beeinflussen.[29]

Im Jahr 2011 befasste sich dann der Bundesgerichtshof zum ersten Mal mit der Frage der rechtlichen Einordnung einer Vereinbarung über Lebensberatung in Verbindung mit Kartenlegen: Die Klägerin bot dem Kläger Lebensberatung in Verbindung mit Kartenlegen an, welche der Beklagte im Jahr 2008 auch in Anspruch nahm und hierfür insgesamt 35.000 EUR zahlte. Für im Januar 2009 erbrachte Leistungen verlangte die Klägerin weitere 6.723,50 EUR, die der Beklagte jedoch nicht mehr zahlte.[30] Der BGH stufte die von der Klägerin versprochenen Leistungen als objektiv unmöglich ein, da sie nach den Naturgesetzen oder dem Stand der Erkenntnis von Wissenschaft und Technik schlechthin nicht erbracht werden könnten, denn es sei für den Bereich des Rechts allgemein anerkannt, dass die Existenz magischer oder parapsychologischer Kräfte und Fähigkeiten nicht beweisbar sei.[31] Gleichzeitig grenzte der BGH den vorliegenden Sachverhalt von solchen ab, bei denen es alleine um die Erbringung allgemeiner Lebensberatung geht oder tatsächlich nicht die Existenz magischer Kräfte und Fähigkeiten, sondern nur eine jahrmarktähnliche Unterhaltung erwartet und geschuldet wird.[32] Maßgeblich zur Beurteilung der objektiven Unmöglichkeit sei die Auslegung der Vereinbarung unter Berücksichtigung aller Umstände des Einzelfalls, insbesondere auch die Höhe der verabredeten Vergütung und wie sich hiernach der jeweilige konkrete Inhalt der versprochenen Leistung darstelle.[33] Offen ließ der BGH die Frage der Sittenwidrigkeit solcher Verträge. Gleichzeitig teilte er damit die in den Urteilen des LG Ingolstadt und des LG Mannheim angedeutete Differenzierung zwischen einer bloß auf Unterhaltung gerichteten und einer tatsächlich auf Magie gerichteten Leistung.

Nur zwei Monate später hatte sich das Amtsgericht Mannheim mit einem ähnlichen Fall zu befassen, bei dem sich der Vertragspartner durch mediale Kräfte und göttliche Liebe dazu verpflichtete, beim Kunden negative Energie, Fluch, telepathische Angriffe und magische und okkulte Einflüsse zur Bewältigung einer Lebenskrise abzuwenden. Das

---

29 *AG München*, 10. Mai 2006 – Az. 212 C 25151/05 (juris Rn. 15); *LG München I*, 18. September 2006 – Az. 30 S 10495/06.

30 *BGH*, NJW 2011, 756 ff.

31 *BGH*, NJW 2011, 757.

32 *BGH*, NJW 2011, 757.

33 *BGH*, NJW 2011, 757.

Gericht entschied, dass der hierauf beruhende Vertrag sittenwidrig i.S.d. § 138 Abs. 1 BGB sei. Zwar bewege sich die Klägerin objektiv von wissenschaftlich gesicherten Erfahrungen weg und begebe sich auf die Ebene eines vernunftmäßig nicht mehr begründbaren und verifizierbaren Vertrauens in übersinnliche Erkenntnisse und Einflussmöglichkeiten, vertraue aber gleichzeitigt auch darauf, dass magische Kräfte existierten.[34] Die Leichtgläubigkeit und den Aberglauben, der für die Klägerin zwar objektiv außerhalb des wissenschaftlich Beweisbaren lag, aber subjektiv wichtig und real war, tue der Beklagte einerseits als Blödsinn ab, andererseits nutze er genau diesen Aberglaube bzw. diese Leichtgläubigkeit als Geschäftsmittel bei der Klägerin aus.[35] Ein solches Vorgehen verstößt nach Auffassung des Gerichtes gegen das Anstandsgefühl aller billig und gerecht Denkenden.

Ebenso entschied das LG Trier ein Jahr später, dass eine „professionelle Lebensberatung" aus übernatürlichen Erkenntnisquellen sittenwidrig i.S.d. § 138 Abs. 1 BGB sei.[36] Die Klägerin verlangte von der Beklagten ca. 7.000 EUR für ihre esoterischen und astrologischen telefonischen Beratungen. Das Gericht war allerdings der Auffassung, dass die Klägerin die gutachterlich festgestellte Willensschwäche der Beklagten für sich ausgebeutet hatte und es in der Natur der von der Klägerin angebotenen und intensiv beworbenen Dienstleistungen liege, dass davon gerade solche Menschen angesprochen würden, die – wie die Beklagte – unter Persönlichkeitsstörungen litten.[37] Dann aber könne sich die Dienstleisterin nicht in grob fahrlässiger Weise der Erkenntnis verschließen, dass es ihren Klienten an Urteilsvermögen und Willensstärke mangele, die sich ihr bei der Auswertung der bekannten Tatsachen aber geradezu hätte aufdrängen müssen.[38]

Das aktuellste Urteil in diesem Feld stammt vom Amtsgericht Bad Segeberg, welches entgegen der vorherigen Rechtsprechungstendenz 2015 entschied, dass eine esoterische Dienstleistung generell weder schlechthin unmöglich noch sittenwidrig sei.[39] Sittenwidrig i.S.d. § 138 Abs. 1 BGB sei ein solcher Vertrag über esoterische Dienstleistungen nicht schon dann, wenn der Dienstverpflichtete keine hinreichende Ausbildung zur Erbringung der Dienste vorweise, sondern erst, wenn

---

34 *AG Mannheim*, 04. März 2011 – Az. 3 C 32/11 (juris Rn. 8).

35 *AG Mannheim*, 04. März 2011 – Az. 3 C 32/11 (juris Rn. 10).

36 *LG Trier*, MMR-Aktuell 2012, 339745.

37 *LG Trier*, MMR-Aktuell 2012, 339745.

38 *LG Trier*, MMR-Aktuell 2012, 339745.

39 *AG Bad Segeberg*, 05. März 2015 – Az. 17a C 87/14 (juris Rn. 79 ff.).

der Vertrag unter Ausnutzung der Leichtgläubigkeit des Dienstberechtigten im Anschluss an eine Überrumpelungssituation aufgrund eines an sich nicht zu missbilligenden Gewinnstrebens zustande komme.[40] Die Klägerin konnte ihren Zahlungsanspruch im konkreten Fall nicht durchsetzen, da sie die Beklagte vor einem größeren Publikum unter Druck setzte und dies noch bei Abschluss des Dienstvertrages über die parapsychologische Leistung kurze Zeit später nachwirkte. Die Klägerin nutzte in dieser Situation die Leichtgläubigkeit der Beklagten aus, um Gewinn zu generieren. Ohne eine solche Ausnutzungssituation wäre der Vertrag für sich alleine allerdings nicht zu missbilligen gewesen.

---

40 *AG Bad Segeberg*, 05. März 2015 – Az. 17a C 87/14 (juris Rn. 94).

Kapitel 2: Rechtliche Behandlung von Verträgen auf parapsychologischer Grundlage im Hinblick auf § 138 BGB

1. Die von der Rechtsprechung angewandten Normen

Schaut man sich die oben angerissenen und im Folgenden rechtlich zu analysierenden Fälle an, so fällt auf, dass es zwar immer wieder um die gleichen Rechtsprobleme geht – Unmöglichkeit und Sittenwidrigkeit –, aber dass deren Kriterien und Voraussetzungen im konkreten Einzelfall an unterschiedlichen Punkten anknüpfen. Teilt man die oben chronologisch beschriebenen Fälle in Kategorien auf, so ergibt sich folgende Übersicht:

Die allermeisten Urteile zu parapsychologischen Leistungen stützen sich auf die objektive Unmöglichkeit dieser Leistung i.S.d. heutigen § 275 Abs. 1 BGB. Die Begründung bzw. die Kriterien zur Bestimmung der objektiven Unmöglichkeit variieren dabei gewaltig:

- Zum einen wird darauf verwiesen, dass parapsychologische Fähigkeiten nach dem heutigen Erkenntnisstand in der Wissenschaft nicht beweisbar seien,
- zum anderen wird auf die überwiegende Vorstellung in der Bevölkerung abgestellt, die nicht an die Existenz parapsychologischer Fähigkeiten glaube.
- Teilweise wird aber auch auf die persönliche Einschätzung der Parteien abgestellt, die selbst bestimmen, ob die vereinbarte Leistung unmöglich sei oder nicht.
- Zur Abgrenzung einer möglichen von einer unmöglichen Leistung wird zuletzt auch darauf zurückgegriffen, ob der Vertrag auf der Vorstellung beruhe, nur gut unterhalten zu werden, oder ob wirklich an parapsychologische Fähigkeiten geglaubt und vertraut werde.

Weniger oft, aber dennoch vor allem in der jüngsten Zeit greift die Rechtsprechung auch auf § 138 BGB zurück, wenn es um einen Vertrag auf parapsychologischer Grundlage geht. Auch hier werden die Maßstäbe ganz unterschiedlich angelegt:

- Zum einen wird darauf abgestellt, ob tatsächlich eine Ausbildung in diesem Gebiet vorliegt,

- zum anderen, ob die Leichtgläubigkeit der Leistungsempfänger bewusst bzw. in einer besonderen Ausnahmesituation ausgenutzt wird.

Das Institut der Anfechtung i.S.d. §§ 119 ff. BGB oder des gesetzlichen Verbotes i.S.d. § 134 BGB wird kaum bis gar nicht thematisiert.

1.1 Die Sittenwidrigkeit gem. § 138 BGB

Der Diskussion darüber, ob solche Verträge als sittenwidrig einzustufen sind, gebührt der Vorrang. Dies schon aus dem Grund, da § 138 BGB als Norm des Allgemeinen Teils des BGB zur Nichtigkeit des ganzen Vertrages führt und die Frage, ob die vereinbarte Leistung objektiv unmöglich ist, obsolet wird, wenn schon der Vertrag an sich nicht besteht. § 138 BGB genießt also Prüfungsvorrang:

§ 138 BGB ist eine Norm des Allgemeinen Teils des BGB und erklärt ein Rechtsgeschäft, das gegen die guten Sitten verstößt, für nichtig. § 138 Abs. 2 BGB ordnet noch spezieller die Nichtigkeit eines Rechtsgeschäftes an, durch das jemand unter Ausbeutung der Zwangslage, der Unerfahrenheit, des Mangels an Urteilsvermögen oder der erheblichen Willensschwäche eines anderen sich oder einem Dritten für eine Leistung Vermögensvorteile versprechen oder gewähren lässt, die in einem auffälligen Missverhältnis zu der Leistung stehen (sog. Wucher).

1.1.1 § 138 Abs. 1 BGB

Im Fokus der Rechtsprechung steht hauptsächlich § 138 Abs. 1 BGB, wenn es um die Beurteilung von Verträgen auf parapsychologischer Grundlage geht. Bevor hierauf näher eingegangen wird, soll an dieser Stelle die Auffassung des Gesetzgebers hervorgehoben werden, die für die historische Auslegung relevant werden könnte. Im Rahmen der Schuldrechtsmodernisierung 2001 führt der Gesetzgeber an, die von der Rechtsprechung gelösten Fälle des Versprechens einer Leistung, die nur der Aberglaube für möglich halten kann, dürften häufig als sittenwidrig und deshalb nach § 138 BGB als nichtig behandelt werden können.[41] Inwieweit diese Aussage stimmt und ob sie in die weitere historische Auslegung passt bzw. der teleologischen, systematischen und

[41] BT-Drs. 14/6040, S. 164.

wortlauten Auslegung folgt oder widerspricht, erschließt sich nach diesem Kapitel.

1.1.1.1 Die guten Sitten als Maßstab

Grundsätzlich ist die Privatautonomie, also die Freiheit Verträge frei zu gestalten, eine der Säulen unserer (Zivil-)Rechtsordnung. Abgesichert in Art. 2 Abs. 1 GG und einfachgesetzlich unter anderem in § 311 Abs. 1 BGB kodifiziert, erlaubt sie Privatrechtssubjekten die autonome Vereinbarung dessen, was zwischen ihnen gelten soll, und zwar grundsätzlich unbeeinflusst von Dritten und vom Staat, also im „freien Spiel der Kräfte".[42] Um allerdings solchen Rechtsgeschäften die Anerkennung versagen zu können, die mit den ethischen Grundlagen einer Gesellschaft nicht zu vereinbaren sind, enthält § 138 BGB in Absatz 1 eine entsprechende Generalklausel, nach der die Wirksamkeit rechtsgeschäftlichen Handelns anhand des Bewertungsmaßstabs der „guten Sitten" zu beurteilen ist.[43] § 138 Abs.1 BGB beschränkt also diese Vertragsfreiheit und setzt die Grenze dort, wo in der Gesellschaft herrschende, grundlegende (ethische) Wertvorstellungen missachtet werden.

1.1.1.2 Der Begriff der guten Sitten

Der ausfüllungsbedürftige unbestimmte Rechtsbegriff der guten Sitten orientiert sich dabei am „Anstandsgefühl aller billig und gerecht Denkenden"[44]. Diese leerformelartige Definition hat sich bis heute in der Rechtsprechung und in den juristischen Leerbüchern festgesetzt, zur Konkretisierung trägt sie allerdings wenig bei. Schaut man sich weitere Erklärungsversuche an, so fällt auf, dass es aufgrund der Vielzahl an Kriterien, die in den Begriff einbezogen werden müssen, äußerst schwer fällt, eine gelungene Umschreibung zu finden.

„Gute Sitten" meinen jedenfalls nicht Sittlichkeit im gesinnungsethischen Sinne oder das subjektive Empfinden des Richters, sondern ein Minimum von sittlicher Handlungsweise im Rechtsverkehr.[45] § 138

---

42 Staudinger/*Sack/Fischinger*, BGB, § 138 Rn. 1.

43 BeckOK/*Wendtland*, BGB, § 138 Rn. 1.

44 *RG*, RGZ 80, 219 (221); 120, 144 (148); *BGH*, NJW 1953, 1665; *BGH*, NJW 1956, 865; *BGH*, NJW 1977, 2356 (2357); *BGH*, NJW 2009, 1346 (1347).

45 Jauernig/*Mansel*, BGB, § 138 Rn. 6.

Abs. 1 BGB dient damit der Durchsetzung der grundlegenden gesellschaftlichen Wertvorstellungen durch ein Verbot von Rechtsgeschäften, die unter Missbrauch der Privatautonomie auf mit diesen Wertvorstellungen unvereinbare Ergebnisse zielen.[46] Vor allem finden diese gesellschaftlichen Wertvorstellungen in Gesetzen (i.w.S.) ihren Niederschlag und beeinflussen über diesen „Umweg" ganz maßgeblich, was unter den „guten Sitten" zu verstehen ist.[47] Hierbei kommt der Werteordnung des Grundgesetzes, wie sie insbesondere in den Grundrechten niedergelegt ist, wesentliche Bedeutung zu.[48] Nach der Lehre von der sogenannten mittelbaren Drittwirkung der Grundrechte[49] wirkt sich also diese Werteordnung über die „Einbruchstelle" des § 138 Abs. 1 BGB auf die privatrechtlichen Rechtsverhältnisse aus.[50] Das bedeutet dennoch nicht, dass jeder Verstoß gegen eines der Grundrechte automatisch Sittenwidrigkeit zur Folge hat, sondern erst, wenn der Verstoß objektiv schwer wiegt und subjektiv Bedeutung erlangt. Bei der Konkretisierung des Begriffs der guten Sitten sind aber nicht nur gesetzliche Wertmaßstäbe zu berücksichtigen, sondern auch außergesetzliche, die im positiven Recht (noch) keinen Niederschlag gefunden haben, wie beispielsweise allgemeine Rechtsüberzeugungen oder verfestigte Standesauffassungen.[51] Doch ist hier Zurückhaltung geboten, denn sofern sittliche Auffassungen oder Maßstäbe keine (einfach-)gesetzliche Kodifikation gefunden haben, muss man sich immer die Frage stellen, ob ein Verstoß hiergegen die Rechtsordnung tatsächlich in einer Weise tangiert, die die krassen Rechtsfolgen des § 138 BGB rechtfertigt.

Dieser Erklärungsversuch stellt unter keinen Umständen eine abschließende Begriffserklärung der guten Sitten dar, sondern soll für den Zweck dieser Arbeit lediglich Problembewusstsein wecken. Wichtig ist, zu erkennen, dass der jeweilige Einzelfall mit Berücksichtigung aller Einzelheiten und Umstände immer eine genaue Subsumtion unter einen derart ausfüllungsbedürftigen Rechtsbegriff erfordert.

---

46 Staudinger/*Sack/Fischinger*, BGB, § 138 Rn. 2.

47 Staudinger/*Sack/Fischinger*, BGB, § 138 Rn. 2.

48 *BVerfG*, NJW 1958, 257; *BVerfG*, NJW 1994, 36 (38); *BGH*, NJW 1978, 943 (945); *BGH*, NJW 1986, 2944; *BGH*, NJW 1999, 566 (568).

49 Vgl. *BVerfG*, NJW 1958, 257 f.; *BVerfG*, NJW 1976, 1677 f.; *BGH*, NJW 2000, 1028.

50 HK-BGB/*Dörner*, § 138 Rn. 3.

51 Staudinger/*Sack/Fischinger*, BGB, § 138 Rn. 105-107.

1.1.1.3 Verträge auf parapsychologischer Grundlage und die guten Sitten

Um Verträge auf parapsychologischer Grundlage an § 138 Abs. 1 BGB messen zu können, ist es wichtig zu verstehen, dass für solche zwei- und mehrseitigen Rechtsgeschäfte zwischen der schon aus dem Geschäftsinhalt folgenden Sittenwidrigkeit (Inhaltssittenwidrigkeit) und einer Umstandssittenwidrigkeit zu unterscheiden ist, die sich erst aus einer Zusammenfassung von Geschäftsinhalt, Geschäftszweck sowie den zur Zeit des Geschäftsabschlusses bestehenden Umständen ergibt.[52] Die Sittenwidrigkeit kann demnach nur in einer Interessenabwägung für den konkreten Fall bestimmt werden.[53] Neben dieser objektiven Voraussetzung müssen im Falle der Umstandssittenwidrigkeit des Rechtsgeschäftes bei der für diese Wertung vorzunehmenden Gesamtschau in subjektiver Hinsicht die von den Parteien verfolgten Absichten und Beweggründe berücksichtigt werden.[54] In welcher Form dies geschieht, wird in der Rechtsprechung und der Literatur kontrovers diskutiert.[55] Zumindest bei der Fallgruppe des wucherähnlichen Rechtsgeschäftes hält die Rechtsprechung eine sogenannte „verwerfliche Gesinnung" für erforderlich,[56] die bei einem besonders groben Missverhältnis zwischen Leistung und Gegenleistung vermutet wird.[57] Es wäre allerdings nicht nachzuvollziehen und auch nicht zu rechtfertigen, einer Fallgruppe des § 138 Abs. 1 BGB (wucherähnliches Rechtsgeschäft) strengere Anforderungen zu unterstellen als einer anderen. Die Voraussetzungen müssen gleichlaufen, so dass ein subjektives Merkmal grundsätzlich zu fordern ist. Dies insbesondere vor dem Hintergrund, dass der Vorwurf der

---

52 MüKoBGB/*Armbrüster*, § 138 Rn. 9.

53 *Bork*, BGB AT, Rn. 1183; *Flume*, AT des BGB Bd. 2, S. 368.

54 BeckOK/*Wendtland*, BGB, § 138 Rn. 23.

55 Für die Berücksichtigung des subjektiven Elementes/Verwirklichung eines subjektiven Tatbestandes: *RG*, RGZ 150, 1 (5); *BGH*, NJW 1960, 1716 (1718); *BGH*, WM 1976, 181 (182); *BGH*, NJW 2004, 2671 (2673); *BGH*, NJW 2010, 363; dagegen: *BGH*, GRUR 1972, 718 (719); *BGH*, NJW 1981, 2184 (2186); *BGH*, NJW 1994, 187 (188); *OLG Stuttgart*, NJW 1979, 2409 (2410); so auch *Flume*, AT des BGB Bd. 2, S. 373; *Majer*, DNotZ 2013, 644 (649); *Medicus/Petersen*, BGB AT, Rn. 690; *Mestmäcker,* AcP 1968, 235 (254 f.); Staudinger/*Sack/Fischinger*, BGB, § 138 Rn. 76; vgl. schon *Mugdan*, Materialien Bd. I, S. 469 Rn. 211.

56 *BGH*, NJW 2002, 3165 (3166); *BGH*, NJW 2004, 2671 (2673); *BGH*, NJW 2010, 363.

57 Ständige Rspr.: *BGH*, NJW 1992, 899 (900); *BGH*, NJW 1994, 1475 (1476); *BGH*, NJW 2001, 1127 (1128 f.); *BGH*, NJW 2002, 3165 (3166); *BGH*, BeckRS 2013, 01512.

Sittenwidrigkeit in subjektiver Hinsicht keine große Schwelle zu überschreiten hat und bereits dann vorliegt, wenn die Beteiligten zumindest alle sittenwidrigkeitsbegründenden Tatumstände gekannt oder sich deren Kenntnis bewusst oder grob fahrlässig verschlossen oder entzogen haben, wohingegen Schädigungsabsicht oder positive Kenntnis der Sittenwidrigkeit nicht nötig ist (auch nicht bei einer „verwerflichen Gesinnung").[58] Verletzt das Rechtsgeschäft die Interessen des anderen Vertragspartners, so kommt es alleine darauf an, dass die subjektiven Merkmale bei der Partei vorliegen, die aus dem Geschäft einen Vorteil ziehen will.[59] Richtet sich das Rechtsgeschäft gegen die Interessen der Allgemeinheit oder Dritter, so müssen die subjektiven Merkmale dagegen grundsätzlich bei beiden Parteien vorhanden sein.[60]

1.1.1.3.1 Anforderungsmaßstab an § 138 Abs. 1 BGB

Nach der Auffassung des Gesetzgebers im Rahmen der Schuldrechtsmodernisierung 2001[61] und des Bundesgerichtshofs in seiner Entscheidung über den Kartenlegerfall[62] sollen in solchen Fällen, die Verträge auf parapsychologischer Grundlage zum Gegenstand haben, keine allzu hohen Anforderungen an einen Verstoß gegen die guten Sitten im Sinne des § 138 Abs. 1 BGB gestellt werden. Nach der deutlichen Herausarbeitung des Ausnahmecharakters dieser Vorschrift verblüfft diese Aussage doch sehr, da § 138 Abs. 1 BGB nur dann eine Begrenzungsfunktion einnehmen soll, wenn ein Rechtsgeschäft schlechthin für die Rechtsgemeinschaft unerträglich ist. § 138 Abs. 1 BGB hat den Zweck, die Werteordnung der Gesellschaft zu verteidigen, er soll nicht dafür missbraucht werden, fremden Wertvorstellungen von vorneherein keine Chance zu geben. Die Gefahr, dass die Generalklausel dazu benutzt wird, um einer Rechtsordnung ihr fremde Grundwertungen zu

---

58 *BGH*, NJW 1985, 2405 (2406); *BGH*, NJW 1988, 1373 (1374); *BAG*, NJW 1991, 860 (861); *BGH*, NJW 1993, 1587 (1588); *BGH*, NJW-RR 1998, 590 (591); *BGH*, NJW 2001, 1127.

59 *BGH*, BGHZ 50, 63 (70); HHMN/*Looschelders*, BGB, § 138 Rn. 98; Erman/*Palm*, BGB, § 138 Rn. 48; MüKoBGB/Armbrüster, § 138 Rn. 132; Larenz/*Wolf*, BGB AT, § 41 Rn. 25.

60 *BGH*, WM 1966, 495 (496); *BGH*, NJW 1990, 567 (568); HHMN/*Looschelders*, BGB, § 138 Rn. 98; Jauernig/*Mansel*, BGB, § 138 Rn. 11; MüKoBGB/*Armbrüster*, § 138 Rn. 132; Palandt/*Ellenberger*, BGB, § 138 Rn. 8; Soergel/*Hefermehl*, BGB, § 138 Rn. 35.

61 BT-Drs. 14/6040, S. 164.

62 *BGH*, NJW 2011, 756.

unterlegen[63], steigt mit solchen Aussagen enorm an. Zwar begründet der BGH seine Auffassung im Kartenlegerfall damit, dass sich viele Dienstberechtigte, die einen Vertrag mit dem vorliegenden oder einem ähnlichen Inhalt abschließen, in einer schwierigen Lebenssituation befänden oder es sich bei ihnen um leichtgläubige, unerfahrene oder psychisch labile Personen handele.[64] Allerdings gibt eine solche pauschale Aussage die Realität nicht richtig wieder. Es mag sein, dass einige der Personen, die solche parapsychologischen Dienste in Anspruch nehmen, tatsächlich eine erhöhte Schutzbedürftigkeit aufweisen. Eine typisierende Betrachtungsweise widerspricht aber dem vorherrschenden Gesellschaftsbild und Meinungsstand: Nach repräsentativen Umfragen des Statistik-Portals „Statista“ glauben in Deutschland ganze 78 % an die Wirksamkeit alternativer Heilmethoden bei Stress und immerhin noch 21 % bei Krebs.[65] 40,2 % glauben, dass man das Schicksal durch spezielle Handlungen beeinflussen kann, ganze 23 % glauben daran, dass die Sterne neben anderen Einflussfaktoren das Leben beeinflussen und 15,2 % glauben explizit daran, dass unerklärliche Phänomene, wie Hellseherei oder Telepathie, Einfluss auf das Leben haben.[66] Es liegt auf der Hand, wie Unrecht man dem Großteil dieser Menschen tun würde, würde man ihnen bei der Inanspruchnahme diesbezüglicher Leistungen pauschal psychische Labilität unterstellen. Dies würde quasi bedeuten, dass die Gesellschaft mit leichtgläubigen und psychisch labilen Menschen übersät wäre. Auch reicht es nicht aus, dass solche Menschen leichtgläubig oder unerfahren sind. Entscheidend ist vielmehr ein Zusammenspiel der Gesamtumstände und deren ausgewogene Gewichtung: Neben der tatsächlichen und persönlichen Situation des Kunden sind für die Beurteilung der Sittenwidrigkeit (i) die auf dem in Rede stehenden Markt üblichen Honorare maßgeblich, ferner, (ii) ob dem Kunden neben den magischen Beratern auch solche zugänglich waren, die auf gesicherter wissenschaftlicher Grundlage ihre Dienste erbringen sowie (iii) die Arbeitsweise des Leistungserbringers, ob sie etwa darauf angelegt war, den Kunden in ein Abhängigkeitsverhältnis zu

---

63 MüKoBGB/*Armbrüster*, § 138 Rn. 1.

64 *BGH*, NJW 2011, 756 (758).

65 Im Vergleich zur Schulmedizin.

66 *Apotheken Umschau*, Studie aus 2008, in: *Statista*, Glauben Sie, dass man das Schicksal durch spezielle Handlungen beeinflussen kann?; *Reader's Digest*, Studie aus 2012, in: *Statista*, Glauben Sie, dass unser Sternzeichen unser Leben bestimmt?; *Shell*, Shell Jugendstudie 2006, in: *Statista*, Glauben Sie, dass unerklärliche Phänomene, wie Hellseherei oder Telepathie, Einfluss auf Ihr Leben haben?.

bringen.[67] Ähnlich hat der BGH schließlich auch im sogenannten „Verteidigerhonorar-Fall" entschieden: Der Angeklagte, der sich von einem Rechtsanwalt zu einem deutlich überhöhten Preis verteidigen lässt, kann sich nicht ohne weiteres auf den Standpunkt zurückziehen, er sei zur Zeit des Vertragsschlusses aufgrund der Untersuchungshaft in einer labilen Situation gewesen.[68]

Im Übrigen würde auch der Sinn und Zweck des § 138 Abs. 1 BGB in sein Gegenteil verkehrt, würde man die Maßstäbe herunterschrauben: § 138 Abs. 1 BGB übt nämlich eine Begrenzungsfunktion aus und ist negativ formuliert. Die Beschränkung der Privatautonomie, besser die Beschränkung des Ideals, in einer freien Gesellschaft nach seinem Willen selbstverantwortlich zu handeln (und damit die Beschränkung eines prägenden Prinzips der Selbstbestimmung des Menschen aus Art. 1 i.V.m. Art. 2 Abs. 1 GG), kann denklogischerweise nicht zu einem pauschalen Grundsatz erhoben werden, sondern muss die Ausnahme bleiben. Ein Vertrag auf parapsychologischer Grundlage braucht darüber hinaus auch nicht dem Verständnis aller billig und gerecht Denkenden zu entsprechen, er darf laut der Negativformulierung nur nicht gegen dieses Verständnis verstoßen.[69]

1.1.1.3.2 Vereinbarkeit von Verträgen auf parapsychologischer Grundlage mit dem Grundgesetz

Ob solche Verträge tatsächlich geeignet sind, gegen dieses Verständnis zu verstoßen, kann nach der oben aufgezeigten Interpretation des § 138 Abs. 1 BGB vor allem der Werteordnung des Grundgesetzes entnommen werden. Hierzu gelten die folgenden Grundsätze, an denen man sich bei der Bewertung des jeweiligen Einzelfalles orientieren kann.

1.1.1.1.1.1 Art. 12 GG im Hinblick auf die Astrologie

Die Auffassung des BGH und des Gesetzgebers, bei solchen Verträgen den Maßstab an die Sittenwidrigkeit nicht allzu hoch anzusetzen, wird

---

67 *Nassall*, jurisPR-BGHZivilR 5/2011, Anm. 1.

68 *BGH*, NJW 2010, 1364 (1367).

69 *Bartels*, ZGS 2011, 355 (359); *Flume*, AT des BGB Bd. 2, S. 363 ff.

noch weniger verständlich, wenn man das Urteil des Bundesverwaltungsgerichts[70] aus dem Jahr 1965 betrachtet: Es entschied, dass die entgeltliche Betätigung als Astrologin einen Beruf i.S.d. Art. 12 GG darstellt. Das Gericht stellte fest, dass die Astrologie allgemein unter den weiten Begriff des Wahrsagens gerechnet werde, worunter beispielsweise auch das Kartenlegen, die Zeichendeutung, die Handlesekunst und sonstige "Gaukeleien" fielen.[71]

Vergegenwärtigt man sich die oben gewonnene Erkenntnis, dass die guten Sitten vor allem auch an der Werteordnung des Grundgesetzes, insbesondere an den Grundrechten, auszulegen sind, dann mutet es doch sehr widersprüchlich an, einen Vertrag, der im Rahmen einer unter Art. 12 GG fallenden Tätigkeit abgeschlossen wurde, in den allermeisten Fällen als sittenwidrig qualifizieren zu wollen. Weiter führt das Gericht aus: Der Umstand, dass das leichtgläubige Publikum sich häufig falsche Vorstellungen über den Wert eines Horoskops mache und manche Horoskopsteller zu strafbaren Geschäftspraktiken neigten, rechtfertige es nicht, dass wegen der möglichen Störung der öffentlichen Sicherheit und Ordnung durch einzelne Berufsangehörige die Erwerbstätigkeit als solche für sozialschädlich gehalten und ihr deswegen die Eigenschaft eines Berufes im Sinne des Art. 12 Abs. 1 GG abgesprochen werde.[72] Überträgt man diesen Grundsatz auf die Kriterien zur Bestimmung der Sittenwidrigkeit, so kann dies nur eine logische Konsequenz haben: Sittenwidrig i.S.d. Inhaltssittenwidrigkeit sind Verträge auf astrologischer Basis nicht. Sittenwidrig i.S.d. Umstandssittenwidrigkeit sind solche Verträge nur in krassen Ausnahmefällen. Auch das BVerwG bekräftigt, dass es sich bei möglichen sozialschädlichen Anbietern solcher Leistungen um (seltene) Einzelfälle handelt.

1.1.1.1.1.2 Art. 12 GG im Hinblick auf sonstige parapsychologische Betätigungsfelder

Zwar stellt die Entscheidung auf die Astrologie und im weiten Sinne auch allgemein auf das Wahrsagen in seinen verschiedenen Ausprägungen und nicht allgemein auf alle parapsychologischen Betätigungsfelder ab. Allerdings führt das Urteil bezüglich der Bestimmung der Astrologie

---

[70] *BVerwG*, BVerwGE 22, 286 f.
[71] *BVerwG*, BVerwGE 22, 286 f.
[72] *BVerwG*, BVerwGE 22, 286 f.

aus, dass sich diese mit Dingen befasse, die aus religiösen, weltanschaulichen, naturwissenschaftlichen u.a. Gründen umstritten sind.[73] Dies ist jedoch nicht nur der Astrologie, oder allgemeiner dem Wahrsagen immanent, sondern typisch auch für alle anderen parapsychologischen Betätigungsfelder.[74] Die nachfolgende Argumentation des Gerichts ist daher auf alle anderen Bereiche der Parapsychologie ebenso übertragbar: Ob und inwieweit die Astrologie die von vielen in sie gesetzten Erwartungen erfüllen kann, darf für die Frage, ob sie ein Beruf im Sinne des Art. 12 Abs. 1 GG ist, nicht entscheidend sein. Auch wenn nur eine Minderheit einen Zusammenhang zwischen den Himmelskörpern und dem Menschenschicksal für möglich hält oder von ihm sogar überzeugt ist, hat sie in der pluralistischen Demokratie innerhalb gewisser Grenzen die Freiheit, ihre Auffassung mit Hilfe berufsmäßiger Astrologen zu praktizieren.[75] Auch andere parapsychologische Methoden als die astrologische Beratung lehnen womöglich viele Menschen ab, da ihre Wirkung nicht beweisbar ist, dennoch steht ihnen ein beachtlicher Teil der Gesellschaft nicht gänzlich abwertend, sondern aufgeschlossen gegenüber.[76] Dies zeigt sich nicht zuletzt auch daran, dass täglich mehrere tausend Menschen die unterschiedlichsten Leistungen in diesem Bereich in Anspruch nehmen: Der Umsatz des Konzerns adviqo GmbH (der u.a. das TV-Format astroTV anbietet) beispielsweise lag für das Geschäftsjahr 2011-2012 mit rund 3,5 Millionen registrierten Nutzern weltweit bei circa 70 Millionen EUR.[77] Sofern parapsychologische Betätigung unter den Schutzbereich des Art. 12 GG zu subsumieren ist, können hierunter geschlossene Verträge allgemein nicht als von vorneherein oder in den meisten Fällen sittenwidrig eingestuft werden. Es ist im Gegenteil anzunehmen, dass solche Verträge ohne besondere weitere sittenwidrigkeitsbegründende Umstände grundsätzlich innerhalb der guten Sitten liegen.

73 *BVerwG*, BVerwGE 22, 286 f.

74 Siehe oben, S. 5 ff.

75 *BVerwG*, BVerwGE 22, 286 f.

76 Siehe oben, S. 5 ff.

77 Letzter verfügbarer Konzern-Jahresabschluss: eBAnz, Konzernabschluss adviqo GmbH (vorm. adviqo AG) vom 31. August 2017. Unter dem Dach von adviqo versammeln sich derzeit elf Marken, die sich in die Bereiche Beratungsmarktplätze, TV-Sender, contentbasierte Onlineangebote sowie Zeitschriften und Magazine aufteilen und dort Leistungen (z.B.: „Life Coachings“) auf parapsychologischer Basis anbieten.

1.1.1.1.1.3 Art. 4 GG

Neben Art. 12 GG spielt zur Bewertung von Verträgen auf parapsychologischer Grundlage auch Art. 4 Abs. 1 und 2 GG eine Rolle. Die Frage, auf welchem Wege der Schutz nicht – oder sogar antireligiöser Weltanschauungen in einer dem Schutz der religiösen Glaubensfreiheit gleichwertigen Weise positiv - rechtlich zu erreichen ist, ist aus der Freiheit des weltanschaulichen Bekenntnisses zu beantworten.[78] Es wäre verfehlt, die Denkfreiheit in irgendeinem Bereich, für den Art. 4 GG die Freiheit des Redens und des Handelns garantiert, aus dem Schutzbereich des Art. 4 GG herauszunehmen. Die rechtliche Folge daraus ist, dass Art. 4 Abs. 1 GG auch den Glauben an solche weltanschaulichen, d.h. metaphysischen Gedankensysteme garantiert, die über eine ähnliche Geschlossenheit und Breite verfügen wie die im abendländischen Kulturkreis bekannten Religionen, ohne dass es auf ihre Einstellung zu der für die Religionen prägenden Gottesidee ankäme.[79] Eine Differenzierung in zu tolerierende und zu versagende „naive Frömmigkeit" ist bereits im Hinblick auf Art. 4 Abs. 1, 2 GG nicht möglich.[80] „Denn worin soll der Rationalist den Unterschied finden zwischen dem Zauber einer weißen Hexe, dem Ritus eines Schamanen, dem hinduistischen Mantra, dem Abbrennen von Räucherstäbchen im buddhistischen Tempel und dem Anzünden einer Kerze in einer christlichen Kapelle, wenn alles jeweils geschieht, um Glück für die Führerscheinprüfung oder Sonnenschein für das Gartenfest zu erflehen?"[81] Die Parteien von Verträgen auf parapsychologischer Grundlage können sich also durchaus auch auf ihre Weltanschauungsfreiheit berufen.[82] Zu fordern ist allerdings, dass das parapsychologische Gedankensystem, innerhalb dessen man entsprechende Dienstleistungen erbringt, bzgl. seiner thematischen Breite und Geschlossenheit mit religiösen Weltanschauungen vergleichbar ist.[83] Durch eine derartige Vergleichbarkeit wird verhindert, dass Art. 4 GG, der dann in der Variante der Ausübungsfreiheit zur Anwendung gelangt, nicht zu einem völlig unüberschaubaren, zweiten allgemeinen Handlungsrecht wird.[84] Auf die zahlenmäßige Stärke

---

78 *Herzog*, in: *Maunz/Dürig*, GG, Art. 4 Rn. 67.

79 *Herzog*, in: *Maunz/Dürig*, GG, Art. 4 Rn. 67.

80 *Windel*, ZGS 2003, 466 (468).

81 *Windel*, ZGS 2003, 466 (468).

82 *Bartels*, ZGS 2011, 355 (359); *Windel*, ZGS 2003, 466 (468).

83 *Herzog*, in: *Maunz/Dürig*, GG, Art. 4 Rn. 67.

84 *Herzog*, in: *Maunz/Dürig*, GG, Art. 4 Rn. 67.

einer derartigen Gemeinschaft oder ihre soziale Relevanz kommt es dagegen nicht an.[85]

1.1.1.4 Zwischenergebnis

Wenn sich die Parteien parapsychologischer Verträge einzeln oder gemeinsam jeweils auf Art. 12 GG und im Einzelfall auch auf Art. 4 GG berufen können, dann fällt es unter der Prämisse, dass die guten Sitten vor allem an der Werteordnung der Grundrechte auszurichten sind, äußerst schwer, in diesem Zusammenhang geschlossene Verträge grundsätzlich, pauschal oder meistens als sittenwidrig anzusehen. Der BGH und der Gesetzgeber haben hier übersehen, dass es gerade im Rahmen des § 138 Abs. 1 BGB einer detaillierten Einzelfallprüfung bedarf, ob Sittenwidrigkeit vorliegt oder nicht. Wenn man sich ins Gedächtnis ruft, wie die Verfasser des BGB die Vorschrift des jetzigen § 138 BGB im Kontext der gesamten Rechtsordnung gesehen haben, dann wird klar, dass ein entscheidender Gesichtspunkt nicht erfüllt wurde: „Die Vorschrift stellt sich als ein bedeutsamer gesetzgeberischer Schritt dar, der vielleicht nicht ohne Bedenken ist. Dem richterlichen Ermessen wird ein Spielraum gewährt, wie ein solcher den großen Rechtsgebieten bisher unbekannt ist. Fehlgriffe sind nicht ausgeschlossen. Bei der Gewissenhaftigkeit des deutschen Richterstandes darf indessen unbedenklich darauf vertraut werden, dass die Vorschrift nur in dem Sinne angewendet wird, in dem sie gegeben ist.“[86] Mit der leichtfertigen Aussage des BGH, an die Sittenwidrigkeit bei Verträgen auf parapsychologischer Grundlage keine allzu hohen Maßstäbe anzusetzen sowie des Gesetzesverfassers zum Schuldrechtsmodernisierungsgesetz, Verträge auf parapsychologischer Grundlage häufig als sittenwidrig zu qualifizieren, wurde dieses Vertrauen wohl mehr als enttäuscht. Im Übrigen passen die Aussagen weder zur übrigen historischen, teleologischen, systematischen, noch wortlauten Auslegung des § 138 Abs. 1 BGB.

Im Grundsatz ist im Gegenteil zunächst einmal kein Unwerturteil über parapsychologische/metaphysische/magische Verträge zu fällen,[87] sondern es müssen weitere besondere Umstände hinzutreten, die eine

---

[85] *BVerfG*, NJW 1972, 327 (329).

[86] *Mugdan*, Materialien Bd. I, S. 469 Rn. 211 f.; *Flume*, AT des BGB Bd. 2, S. 365.

[87] So auch *Bartels*, ZGS 2011, 355 (359); *Windel*, ZGS 2003, 466 (468).

Sittenwidrigkeit begründen können. Eine detailgetreue Einzelfallbetrachtung mit Auswertung sämtlicher Begleitumstände ist daher unentbehrlich.

1.1.2 § 138 Abs. 2 BGB

Neben § 138 Abs. 1 BGB darf § 138 Abs. 2 BGB nicht vernachlässigt werden. Auch der sogenannte Wucher kann bei solchen Verträgen in Betracht kommen. Der Wuchertatbestand besteht aus vier Teilen: Zugrunde liegen muss (i) ein Rechtsgeschäft, durch das jemand sich oder einem Dritten für eine Leistung als Gegenleistung Vermögensvorteile versprechen oder gewähren lässt (Austauschgeschäft), (ii) zwischen den beiderseitigen Leistungen muss ein auffälliges Missverhältnis bestehen, (iii) beim Bewucherten muss eine Zwangslage, Unerfahrenheit, ein Mangel an Urteilsvermögen oder eine erhebliche Willensschwäche – kurzum ein die rationale ökonomische Disposition behindernder Faktor – gegeben sein und (iv) der Wucherer muss diesen Umstand in subjektiver Hinsicht bewusst ausgebeutet haben.[88] Sind die Tatbestandsvoraussetzungen von Abs. 2 nicht vollständig erfüllt, kann das entsprechende Rechtsgeschäft bei Hinzukommen weiterer, nur eben in Abs. 2 nicht genannter anstößiger Umstände, gleichwohl wegen eines allgemeinen Sittenverstoßes nach Abs. 1 nichtig sein (wucherähnliches Rechtsgeschäft).[89] Zu dem objektiv auffälligen Leistungsmissverhältnis muss, wie oben bereits dargelegt, eine verwerfliche Gesinnung hinzutreten, um einem Geschäft als wucherähnlich die Wirksamkeit zu versagen. Der größte Unterschied zwischen Wucher und wucherähnlichem Rechtsgeschäft ist der, dass der Begünstigte bei ersterem das auffällige Missverhältnis kennen muss, während er sich bei letzterem lediglich leichtfertig der Erkenntnis verschließen muss, dass es nur aufgrund der zwanghaften Umstände für den Benachteiligten zum Vertragsschluss gekommen ist. § 138 Abs. 2 BGB stellt eine Konkretisierung der Generalklausel in Abs. 1 dar. Dies ergibt sich schon aus dem Wortlaut der Norm, welcher besagt, dass ein Rechtsgeschäft insbesondere im Wucherfall gegen die guten Sitten verstößt. Aufgrund seiner hohen Anforderungen spielt Abs. 2 eine eher untergeordnete Rolle für die Einord-

---

[88] MüKoBGB/*Armbrüster*, § 138 Rn. 143.

[89] *BGH*, NJW 1983, 868 (870); BeckOK/*Wendtland*, BGB, § 138 Rn. 41; ebenso: MüKoBGB/*Armbrüster*, § 138 Rn. 142; Palandt/*Ellenberger*, BGB, § 138 Rn. 65.

nung von Verträgen auf parapsychologischer Grundlage. Wucherähnliche Rechtsgeschäfte i.S.d. § 138 Abs. 1 BGB kommen hierbei schon eher in Betracht.

1.2 Rechtsfolge des § 138 BGB

Rechtsfolge des § 138 Abs. 1 und 2 BGB ist die Nichtigkeit des gesamten Rechtsgeschäftes, und zwar ex tunc, also von Anfang an. Die Nichtigkeit des sittenwidrigen Geschäfts ist von Amts wegen zu berücksichtigen.[90] Auf die Nichtigkeit kann sich grundsätzlich jedermann (auch ein am Geschäft nicht beteiligter Dritter) berufen, soweit er ein anerkennenswertes Interesse an der Feststellung der Ungültigkeit des (ihn benachteiligenden) Geschäfts hat.[91] Nichtig ist regelmäßig nur das Verpflichtungsgeschäft und nicht auch das Verfügungsgeschäft, das in der Regel wertneutral ist. Die Abwicklung verläuft daher grundsätzlich über das Bereicherungsrecht.

1.2.1 § 812 Abs. 1 S. 1 Alt. 1 BGB

Ist der Vertrag auf parapsychologischer Grundlage aufgrund von Sittenwidrigkeit nichtig, kann der (ehemals) Dienstberechtigte seine Gegenleistung nach § 812 Abs. 1 S. 1 Alt. 1 BGB kondizieren (Leistungskondiktion). Der (ehemals) Dienstverpflichtete hat die Zahlung für die parapsychologische Dienstleistung im Regelfall schon vor Erbringung der Leistung, spätestens aber danach erhalten („etwas erlangt“). Die Zahlung des (ehemals) Dienstberechtigten erfolgt regelmäßig auch als bewusste und zweckgerichtete Mehrung des fremden Vermögens des (ehemals) Dienstverpflichteten („durch Leistung“). Da der sittenwidrige Vertrag letztendlich allerdings ex tunc nichtig ist, bestand für diese Zahlung von Anfang an keine Rechtsgrundlage („ohne Rechtsgrund“), so dass alle Voraussetzungen der Leistungskondiktion gegeben sind.

---

90 *BGH*, NJW 1981, 1439.

91 *BGH*, NJW 1958, 989 (991); *BGH*, NJW 1973, 465; BeckOK/*Wendtland*, BGB, § 138 Rn. 30.

1.2.2 Anspruchsausschluss gem. § 814 BGB

§ 814 BGB schränkt die Bereicherungshaftung des Empfängers ein: Dem Leistenden wird die Kondiktion trotz an sich fehlenden Rechtsgrundes dann versagt, wenn der Leistende dessen Fehlen kannte (Alt. 1) oder wenn eine sittliche Pflicht zur Vornahme der Leistung bestand (Alt. 2).[92] Die erste Alternative der Vorschrift gilt als rechtshindernde Einwendung gegen den tatbestandlich an sich bestehenden Anspruch aus Leistungskondiktion. Die zweite Alternative dagegen ergänzt § 812 BGB, indem die sittliche Pflicht zugunsten des Empfängers als Rechtsgrund fungiert, das Erlangte behalten zu dürfen.[93] Anhaltspunkte für § 814 Alt. 2 BGB finden sich in den hier behandelten Fällen nicht.

In den ganz überwiegenden Fällen wird aber auch § 814 Alt. 1 BGB ausgeschlossen sein, denn im Regelfall zahlt der (ehemals) Dienstberechtige im (eigentlich nichtigen) Vertragsverhältnis seine Leistung aufgrund einer aus seiner Sicht bestehenden Verpflichtung; ihm ist gerade nicht bekannt, dass er zur Leistung nicht verpflichtet gewesen wäre.[94] Normalerweise vertraut der (ehemals) Dienstberechtigte darauf, dass aufgrund seiner (Gegen-)Leistung (Zahlung) auch der (ehemals) Dienstverpflichtete eine entsprechende (parapsychologische) Leistung erbringt, für die er nach seinem Verständnis auch zur Zahlung verpflichtet ist.[95]

1.2.3 Anspruchsausschluss gem. § 817 S. 2 BGB

Neben § 814 BGB stellt auch § 817 S. 2 BGB eine Einwendung gegen den Anspruch aus Leistungskondiktion dar. Gem. § 817 S. 2 BGB ist die Rückforderung auch dann ausgeschlossen, wenn neben dem Empfänger der (Gegen-)Leistung auch dem (Gegen-)Leistenden selbst ein Verstoß gegen die guten Sitten vorgeworfen werden kann. Nicht nur der (ehemals) Dienstverpflichtete müsste also durch die Annahme der Zahlung, sondern auch der (ehemals) Dienstberechtigte müsste mit der Annahme der parapsychologischen Leistung einen sittenwidrigen Zweck verfolgen. Obwohl der Wortlaut nicht auch den Fall erfasst, dass nur den Leistenden ein solcher Vorwurf trifft, liegt es jedoch in der

---

92 MüKoBGB/*Schwab*, § 814 Rn. 1.

93 *Migsch*, AcP 1973, 46 (64 f.).

94 *AG Mannheim*, 04. März 2011 – 3 C 32/11 (juris Rn. 12); *Bartels*, ZJS 2011, 106 (110).

95 *AG Mannheim*, 04. März 2011 – 3 C 32/11 (juris Rn. 12).

Konsequenz der Vorschrift, dass hier die Kondiktion in entsprechender Anwendung des § 817 S. 2 BGB erst recht zu versagen ist.[96] Ein solcher Vorwurf gegen den (ehemals) Dienstberechtigten käme eigentlich nur dann in Betracht, wenn sich die Sittenwidrigkeit des zwischen den Parteien geschlossenen Vertrages aus dem Verhältnis zu einem Dritten begründen ließe. Hauptanwendungsfälle wären z.B. solche der Partner(rück/zusammen-)führung bzw. jegliche parapsychologischen Verträge, die dritte Außenstehende in ihrem Willen oder Schicksal beeinflussen sollen. Das wiederum würde aber voraussetzen, dass durch den Vertrag (i) die Interessen eines Dritten überhaupt ernstlich tangiert werden könnten oder (ii) die moralische Vorstellung des (Gegen-)Leistenden zur Willensbeeinflussung Dritter als derart verwerflich eingestuft wird, dass die Schwelle zur Sittenwidrigkeit überschritten ist. Nach der hier vertretenen Auffassung ist dies aber gerade nicht der Fall.[97]

Einen Fall, bei dem die Annahme der parapsychologischen Leistung nur in Bezug auf den (ehemals) Dienstberechtigten wirkt (also keine Dritten tangiert sind), als Sittenverstoß einzustufen, ist praktisch undenkbar.

1.2.4 § 817 S. 1 BGB

§ 817 S. 1 BGB enthält nach systematischer Stellung und Formulierung einen eigenen, selbstständigen Tatbestand der Leistungskondiktion für den Fall eines Gesetzes- oder Sittenverstoßes durch den Empfänger.[98] Auffällig erscheint, dass die in der Rechtsprechung aufgezeigten Fälle parapsychologischer Verträge § 817 S. 1 BGB überhaupt nie ansprechen. Hierzu muss zunächst festgestellt werden, dass an die Stelle des Tatbestandsmerkmals „ohne rechtlichen Grund" nach § 812 Abs. 1 S. 1 Alt. 1 BGB die Voraussetzung tritt, wonach der Zweck der Leistung so ausgerichtet ist, dass der Empfänger durch die Annahme gegen das Gesetz oder die guten Sitten verstößt.[99] Der Wortlaut der Vorschrift erinnert also vielmehr an § 812 Abs. 1 S. 2 Alt. 2 BGB und betont die „Annahme" der Leistung.[100] Dies lässt den Schluss zu, dass § 817 S. 1 BGB als lex specialis zur condictio ob rem gilt und ausschließlich den

---

96 *RG*, RGZ 161, 52 (55); Staudinger/*Lorenz*, BGB, § 817 Rn. 3.

97 Siehe unten, S. 43 ff. (insbes. S. 46).

98 MüKoBGB/*Schwab*, § 817 Rn. 4.

99 BeckOK/*Wendehorst*, BGB, § 817 Rn. 5.

100 BeckOK/*Wendehorst*, BGB, § 817 Rn. 5.

Fall betrifft, dass die Parteien einen gesetzes- oder sittenwidrigen (und damit verpflichtungsfeindlichen) Zweck als Erfolg i.S.d. § 812 Abs. 1 S. 2 Alt. 2 BGB vereinbart haben.[101] Dass es sich bei § 817 S. 1 BGB um eine ergänzende Sonderregelung für den Fall der Gesetzes- oder Sittenwidrigkeit der Zweckvereinbarung handelt, wird auch dadurch deutlich, dass die condictio ob rem nach § 812 Abs. 1 S. 2 Alt. 2 BGB mit der Zweckerreichung entfällt, so dass nur noch § 817 S. 1 BGB bliebe, um die von der Rechts- bzw. Sittenordnung missbilligte Vermögensverschiebung wieder rückgängig zu machen.[102]

Da Verträge auf parapsychologischer Grundlage bei Sittenwidrigkeit bereits über die condictio indebiti gem. § 812 Abs. 1 S. 1 Alt. 1 BGB rückabgewickelt werden, die condictio ob rem gem. § 812 Abs. 1 S. 2 Alt. 2 BGB von der condictio indebiti verdrängt wird[103] und § 817 S. 1 BGB als lex specialis zur condictio ob rem gilt, verbleibt in den hier behandelten Fällen tatsächlich kein Anwendungsbereich für § 817 Abs. 1 BGB. Er wird in der Rechtsprechung diesbezüglich also zurecht vernachlässigt.

2. Analyse der in der Rechtsprechung entschiedenen Fälle im Hinblick auf § 138 BGB

Schaut man sich die in der Rechtsprechung bisher entschiedenen Fälle an, so fällt auf, dass § 138 BGB zur Lösung der Fälle auf parapsychologischer Grundlage überhaupt erst sehr spät herangezogen wurde. Die erste Entscheidung, die sich auf § 138 BGB stützt, ist die des Amtsgerichts Grevenbroich aus 1997.[104] Alle Entscheidungen vorher fokussieren § 306 BGB a.F. und damit die Unmöglichkeitslehre. Vor dem Schuldrechtsmodernisierungsgesetz mag dies kaum Auswirkungen auf die erzielten Ergebnisse gehabt haben, denn § 306 BGB a.F. ging dem § 138 BGB aufgrund seiner Spezialität zwar vor,[105] verfolgte aber die

---

[101] BeckOK/*Wendehorst*, BGB, § 817 Rn. 5; *Reuter/Martinek*, Ungerechtfertigte Bereicherung Bd. I, S. 181; NK-BGB/*v. Sachsen Gessaphe*, § 817 Rn. 6 f.; Staudinger/*Lorenz*, BGB, § 817 Rn. 7; vgl. auch umfassend *Honsell*, Rückabwicklung sittenwidriger oder verbotener Geschäfte, S. 65 ff.; weiter MüKoBGB/*Schwab* Rn. 4 ff.

[102] Staudinger/*Lorenz*, BGB, § 817 Rn. 7.

[103] BeckOK/*Wendehorst*, BGB, § 817 Rn. 102.

[104] *AG Grevenbroich*, NJW-RR 1999, 133.

[105] *LG Kassel*, NJW-RR 1988, 1517 (1518).

gleiche Rechtsfolge wie § 138 BGB – nämlich die Nichtigkeit des Verpflichtungsgeschäftes. Im Ergebnis machte es daher keinen Unterschied, wie man zur Nichtigkeit gelangte. Dogmatisch verdient § 138 BGB allerdings schon deshalb Beachtung, da er nach heutigem Verhältnis zwischen Unmöglichkeit und Sittenwidrigkeit vorrangig zu prüfen wäre. Bejaht man nämlich heutzutage die Sittenwidrigkeit der geschlossenen Vereinbarung, fehlt es bereits an einer wirksamen Leistungsverpflichtung als Grundvoraussetzung etwaiger Ansprüche aus dem Unmöglichkeitsrecht, so dass es auf die Frage der Unmöglichkeit der versprochenen Leistung gar nicht mehr ankäme.[106]

Nach den obigen, eher abstrakten Ausführungen gegen eine allzu überbordende Anwendung des § 138 BGB auf parapsychologische Verträge, wird nach dem folgenden Kapitel klar werden, dass § 138 BGB auch im jeweiligen Einzelfall kein allgemeingültiges Instrument zur Lösung solcher Fälle darstellt und dementsprechend ein anderer Lösungsweg angeboten werden muss.

Da die Untersuchung des § 138 BGB vor allem vor dem Hintergrund der Entscheidung des BGH aus dem Jahr 2011 an Brisanz und Relevanz gewann, soll vorliegend auch an genau diesem Beispiel herausgefunden werden, welche Fallgruppen/Kategorien der Sittenwidrigkeit in Fällen mit parapsychologischem Bezug überhaupt in Betracht kommen und ob diese in den anderen entschiedenen Fällen tatsächlich einschlägig sind und dementsprechend subsumiert werden können.

2.1 Der „Kartenlegerfall" des BGH (BGH III ZR 87/10)

Bis zum Bundesgerichtshof ging ein Fall, in dem die Parteien um Honoraransprüche wegen Kartenlegens und Lebensberatung stritten. Die Klägerin ist als Selbstständige mit Gewerbeanmeldung tätig und bietet Lebensberatung insbesondere durch Kartenlegen an.[107] Nach einer durch Beziehungsprobleme ausgelösten Lebenskrise stieß der Beklagte im September 2007 auf die Klägerin und nahm ihre Dienste u.a. durch telefonische Beratung auf Grundlage des Kartenlegens in Anspruch. Im Jahr 2008 zahlte er hierfür mehr als 35.000 EUR an die Klägerin.[108] Im Januar 2009 verlangte die Klägerin nunmehr als Gegenleistung für ihre

---

106 *Deubner*, JuS 2011, 222 (224).

107 *BGH*, NJW 2011, 756 ff.

108 *BGH*, NJW 2011, 756 ff.

Leistungen weitere 6.723,50 EUR, die der Beklagte nicht mehr zahlen wollte.

Sowohl das erst- als auch das zweitinstanzliche Urteil ließen die Sittenwidrigkeit des Vertrages auf parapsychologischer Grundlage offen und suchten den Lösungsweg über die Unmöglichkeitslehre. Dogmatisch verdient allerdings die Prüfung des § 138 BGB, wie oben bereits erläutert, den Vorrang.

2.1.1 1. Instanz (LG Stuttgart)

Das erstinstanzliche Urteil äußerte sich zu Umständen, die eine Sittenwidrigkeit begründen könnten, nur rudimentär: Das von der Klägerin vorgebrachte Argument, parapsychologische Tätigkeiten seien zwischenzeitlich gesellschaftlich anerkannt, könne allenfalls bei der hier nicht zu entscheidenden Frage, ob auch eine Sittenwidrigkeit nach § 138 BGB vorliege, Bedeutung erlangen.[109]

2.1.2 2. Instanz (OLG Stuttgart)

Das zweitinstanzliche Urteil äußerte sich zur Sittenwidrigkeit wie folgt: In der Rechtsprechung würden Verträge, in denen Wahrsagerei versprochen wird, jedenfalls nicht von vorneherein als sittenwidrig angesehen, weil solchen unseriösen Verträgen heute der Rechtsschutz nicht mehr zu versagen sei.[110] Bezüglich des Wuchertatbestandes stellte es fest, dass sich die Preise der Klägerin deutlich von den Preisen abhöben, die im Internet regelmäßig für telefonisches Wahrsagen verlangt würden (0,99 EUR/min).[111]

2.1.3 3. Instanz (BGH)

Der BGH in letzter Instanz merkte hierzu die These an, die mit diesem Kapitel widerlegt werden soll: „In diesem Zusammenhang darf nicht verkannt werden, dass sich viele der Dienstberechtigten, die einen Vertrag mit dem vorliegenden oder einem ähnlichen Inhalt abschließen, in einer schwierigen Lebenssituation befinden oder es sich bei ihnen um

---

109 *LG Stuttgart*, BeckRS 2011, 02411.

110 *OLG Stuttgart*, 08. April 2010 – Az. 19 U 101/09 (juris Rn. 23).

111 *OLG Stuttgart*, 08. April 2010 – Az. 19 U 101/09 (juris Rn. 23).

leichtgläubige, unerfahrene oder psychisch labile Personen handelt. **Daher dürfen in solchen Fällen keine allzu hohen Anforderungen an einen Verstoß gegen die guten Sitten im Sinne des § 138 Abs. 1 BGB gestellt werden.“**[112]

2.1.3.1 § 138 Abs. 2 BGB

Prüft man zunächst § 138 Abs. 2 BGB, stellt sich die Frage nach einem auffälligen Missverhältnis von Leistung und Gegenleistung.

2.1.3.1.1 § 138 Abs. 2 BGB: Auffälliges Missverhältnis

Zwar haben die Verfasser des BGB eine an festen Größen orientierte Äquivalenzkontrolle nach Art der laesio enormis von Art. 1674 ff. des Code Civil oder von §§ 934 f. ABGB bewusst abgelehnt, dennoch hat sich in der Rechtsprechung der Grundsatz durchgesetzt, dass das Doppelte bzw. die Hälfte des Wertes der Gegenleistung als Indiz für eine zur Sittenwidrigkeit führende Äquivalenzstörung anzusehen ist.[113] Maßgeblich für die Ermittlung eines Leistungsmissverhältnisses ist daher der jeweils objektive Wert von Leistung und Gegenleistung.[114] Auffällig ist ein Missverhältnis dann, wenn die vom Schuldner zu erbringende Leistung um 100 % oder mehr über dem Marktpreis liegt.[115] Wie das Berufungsgericht feststellt, liegt der gewöhnliche Preis für Wahrsageleistungen am Telefon bei 99 Cent pro Minute. Ein solcher Marktwert soll auch für die folgende Untersuchung als maßgebliche Bezugsgröße im Bereich elektronischer Beratung auf parapsychologischer Grundlage dienen.[116] Gleichzeitig kann dies keinen Pauschalwert für sämtliche pa-

---

112 *BGH*, NJW 2011, 756 (758).

113 *BGH*, NJW 1988, 1659 (1660); *BGH*, NJW-RR 1989, 1068; *BGH*, NJW 1992, 899 (900); *BGH*, NJW 2000, 1254 (1255); BeckOK/*Wendtland*, BGB, § 138 Rn. 47; *Hackl*, BB 1977, 1412 (1413); siehe auch: *Bender*, NJW 1980, 1129 (1132 f.).

114 BeckOK/*Wendtland*, BGB, § 138 Rn. 44.

115 Palandt/*Ellenberger*, BGB, § 138 Rn. 67.

116 Aufgrund der Masse und Fülle an (elektronischen und physischen) Angeboten parapsychologischer Leistungen und des Fehlens eines einheitlichen „Marktes“ ist die Ermittlung eines genauen „Marktpreises“ für sämtliche angebotenen parapsychologischen Leistungen hier nicht mit letzter Sicherheit möglich; orientiert man sich im Bereich der telefonischen Beratung an großen Plattformen, auf denen solche angeboten werden (Astro-TV, ebay), erscheint die Festlegung des diesbezüglichen „Marktwertes“ auf 99 ct/min durchaus angemessen.

rapsychologische Leistungen darstellen. Es wird sicherlich Leistungsanbieter geben, die einzigartige oder seltene Methoden anbieten oder deren Feld so vielschichtig ist, dass sich kein geregelter Markt mit gefestigten Marktpreisen ermitteln lässt. Möglicherweise müssen darüber hinaus auch unterschiedliche Marktsegmente unterschieden werden (etwa Hobbyanbieter, „Profis“ und ggf. auch „Stars“), sofern eine solche oder vergleichbare Unterscheidung feststellbar sein sollte.[117]

Das Berufungsgericht hat lediglich Feststellungen zu Preis und Dauer der Coachings getroffen. Hier nahm die Klägerin für die ersten 30 Minuten 100 EUR und für alle weiteren 15 Minuten 50 EUR, was einem Minutenpreis von ca. 3,34 EUR entspricht. Da dies mehr als dreimal so viel wie der üblicherweise anzutreffende Preis darstellt, ist nach dem oben aufgeführten Richtwert von einem auffälligen Missverhältnis auszugehen.

2.1.3.1.2 § 138 Abs. 2 BGB: Schwäche des Vertragspartners

Zuletzt bleibt noch zu prüfen, ob sich der Beklagte in einem die Willensfreiheit einschränkenden Zustand befunden hat.

2.1.3.1.2.1 Mangel an Urteilsvermögen

Der BGH stellte fest, dass die geschäftsfähigen Parteien zwar darauf vertrauten, dass magische Kräfte existieren, dass ihnen aber dennoch bewusst war, dass sie mit dem Abschluss des Vertrages den Boden wissenschaftlich gesicherter Erfahrung verließen und sich auf die Ebene eines vernunftmäßig nicht mehr begründbaren und verifizierbaren Vertrauens in übersinnliche Erkenntnis- und Beeinflussungsmöglichkeiten begaben.[118] Damit scheidet ein Mangel an Urteilsvermögen aus, denn dafür wäre die Unfähigkeit erforderlich, die beiderseitigen Leistungen zutreffend zu erfassen und die Vor- und Nachteile im Rahmen einer sachgerechten Risikoabwägung richtig zu beurteilen, was nach dem oben Gesagten gerade nicht vorliegt.[119]

---

[117] *Pfeiffer*, LMK 2011, 314413.

[118] *BGH*, NJW 2011, 756 (758).

[119] *BGH*, NJW 2006, 3054 (3056); Palandt/*Ellenberger*, BGB, § 138 Rn. 72; BeckOK/*Wendtland*, BGB, § 138 Rn. 53.

2.1.3.1.2.2 Erhebliche Willensschwäche

Eine erhebliche Willensschwäche dagegen liegt vor, wenn der Bewucherte zwar Inhalt und Folgen des Geschäfts durchschaut, aber auf Grund verminderter psychischer Widerstandsfähigkeit trotz richtiger Erkenntnis nicht in der Lage ist, sich im konkreten Fall sachgerecht zu verhalten, was insbesondere auch bei leichtsinnig handelnden Menschen in Betracht kommt.[120] Ein Indiz hierfür könnte sein, dass der Beklagte bereits im Jahr 2008 über 35.000 EUR für solche Dienste ausgegeben hat. Ein solch horrender Betrag legt nahe, dass der Beklagte die Kontrolle über seine Handlungen verloren hatte und ähnlich einem Spielsüchtigen nicht mehr erkannt hatte, dass sein Verhalten Suchtcharakter aufweist. Auch wenn hierzu Feststellungen fehlen, liegt die Annahme nicht fern, dass auch diese Voraussetzung erfüllt ist. Wenn Bartels meint, dass es zweifelhaft sei, dass bei dem Geschäftsführer einer Marketing-Agentur seine trennungsbedingte Lebenskrise dazu führte, dass er durch seinen Glauben an magische Kräfte und Schamanen zu einem besonders willfährigen Kunden oder Opfer der Klägerin wurde,[121] fehlt ihm hierzu eine tragfähige Begründung: Die emotionale Zwangslage der Beziehungskrise könne nicht über ein Jahr lang zu einer Abhängigkeit von den Weissagungen seines Mediums geführt haben.[122] Diese pauschale Aussage trägt überhaupt nicht. Es kann durchaus sein und ist in der Psychologie auch hinlänglich bekannt, dass emotionale Zwangslagen, wie beispielsweise eine Beziehungskrise, Menschen anfälliger für Suchtverhalten macht[123] – dies auch unabhängig vom Bildungsstand oder der Gesellschaftsschicht, in der man sich befindet. Konkretes Suchtverlangen in Bezug auf parapsychologische Leistungen kann sehr leicht durch die Unmittelbarkeit des Angebotes entstehen, denn im Gegensatz zum Antidepressivum, das erst nach zwei Wochen wirkt, kann man eine Hotline oder den Sender sofort anrufen.[124] Insofern ist es durchaus möglich, dass sich der Beklagte in die Hände der Klägerin flüchtete und hieraus eine Art Sucht entwickelte, aus der er nicht mehr herauskam.

---

[120] Palandt/*Ellenberger*, BGB, § 138 Rn. 72.

[121] *Bartels*, ZJS 2011, 106 (108).

[122] *Bartels*, ZJS 2011, 106 (108).

[123] *Reimer/Rüger*, Psychodynamische Psychotherapien, S. 166.

[124] Zitat des Suchtexperten *Christoph Teich*, abrufbar unter: http://www.zeit.de/gesellschaft/2015-03/astro-tv-esoterik-kosten/komplettansicht, zuletzt abgerufen am 02. Januar 2019.

2.1.3.1.3 Ausbeutung

Die Klägerin müsste diesen Umstand allerdings auch ausgebeutet haben. Ausbeutung bedeutet die bewusste Ausnutzung der Zwangslage des Bewucherten, die zwar keine Absicht, aber Kenntnis der Situation und eine verwerfliche Vorgehensweise voraussetzt.[125] Da hier nicht nur ein auffälliges, sondern ein besonders grobes Missverhältnis zwischen Leistung und Gegenleistung besteht, spricht eine tatsächliche Vermutung dafür, dass die Klägerin diese Lage bewusst ausgebeutet hat.[126] Zwar ist diese Vermutung widerleglich, allerdings fehlen hierzu die notwendigen Feststellungen. Anknüpfungspunkt für eine Widerlegung könnte das Argument sein, dass die Klägerin tatsächlich selbst an ihre Fähigkeiten glaubte und in diesem Sinne keine böswilligen Motive verfolgte. Ob ihr also die Vorteilhaftigkeit des Geschäfts bewusst war oder nicht, ist hier nicht feststellbar.

2.1.3.2 § 138 Abs. 1 BGB

Geht man mit dieser Subsumtion allerdings auf die Prüfung des § 138 Abs. 1 BGB über, so fällt zunächst das wucherähnliche Rechtsgeschäft ins Auge, das hier ebenfalls einer Prüfung bedarf.

2.1.3.2.1 § 138 Abs. 1 BGB: Wucherähnliches Rechtsgeschäft

Für die aufgrund des groben Missverhältnisses vermutete verwerfliche Gesinnung eines wucherähnlichen Rechtsgeschäftes[127] reicht es aus, dass sich die Beklagte leichtfertig der Erkenntnis der Zwangslage des Beklagten verschließt. Angesichts dessen, dass die Klägerin über ein

---

[125] *RG*, RGZ 60, 9 (11); *RG*, RGZ 86, 296 (300); *BGH*, NJW 1982, 2767 (2768); *BGH*, NJW 1985, (3006 f.); *BGH*, NJW-RR 1990, 1199; *BGH*, NJW 1994, 1275 (1276); MüKoBGB/*Armbrüster*, § 138 Rn. 154.

[126] *BGH*, NJW-RR 1990, 1199; *BGH*, NJW 1994, 1275: Allgemein kann auch im Rahmen des § 138 Abs. 2 BGB, wenn nicht nur ein auffälliges, sondern ein besonders grobes Missverhältnis zwischen Leistung und Gegenleistung vorliegt, eine tatsächliche Vermutung für die Ausbeutung sprechen (ab einer Überschreitung von etwa 200 %).

[127] Ständige Rspr.: *BGH*, NJW 1992, 899 (900); *BGH*, NJW 1994, 1475 (1476); *BGH*, NJW 2001, 1127 (1128 f.); *BGH*, NJW 2002, 3165 (3166); *BGH*, NJW 2010, 363 (364 f.); *BGH*, 06. Dezember 2012 – Az. V ZR 34/12 (juris Tenor): i.R.d. § 138 Abs. 1 BGB wird die verwerfliche Gesinnung bereits bei Vorliegen des auffälligen (nicht erst groben) Missverhältnisses widerleglich vermutet.

Jahr fast täglich mit dem Beklagten telefonischen Kontakt hatte und über sein Seelenleben, das ja gerade im Mittelpunkt ihrer Leistungen stand, Bescheid wusste, hätte sich diese zumindest auch aufgrund der Häufigkeit der Leistungsinanspruchnahme nicht der Frage verschließen dürfen, ob dahinter nicht auch ein Willensdefizit steckt. Gerade weil die Klägerin genau wusste, in welcher emotionalen Lage sich der Beklagte befand, verschloss sie sich dieser Erkenntnis durchaus leichtfertig. Hier wird eine Widerlegung über das Argument, dass die Klägerin selbst an ihre Fähigkeiten glaubte, kaum zu erbringen sein.[128]

2.1.3.2.2 § 138 Abs. 1 BGB: Ausnutzung einer Vertrauensstellung

Eine weitere Fallgruppe des § 138 Abs. 1 BGB, die hier in Frage kommt, ist das Ausnutzen einer Vertrauensstellung bzw. die damit einhergehende strukturelle Ungleichheit der Verhandlungspositionen der Parteien. Ein Rechtsgeschäft kann sittenwidrig sein, wenn ein Vertragspartner seine Vertrauensstellung zu seinem Vorteil ausgenutzt hat, und zwar auch dann, wenn er hierfür nicht im klassischen Sinne durch seine Machtstellung Druck ausgeübt hat.[129] Mit der Aussage, dass sich viele der Dienstberechtigten, die einen Vertrag mit dem vorliegenden oder einem ähnlichen Inhalt abschließen, in einer schwierigen Lebenssituation befinden oder es sich bei ihnen um leichtgläubige, unerfahrene oder psychisch labile Personen handelt, könnte der BGH genau auf diese Fallgruppe anspielen. Eine solche Ungleichheit kann sich daraus ergeben, dass der Benachteiligte eine besonders schwache Stellung - wobei hier auch wieder die in Abs. 2 genannten Lagen repräsentativ sind - [130] oder der Begünstigte eine besonders starke Stellung hat - wie beispielsweise eine gefestigte Vertrauensstellung.[131] Bereits 1991 hat der BGH festgestellt, dass § 138 Abs. 1 BGB auch vor der Ausnutzung einer emotionalen Zwangslage und persönlichen Verstrickung schützt.[132] Bei dieser Kategorie entspricht die Stärke des einen häufig der Schwäche

---

128 A.A.: *Bartels*, ZJS 2011, 106 (108), der es sich zu einfach macht und die Vrs. des § 138 BGB, insbesondere die Vermutungswirkung bei besonders grobem Missverhältnis, hier nicht beachtet.

129 Staudinger/*Sack/Fischinger*, § 138 Rn. 338; MüKo/*Armbrüster*, § 138 Rn. 95.

130 HHMN/*Looschelders*, BGB, § 138 Rn. 107.

131 *BGH*, BeckRS 1954, 31391073; MüKoBGB/*Armbrüster*, § 138 Rn. 95; *Bork*, BGB AT, Rn. 1196.; *Flume*, AT des BGB Bd. 2, S. 371 f.

132 *BGH,* NJW 1991, 1046 (1047).

des anderen, d.h. beide Elemente fallen zumeist zusammen oder bedingen sich gegenseitig.[133] In jedem Fall reicht aber nicht jede strukturelle Ungleichheit, vielmehr muss die Schwäche des einen oder die Stärke des anderen eine gewisse Intensität annehmen, so dass das Ungleichgewicht ein nicht mehr hinnehmbares Ausmaß annimmt, das zu einer unbilligen Ausgestaltung der Verträge führt. Hier werden dann auch die bereits oben erwähnten Kriterien, wie z.B. die Höhe des Honorars, die Arbeitsweise der Beraterin und die Möglichkeit einer Alternativberatung, relevant.

Gerade im vorliegenden Fall wäre auch diese Fallgruppe einschlägig gewesen: Die Klägerin hatte den Beklagten mehr als ein Jahr lang intensiv und dauerhaft telefonisch beraten und demnach auch eine emotionale Bindung und Vertrauen aufgebaut. Da die Klägerin hier mehr als 35.000 EUR am Kläger verdiente, ist dies ein gewichtiges Indiz dafür, dass sie aus dieser Vertrauensstellung und der oben beschriebenen Zwangslage objektiv Kapital geschlagen hat. Zwar hätte der Beklagte auch ärztliche Hilfe in Anspruch nehmen und seine emotionale Lage mit einem anerkannten Therapeuten aufarbeiten können. Doch stehen einem solchen Schritt oft persönliche Hindernisse wie Scham oder Einträge in der Krankenakte entgegen, die für die Betroffenen zu Problemen oder Schwierigkeiten führen können. Vergegenwärtigt man sich, dass der Beklagte mit der täglichen Inanspruchnahme der Beratungsleistungen seine emotionalen Probleme zu kompensieren versuchte, sollte allerdings auch ein Alternativszenario nicht außer Acht gelassen werden: Welche Möglichkeiten zur Zerstreuung/Ablenkung/Hilfe hätten dem Beklagten denn sonst zur Verfügung gestanden? Sein Geld wäre er nur zu gut auch in einem Spielcasino, Nachtclub oder durch legale Drogen, wie z.B. Alkohol, losgeworden – denn dies sind ebenso gern genutzte „Ablenkungsmöglichkeiten", mit denen Menschen aller Gesellschaftsschichten Probleme zu verdrängen oder zu bewältigen suchen. Dass solche Geschäfte oder Aktivitäten weniger „sittenwidrig" sind, erscheint äußerst zweifelhaft. Der finanzielle Schaden hätte hier sicherlich ähnliche Ausmaße annehmen können. Trotzdem wird keinem Spielcasino die Pflicht auferlegt, seine Stamm- oder Dauerkunden des Geschäftsbetriebes zu verweisen. Erst kürzlich entschied das LG Bielefeld hierzu Folgendes: Nach dem Regelungsgehalt des § 6 S. 2

133 HHMN/*Looschelders*, BGB, § 138 Rn. 107; MüKoBGB/*Armbrüster*, § 138 Rn. 95.

GlüStV seien die Veranstalter und Vermittler verpflichtet, zur Verhinderung von Glücksspielsucht Sozialkonzepte zu entwickeln.[134] Aus Wortlaut und Regelungsgehalt des § 6 S. 1 GlüStV lasse sich jedoch nicht die an die Veranstalter oder Vermittler öffentlicher Glücksspiele gerichtete Verpflichtung ableiten, spielsüchtigen Personen auf deren Wunsch den Zugang zu Spielhallen zu verwehren."[135] § 6 GlüStV besagt indes aber, dass die Veranstalter und Vermittler von Glücksspiel der Glücksspielsucht vorzubeugen haben und zu diesem Zwecke Sozialkonzepte zu entwickeln und ihr Personal zu schulen haben. Es sprechen gute Gründe dafür, ein solches Mindestmaß an sozialer Verantwortung auch auf die Anbieter parapsychologischer Leistungen zu übertragen, da ein ähnliches Suchtpotential von solchen Leistungen ausgehen kann. Ein sog. Heilsüchtiger offenbart sich – wie auch der Spielsüchtige – erst, wenn der Leidensdruck und die Verschuldung zu hoch werden. In Deutschland dürften tausende Menschen der sog. Heilersucht verfallen sein, wie sich alleine aus den Erfahrungsberichten der parapsychologischen Beratungsstelle in Freiburg entnehmen lässt: Drei- bis viermal pro Woche kontaktieren Opfer der Heilersucht die Berater telefonisch oder persönlich vor Ort.[136] Ein Ansatzpunkt, um einer derartigen Heilersucht vorzubeugen, wäre beispielsweise eine Aufklärungspflicht in Abhängigkeit von Dauer und Intensität der parapsychologischen Dienstleistung.[137] Ein solches Mindestmaß an sozialer Verantwortung hat die Klägerin nach über einem Jahr „Geschäftsbeziehung" hier jedenfalls nicht übernommen und weder durch Hinweise, Aufklärung oder sonstige Maßnahmen auf mögliche Konsequenzen eines solchen Dauerkonsums ihrer Beratungsleistungen hingewiesen. Dem nicht zuletzt hierdurch entstandenen strukturellen Ungleichgewicht und Abhängigkeitsverhältnis des Beklagten hat sich die Klägerin auch mindestens fahrlässig verschlossen.

[134] LG Bielefeld, 30. März 2017 – Az. 12 O 120/16 (juris Rn. 23).

[135] LG Bielefeld, 30. März 2017 – Az. 12 O 120/16 (juris Rn. 23).

[136] Auskunft der parapsychologischen Beratungsstelle in Freiburg: v.a. Frauen mittleren Alters, die unter familiären Konflikten, Verlustängsten, Beziehungsproblemen oder finanziellen Krisen/Jobkrisen litten.

[137] Die Aufklärungspflicht spielt auch bei der in dieser Arbeit vorgeschlagenen rechtlichen Lösung von Verträgen auf parapsychologischer Grundlage eine entscheidende Rolle; siehe unten, S. 169 ff.

2.1.3.3 Gesamtwürdigung

Gelangt man nun aufgrund mangelnder Feststellungen nicht zu § 138 Abs. 2 BGB, so spricht doch vieles dafür, zumindest § 138 Abs. 1 BGB (i) im Sinne des wucherähnlichen Rechtsgeschäftes und (ii) aufgrund der Ungleichheit der Verhandlungspositionen hier zur Anwendung kommen zu lassen. Vielleicht hat der BGH auch aus diesem Grund die verallgemeinernde Aussage getroffen, dass an § 138 Abs. 1 BGB nicht allzu hohe Anforderungen zu stellen sind, um das Berufungsgericht auf die Tatsache zu stoßen, dass die Voraussetzungen des § 138 BGB gerade im hier vorliegenden Fall erfüllt sind. Dennoch erscheint die pauschale Wortwahl nach dem oben Gesagten äußerst ungeschickt.

2.2 Weitere Urteile

Daneben gibt es eine Vielzahl weiterer, instanzgerichtlicher Urteile.

2.2.1 OLG Düsseldorf, Urteil vom 27.02.1953, 5 U 319/52

Das Urteil des OLG Düsseldorf vom 27. Februar 1953, Az. 5 U 319/52 ist wohl das erste zivilrechtliche Urteil in der Bundesrepublik Deutschland, dass sich mit Dienstleistungen auf parapsychologischer Grundlage befasste. In dem zugrundeliegenden Fall hatte der Kläger dem Beklagten zugesagt, ihn bei geschäftlichen und privaten Planungen auf astrologischer Grundlage zu beraten und dem Beklagten unter Berücksichtigung seiner Geburtsverhältnisse nach dem Stand der Sterne Weisungen für die Zukunft zu erteilen.[138] Hierfür klagte er das mit dem Beklagten vereinbarte Entgelt für diese Leistung ein.

Das OLG stützte sich für die rechtliche Lösung auf § 306 BGB a.F. und ließ § 138 BGB aufgrund der damaligen Spezialität des Unmöglichkeitsrechts völlig außer Acht. Nichtsdestotrotz klingen Anspielungen auf die guten Sitten in den Entscheidungsgründen an: So sprach das Gericht davon, dass es dem Stande der Wissenschaft und der sittlichen Weltanschauung entspricht, dass die breite Masse der vernünftig denkenden Menschen diese (astrologische) Art der Schicksalsdeutung als Wahnidee und Irrglaube ablehne und dass auf die Lebensgestaltung nicht nur die Erbmasse, sondern auch die Kraft der Persönlichkeit, des Geistes und des Bewusstseins einwirkten.[139] Weiter stellte es fest, dass

---

[138] *OLG Düsseldorf*, NJW 1953, 1553.

[139] *OLG Düsseldorf*, NJW 1953, 1553.

der Kläger seine Beratung ausschließlich darauf aufgebaut habe, aus Zeit und Ort der Geburt des Beklagten Beziehungen zu den Sternen und damit Folgerungen für die Zukunft herzuleiten. Er hätte sich nicht damit begnügt, Möglichkeiten der Zukunftsentwicklung anzudeuten, sondern hätte wiederholt gewisse Einflüsse positiv angekündigt und Einflüsse anderer Art völlig außer Betracht gelassen.[140] Dem Gericht kam es also maßgeblich auf den Umstand an, dass der Kläger seine Leistung ausschließlich auf astrologischer Grundlage erbrachte und andere Gesichtspunkte außen vor ließ. Gleichzeitig – und das ist das Besondere an der zitierten Entscheidung – schloss das Gericht nicht aus, dass sich in der Wissenschaft die Erkenntnis durchsetzen könnte, dass Sonne, Mond und Planeten und andere Gestirne in Folge ihrer Strahlungen eigene spezifische Wirkungen auf den einzelnen Menschen ausüben können.[141] Nach einer 2017 durchgeführten Studie entspricht diese Überlegung im Übrigen auch zu einem beträchtlichen Anteil der Überzeugung in Deutschland, wonach 24 % der Männer und 47 % der Frauen wenigstens zum Teil an Horoskope und Astrologie glauben.[142] Das Gericht führte dies sogar aus und betonte, dass – wenn überhaupt – ein potentieller kosmischer Teileinfluss nicht soweit wirken könne, dass alle anderen maßgeblichen Einflüsse dahinter zurückträten. Das Gericht maß dem der Leistung zu Grunde liegende grobe Missverhältnis zwischen den zu berücksichtigen Einflussfaktoren auf die Lebensgestaltung eines jeden Menschen große Bedeutung für seine Entscheidung zu.

Gemessen an der Entscheidung des BVerwG, wonach die astrologische Betätigung unter die Berufsfreiheit des Art. 12 GG fällt, ist ein Sittenverstoß eher abwegig. Ob die Astrologie unter Art. 4 GG fällt und sich deren Anhänger damit auf die diesbezügliche Weltanschauungsfreiheit berufen können, ist daran zu messen, ob die Astrologie als parapsychologisches Gedankensystem eine ähnliche Geschlossenheit und Breite wie die anerkannten Religionen aufweist. Das Gericht stellt selbst fest, dass der klagende Astrologe im Grunde der seit Jahrtausenden überlieferten Lehre der Astrologie, die in ihrem Wesen von heidnisch-religiösen Vorstellungen durchsetzt ist, folge.[143] Weiter führt es aus, dass

---

140 *OLG Düsseldorf*, NJW 1953, 1553.

141 *OLG Düsseldorf*, NJW 1953, 1553.

142 https://de.statista.com/statistik/daten/studie/668629/umfrage/umfrage-zum-glauben-an-astrologie-und-horoskope-in-deutschland-nach-geschlecht/, zuletzt abgerufen am 02. Januar 2019.

143 *OLG Düsseldorf*, NJW 1953, 1553.

die Astrologie von der Annahme ausgehe, alles Geschehen und damit auch die Beziehungen des Menschen zu diesem Geschehen, hingen von den Sternen ab, seien also schicksalhaft vorausbestimmt und könnten deshalb auch aus den Sternen vorausgesagt werden.[144] Gemessen an diesen Aussagen lässt sich thematisch durchaus eine Vergleichbarkeit beispielsweise zur anerkannten Religion des Christentums herstellen: Das, was für den Christen der Einfluss Gottes auf das Schicksal der Menschen ist, ist für den Astrologen der Einfluss der Gestirne auf das Schicksal des Lebens. Das Christentum erklärt die Beziehung Mensch-Welt-Gott, wohingegen die Astrologie die Beziehung Mensch-Welt-Gestirne erklärt. Es spricht also einiges dafür, dass auch die Astrologie unter den Schutzbereich des Art. 4 Abs. 1, 2 GG fällt.

Es widerspricht aber auch schon der Logik, einen Sittenverstoß annehmen zu wollen, nur aufgrund der Tatsache, dass sich der Astrologe ausschließlich auf die Beziehungen zu den Sternen bezieht, um daraus Schlussfolgerungen für die Zukunft herzuleiten. Natürlich bezieht sich der Astrologe nur hierauf und nicht auch auf andere Einflüsse, denn es entspricht gerade einem geschlossenen Gedankensystem, Erklärungen nur aus dem zu schöpfen, was man für sich als absolut gelten lässt. Sofern das Gericht bemängelt, dass andere Einflüsse außen vor gelassen werden, so stellt dies zumindest keine geeignete Argumentation zur Anwendung des § 138 Abs. 1 BGB dar.

Andere Tatsachen, die zu einer Umstandssittenwidrigkeit führen könnten, hat das Gericht nicht festgestellt. Im Gegenteil hat der Beklagte das bekommen, was er wollte, nämlich ein nach den Lehren der Astrologie ausgestelltes Gutachten, das ihm Selbstbewusstsein, Energie, Vertrauen und eine gesteigerte Entschlusskraft sowie Verhandlungsfähigkeit brachte.[145] Anhaltspunkte für ein auffälliges Missverhältnis zwischen Leistung und Gegenleistung fehlen ebenfalls, so dass davon ausgegangen werden kann, dass der Beklagte eine angemessene Gegenleistung für sein Geld bekam – nämlich etwas Ideelles: Vertrauen in „seinen Stern".[146] Das durchaus bestehende Risiko, dass das leichtgläubige Publikum sich häufig falsche Vorstellungen über den Wert eines Horoskops mache und manche Horoskopersteller zu strafbaren Geschäftspraktiken neigen,[147] hat sich in diesem Fall gerade nicht realisiert. Von dem

---

144 *OLG Düsseldorf*, NJW 1953, 1553.

145 *OLG Düsseldorf*, NJW 1953, 1553, Anm. Voss.

146 *OLG Düsseldorf*, NJW 1953, 1553, Anm. Voss.

147 *BVerwG*, 04. November 1965 – Az. I C 6.63 (juris Rn. 21).

Ausnutzen einer Vertrauensstellung kann nach den vorliegenden Feststellungen ebenfalls nicht ausgegangen werden, da jegliche Anhaltspunkte fehlen, die darauf schließen lassen, dass der Beklagte in eine Art Abhängigkeitsstellung verfiel oder der Kläger einen Vertrauenstatbestand aufgebaut hatte.

2.2.2 LG Kassel, Urteil vom 14.03.1985, 1 S 491/84

Das Urteil des Landgerichts Kassel mit dem Aktenzeichen 1 S 491/84 befasste sich mit einer Partnerzusammenführung auf parapsychologischer Grundlage. Die Beklagte hatte der Klägerin zugesagt, ihren Ex-Freund innerhalb von 13 Wochen mental so zu beeinflussen, dass er spätestens nach Ablauf der 13 Wochen zu ihr zurückkommen werde, und dabei die Aufnahme ihrer Tätigkeit von einer Zahlung in Höhe von 3.000 DM abhängig gemacht.[148] Als der gewünschte Erfolg nach 13 Wochen immer noch nicht eintrat und der Ex-Partner nicht wieder zur Klägerin zurückgekehrt war, erklärte die Beklagte, dass der Fall der Klägerin besonders kompliziert sei und deshalb weitere Arbeit auf parapsychologischer Grundlage nötig sei. Hierfür verlangte die Beklagte noch einmal 3.000 DM, die die Klägerin jedoch nicht zahlte. Mit ihrer Klage verlangte sie dann die bereits für das 13-Wochen-Programm gezahlten 3.000 DM zurück.

Das Gericht stellte hier positiv fest, dass keine Sittenwidrigkeit vorliege. Die eventuelle Sittenwidrigkeit des Vertrages nach § 138 BGB ergebe sich dabei nicht aus dem Verhältnis der Parteien zueinander, sondern allenfalls aus dem Verhältnis zu einem Dritten, nämlich dem (Ex-)Freund der Klägerin.[149] Dies würde voraussetzen, dass ein solcher Vertrag geeignet sei, die Interessen des (Ex-)Freundes der Klägerin ernstlich zu tangieren, was nicht der Fall sei.[150]

Zunächst erschließt sich jedoch nicht, wieso das Gericht eine Sittenwidrigkeit zwischen den Parteien von vorneherein ausschloss.

Die gezahlten 3.000 DM veranlassen zumindest zur Prüfung des § 138 Abs. 2 BGB. Ob hier ein auffälliges Missverhältnis zwischen Leistung und Gegenleistung besteht, ist am jeweils objektiven Wert von Leistung und Gegenleistung zu messen. Die diesbezüglichen Feststellungen lassen schon offen, wie die Beklagte ihre Leistung erbrachte. Ob

---

148 *LG Kassel*, NJW 1985, 1642.
149 *LG Kassel*, NJW 1985, 1642.
150 *LG Kassel*, NJW 1985, 1642.

die mentale Beeinflussung mit der Klägerin zusammen am Telefon stattfand oder hierzu anderweitige „Arbeiten" aufgewendet wurden, wird nicht ausgeführt. Die Dienste der Beklagten zogen sich jedenfalls über einem Zeitraum von 13 Wochen. Dies entspricht einer wöchentlichen Entlohnung von ca. 230 DM und bei einer 5-Tage-Woche einer täglichen Entlohnung von 46 DM.[151] Welchen objektiven Wert eine solche Leistung auf parapsychologischer Grundlage hatte, lässt sich insbesondere aufgrund der fehlenden Informationen über das „Wie" der Leistung nur noch schwer feststellen. An dem heute marktüblichen Preis für telefonische Beratungsleistungen gemessen, müsste die Beklagte in zeitlicher Hinsicht jeden Tag circa 20-25 Minuten für die Klägerin tätig gewesen sein. Die Zugrundelegung eines solchen Marktpreises ist hier allerdings nicht zielführend. Es erscheint zum einen schon fraglich, ob ein solcher auch auf das Jahr 1984 – über 30 Jahre in der Vergangenheit liegend –angewendet werden kann. Zum anderen kann ein solcher Marktpreis auf andere (als telefonische) Bereiche parapsychologischer Leistungen nicht übertragen werden.

So kann physisches Tätigwerden, sei es in Form von Ritualen oder dem Benutzen spezieller Utensilien, aufwendiger sein und dadurch auch einen höheren Preis rechtfertigen. Per se wertlos ist eine solche Leistung jedoch nie. Zum einen wendet die Anbieterin hier Zeit und Arbeitskraft – gleich in welcher Form – auf. Zum anderen trägt auch das Argument, die Wertlosigkeit pauschal an der Unmöglichkeit der Leistung festmachen zu wollen, nicht, da parapsychologische Leistungen – wie sich noch zeigen wird – schlicht nicht unmöglich sind.[152] Betrachtet man die „Magie" also nicht von vorneherein als wertlos, so liegt die Annahme eines erheblichen Missverhältnisses von Leistung und Gegenleistung (trotz fehlender diesbezüglicher Feststellungen) eher fern. Jedenfalls fehlt es aber auch an einer Situation, in der die Klägerin eine privatautonome Entscheidung nicht mehr hätte treffen können.[153] Zwar spricht der Umstand, dass die Klägerin Magie zur Rückgewinnung ihres (Ex-)Freundes einsetzen wollte, dafür, dass sie verzweifelt gewesen sein mag und auch die Trennung nicht richtig verarbeitet hatte. Hieraus die Schlussfolgerung zu ziehen, dass ihre Selbstbestimmung einer Fremdbestimmung weicht[154], ist allerdings zu weit gegriffen. Hierzu fehlen

151 Was heute in etwa einem Wert von 24 EUR pro Tag entspräche.

152 Siehe unten, S. 126 – 140.

153 *LG Kassel*, NJW 1985, 1642.

154 *Bork*, BGB AT, Rn. 1163 ff.

weitere die Fremdbestimmung begründende Umstände. Anhaltspunkte, die einen Mangel an Urteilsvermögen, eine erhebliche Willensschwäche und deren Ausbeutung rechtfertigen, sind hier demnach nicht gegeben.

Im Rahmen des § 138 Abs. 1 BGB bleibt nun noch zu prüfen, ob die Beklagte Vertrauen zur Klägerin aufgebaut und ihre Lebenskrise in zu missbilligender Weise ausgenutzt hat, was insbesondere auch im Zusammenwirken mit einem überteuerten Preis zu einem sittenwidrigen Geschäft i.S.d. § 138 Abs. 1 BGB führen kann.[155] Neben der öffentlichen Behauptung, bereits jemanden totgehext zu haben, warb die Beklagte mit ihren Leistungen, für die sie sogar Erfolge garantierte, in diversen Frauenzeitschriften.[156] Die von ihr ausgeschriebenen Offerten ad incertas personas sind allerdings (noch) nicht geeignet, ihre Leser in sittenwidriger Weise zu manipulieren. Sie bezwecken lediglich, Interesse bei „gleichgesinnten“ Personen zu wecken, die ebenfalls an parapsychologische Fähigkeiten glauben. Auch wenn solch werbendes Vorgehen insbesondere bei labilen, verzweifelten Personen, wie im vorliegenden Fall bei der Klägerin, anschlägt, ist die mediale Verbreitung für sich genommen noch kein Umstand, der im konkreten Fall eine Sittenwidrigkeit begründen kann.

Als die Klägerin an die Beklagte herantrat und deren Dienste in Anspruch nahm, bestand also noch überhaupt kein persönliches Verhältnis zwischen den Parteien, durch das eine Vertrauensstellung oder eine Abhängigkeit hätte entstehen oder ausgenutzt werden können. Bezüglich der Zahlung der ersten 3.000 DM konnte sich die Klägerin daher auch nicht darauf zurückziehen, der Einfluss der Beklagten hätte sie zur Zahlung für die angebotenen Dienste bewogen. Vornehmlich hat die Klägerin nämlich versucht ihre schwierige Lebenssituation mit der Inanspruchnahme der Beklagten zu bewältigen. Das Geld wäre sie nur zu gut auch in einem Spielcasino oder bei ähnlichen zur Zerstreuung geeigneten Aktivitäten losgeworden. Es kann also keinen Unterschied machen, ob die Klägerin zur Zerstreuung ein Spielcasino aufsucht oder aber ihre Probleme durch die Dienste der Beklagten zu bewältigen versucht. Ebenso wie die Betreiber eines Spielcasinos gegenüber Spielsüchtigen nicht den Zugang verwehren müssen, wäre auch die Beklagte nicht verpflichtet gewesen, ihre Dienste einer Heilersüchtigen zu verweigern. Da aber auch diesbezüglich keine (Sucht-)Indizien vorlagen, reichte das

---

[155] *Pfeiffer*, LMK 2011, 314413.

[156] *LG Kassel*, NJW 1985, 1642.

mögliche strukturelle Ungleichgewicht der Parteien bei Vertragsschluss aufgrund der schwierigen Lebenssituation der Klägerin im konkreten Einzelfall noch nicht aus, um ein die Sittenwidrigkeit begründendes unerträgliches Ausmaß anzunehmen. Anders wäre dies möglicherweise in Bezug auf das zweite Angebot der Beklagten zu beurteilen gewesen, wenn die Klägerin dieses gegen Zahlung weiterer 3.000 DM angenommen hätte (und diese Rückforderung auch Gegenstand der Entscheidung gewesen wäre). Da die Klägerin dieses Angebot allerdings ausschlug, spricht dies im Übrigen für den vorliegenden Fall auch dafür, dass die Klägerin auch nach 13 Wochen noch in keinem sittenwidrigkeitsbegründendem Vertrauens- und Abhängigkeitsverhältnis stand. Darüber hinaus glaubte die Beklagte selbst an ihre Fähigkeiten, die sie sogar durch Beauftragung eines parapsychologischen Gutachtens beweisen wollte. Auch subjektiv fehlt es darüber hinaus an der verwerflichen Gesinnung der Beklagten.

Das Gericht prüfte zudem die Sittenwidrigkeit in Bezug auf einen Dritten, nämlich den (Ex-)Freund der Klägerin, und verneinte dies im Ergebnis zurecht. Das Gericht begründet die Verneinung der Sittenwidrigkeit hier damit, dass die Sittenwidrigkeit objektiv zu bestimmen sei und durch den Vertrag die Interessen des Freundes der Klägerin nicht ernstlich tangiert worden sei.[157] Geht man mit der Rechtsprechung davon aus, dass parapsychologische Leistungen aufgrund ihrer naturwissenschaftlichen Unbeweisbarkeit nicht existieren, so können sie auch niemals echten Einfluss auf die Interessen eines Dritten haben. Folgt man dieser Argumentation, so muss man in allen Fällen parapsychologischer Leistungen davon ausgehen, dass Sittenwidrigkeit gegenüber Dritten niemals in Betracht kommt. Geht man dagegen alleine von dem moralischen Aspekt aus, so verstößt der Versuch der Beeinflussung des freien Willens einer anderen Person per se und für sich alleine betrachtet durchaus gegen das Anstandsgefühl aller billig und gerecht Denkenden. Hilfe bei einer solchen Auslegung bringen, wie oben erläutert, auch die einfachgesetzlichen Wertungen im Inland.[158] Das deutsche Recht enthält zahlreiche Vorschriften, welche die unzulässige Einflussnahme auf die Willensbildung (arglistige Täuschung, Drohung) missbilligen (vgl. §§ 123, 318 Abs. 2, 438 Abs. 3, 444, 634 a Abs. 3, 1314 Abs. 2 Nr. 3 und 4, 2339 Nr. 3 BGB), die im Zusammenspiel mit anderen sittenwidrigkeitsrelevanten Kriterien auch nach § 138 Abs. 1 BGB zur

---

[157] *LG Kassel*, NJW 1985, 1642.

[158] HHMN/*Looschelders*, BGB, § 138 Rn. 71.

Nichtigkeit des Rechtsgeschäfts führen können.[159] Vorschriften, welche die Einflussnahme auf die Willensbildung auf parapsychologischer Grundlage für unzulässig erklären, existieren allerdings nicht. Zwar führt das Reichsgericht aus, dass solche Methoden „nur Bedeutung für die Sphäre des Sittlichen, der Moral haben“[160], der abergläubische Versuch ist aber auch im Strafrecht seit jeher straflos.[161] An der einfachgesetzlichen Werteordnung kann die Sittenwidrigkeit also nicht festgemacht werden. Die Folgefrage lautet dann, ob außerrechtliche Maßstäbe, wie zum Beispiel hier alleine moralische Aspekte, im Hinblick auf § 138 Abs. 1 BGB auch dann zu berücksichtigen sind, wenn sie in der Rechtsordnung (noch) keinen Ausdruck gefunden haben. Soweit solche Wertentscheidungen weder in der Verfassung noch in anderen Teilen der Rechtsordnung einen Niederschlag gefunden haben, erscheint es jedoch zweifelhaft, ob sie für das Zusammenleben wirklich eine derart fundamentale Bedeutung haben, dass man sie mit den starken Rechtsfolgen des § 138 BGB belastet. Dem Grundgedanken nach haben außerrechtliche Maßstäbe damit zwar nach wie vor eine eigenständige Bedeutung, bei der praktischen Rechtsanwendung treten sie jedoch immer stärker zurück. [162] Da die Rechtsordnung es bisher nicht für nötig empfunden hat, derartige Eingriffe in die Willensfreiheit zu regeln, ist alleine der moralisch verwerfliche Aspekt nicht geeignet, die Sittenwidrigkeit zu begründen. Der Moralverstoß steht außer Verhältnis zur Schwere der Rechtsfolgen des § 138 Abs. 1 BGB.

2.2.3 LG Braunschweig, Urteil vom 28.11.1985, 7 S 327/84

Das Landgericht Braunschweig hatte in zweiter Instanz über den Zahlungsanspruch eines Klägers zu entscheiden, dem eine sog. „Abschirmung“ gegen Erdstrahlen zu Grunde lag. Sein geltend gemachter Zahlungsanspruch setzte sich aus drei Forderungen zusammen: Er begehrte für das Ausmuten (Auspendeln) und Abschirmen eines Hauses und ei-

---

159 HHMN/*Looschelders*, BGB, § 138 Rn. 75.

160 *RG*, RGSt 33, 321 (323).

161 Zwar mit unterschiedlicher Begründung, im Ergebnis aber einhellig: Siehe Meinungsstand bei MüKoStGB/*Hoffmann-Holland*, § 22 Rn. 86 f.

162 HHMN/*Looschelders*, BGB, § 138 Rn. 82.

nes Büros gegen Erdstrahlen insgesamt 2.640 DM, einen Fahrtkostenanteil von 500 DM sowie für die Lieferung eines Entladegeräts 600 DM.[163]

Das LG nahm hier zwei Verträge an: Einen Kaufvertrag über das Entladegerät und einen Werkvertrag über das Ausmuten und Abschirmen von Haus und Büro des Beklagten. Inwiefern Sittenwidrigkeit vorlag, musste für jeden einzelnen geschlossenen Vertrag gesondert geprüft werden.

Für den Kaufvertrag verneint das LG die Sittenwidrigkeit explizit: „Zwar ist für die Herstellung des Entladegerätes bei der Veräußerung von etwa 100 Geräten im Jahr ein Herstellerpreis von maximal ca. 30 DM anzusetzen. Dazu steht der vom Kläger verlangte Kaufpreis mit 600 DM in einem auffälligen Missverhältnis. Allein dieses Missverhältnis führt jedoch nicht zur Sittenwidrigkeit."[164] Ein Kaufvertrag stellt ein wucherähnliches Rechtsgeschäft dar, wenn zwischen dem Wert der Kaufsache und dem vereinbarten Kaufpreis ein auffälliges Missverhältnis besteht und ein weiterer Umstand hinzukommt, der den Vertrag in der Gesamtbetrachtung als sittenwidrig erscheinen lässt.[165] Genau dieser weitere Umstand fehlte hier aber, denn subjektiv war dem Kläger nicht anzulasten, in bedenkenlosem Gewinnstreben, in verwerflicher Gesinnung oder in dem Bewusstsein der Verwerflichkeit seiner Handlungsweise aufgetreten zu sein.[166] Im Gegenteil haben beide Parteien im Zeitpunkt des Vertragsabschlusses zum einen an die negative Energie von vorhandenen Erdstrahlen geglaubt und zum anderen auch daran, dass der Beklagte diese abwenden könne. Die Ablehnung der Sittenwidrigkeit erscheint daher rechtlich richtig.

Ähnlich verhält es sich mit der Sittenwidrigkeit bzgl. des Werkvertrages: Hier ist schon kein auffälliges Missverhältnis zu erkennen, soweit die von dem Beklagten begehrte Leistung des Klägers mit anerkannten wirtschaftlichen Maßstäben gemessen und mit Marktwerten verglichen wird.[167] Das Gericht hat hier explizit herausgearbeitet, welche Preise tatsächlich verlangt wurden und in welchem Verhältnis sie anzusetzen ge-

---

[163] *LG Braunschweig*, NJW-RR 1986, 478.

[164] *LG Braunschweig*, NJW-RR 1986, 478.

[165] HHMN/*Looschelders*, BGB, § 138 Rn. 218.

[166] *LG Braunschweig*, NJW-RR 1986, 478.

[167] *LG Braunschweig*, NJW-RR 1986, 478.

wesen seien. Auch diese Bewertung erscheint rechtlich richtig subsumiert. Für andere Fallgruppen des § 138 BGB bestehen keinerlei Hinweise.

2.2.4 LG Kassel, Urteil vom 26.05.1988, 1 S 483/87

Im Fall, der dem Landgericht Kassel zur Entscheidung vorlag, begehrte die Klägerin die Rückzahlung von 1.050 DM, die sie dem Kläger dafür gezahlt hatte, dass er die Partnerschaft mit ihrem Ehemann wiederherstellt.[168] Der Beklagte warb unter anderem in Zeitungen für seine Fähigkeiten und betrieb ein Gewerbe als Hellseher-Magier.[169]

Hier stellen sich bei der Prüfung der Sittenwidrigkeit die gleichen Probleme wie im Fall des LG Kassel, 1 S 491/84.[170] Das Gericht beschäftigte sich auch hier nicht mit der Sittenwidrigkeit des Vertrages in Bezug auf die Parteien, sondern nur in Bezug auf den Dritten, hier den Ehemann der Klägerin. Hält man an den oben gefundenen Kriterien fest, die zur Bestimmung der Sittenwidrigkeit des zwischen den Parteien geschlossenen Vertrages herangezogen werden können, so fehlen hier, neben dem gezahlten Preis in Höhe von 1.050 DM, Feststellungen zur Dauer der Tätigkeit bzw. sonstige Bezugsgrößen, die es erlauben würden, Rückschlüsse darauf zu ziehen, ob ein auffälliges Missverhältnis von Leistung und Gegenleistung vorliegt. Auch die für die Annahme eines Vertrauensverhältnisses, das in sittenwidriger Weise ausgenutzt wurde, fehlen jegliche Hinweise. Wegen der Sittenwidrigkeit bezüglich des Ehemannes gelten die oben genannten Ausführungen.[171] Da objektiv kein Verstoß gegen die Rechtsordnung vorliegt und außerrechtliche Aspekte außer Verhältnis zur Rechtsfolge des § 138 Abs. 1 BGB sind, scheidet Sittenwidrigkeit aus.

---

[168] *LG Kassel*, NJW-RR 1988, 1517.

[169] *LG Kassel*, NJW-RR 1988, 1517.

[170] Siehe oben, S. 43 ff.

[171] Siehe oben, S. 43 ff.

2.2.5 LG Mannheim, Urteil vom 20.04.1992, 4 Ns 80/91

Im strafrechtlichen Fall des LG Mannheim wurde die Angeklagte, die sich mit Kartenlegen und Handlesen Geld hinzuverdiente, wegen versuchten Betruges verurteilt.[172] Sie hatte die junge Mutter A bei einem Spaziergang angesprochen und ihr angeboten, ihr die Karten zu legen. In der Wohnung der Angeklagten las sie der A die Hand und legte ihr die Karten gegen ein Entgelt in Höhe von 50 DM. Die Angeklagte zerdrückte außerdem ein Ei und gab an, hierdurch erkennen zu können, dass A vom Teufel besessen sei, der gegen weitere 5.000 DM von ihr durch ein weiteres Ritual ausgetrieben werden könne. Einige Tage später begab sich die Angeklagte zur Wohnung der A, um das Ritual durchzuführen und die 5.000 DM zu empfangen. Dort wurde sie schließlich von mithörenden Polizeibeamten festgenommen.

Das Gericht erklärte den erstrebten Vermögensvorteil von 5.000 DM für rechtswidrig, da die Angeklagte hier mangels Vertrages keinen Anspruch darauf hatte. Den Vertrag erklärte es allerdings nicht aufgrund von Sittenwidrigkeit i.S.d. § 138 BGB, sondern aufgrund der Unmöglichkeit der Leistung gem. § 306 BGB a.F. für nichtig. Eine diesbezügliche Prüfung hätte aber nahegelegen: Prüft man § 138 Abs. 2 BGB, so kann man durchaus zu einem auffälligen Missverhältnis zwischen Leistung (Begraben eines rohen Eies) und Gegenleistung (Zahlung in Höhe von 5.000 DM) kommen. Insoweit verlangt § 138 Abs. 2 BGB aber auch das Vorliegen einer Situation, in der die benachteiligte Partei in ihrer Verhandlungsstärke und Durchsetzungskraft beeinträchtigt ist und daher die Voraussetzungen für eine privatautonome Entscheidung nicht gegeben sind.[173] Das Gericht stellte hierzu jedoch fest, dass die A zwar leichtgläubig, aber keineswegs „nicht richtig im Kopf", sondern psychisch völlig gesund sei.[174] Die von § 138 Abs. 2 BGB geforderte psychische Schwächelage liege alleine aufgrund einer Leichtgläubigkeit damit nicht vor.

Das Gericht stellte neben dem auffälligen Missverhältnis weiter fest, dass es sich bei dem durchzuführenden Ritual mit dem rohen Ei um einen der Okkultkriminalistik seit langem bekannten modus ope-

---

172 *LG Mannheim*, NJW 1993, 1488.

173 *Conring/Palzer*, ZJS 2013, 57 (58).

174 *LG Mannheim*, NJW 1993, 1488.

randi krimineller Wahrsager, Hexenbanner und Teufelsaustreiber handele, der den Aberglauben ausnutze.[175] Insbesondere auch, weil die Angeklagte selbst aussagte, niemandem den Teufel austreiben zu können, wird deutlich, dass sie sich genau dieses kriminellen Tricks bedienen wollte. Wer nicht daran glaubt, dass seine Rituale etwas nützen, aber dennoch die Leichtgläubigkeit und Angst anderer ausnutzt, um diese entgeltlich trotzdem durchführen zu können, handelt in verwerflicher Gesinnung. In diesem Fall wäre der Vertrag also auch an § 138 Abs. 1 BGB in Form des wucherähnlichen Rechtsgeschäftes gescheitert, was einen Anspruch auf 5.000 DM ausgeschlossen und damit zur Rechtswidrigkeit des erstrebten Vermögensvorteils geführt hätte.

2.2.6 AG Grevenbroich, Urteil vom 03.11.1997, 11 C 232/97

Das AG Grevenbroich bejahte Sittenwidrigkeit nach § 138 Abs. 1 und 2 BGB bezüglich eines Vertrages zwischen der sich selbst als Hellseherin, Medium und persönliche Beraterin bezeichnenden Beklagten und dem ihre Leistungen in Anspruch nehmenden Kläger. Auf ihrer Visitenkarte warb die Klägerin damit, in die Zukunft, Gegenwart und Vergangenheit zu schauen, sowie Schwarzmagie aufzulösen und Heil-Glück-Schutz-Magie zu betreiben.[176] Aufgrund eines Zeitungsinserates setzte sich der Beklagte am 11. Januar 1997 mit der Klägerin in Verbindung, weil er sich krank fühle und ihrer Hilfe bedürfe: Für ein 20-minütiges Gespräch verlangte und erhielt die Beklagte 120 DM, bei einem zweiten Treffen am 1. Februar vereinbarten die Parteien ein Honorar von 3.000 DM pauschal, wovon der Kläger 500 DM sofort bezahlte und den Rest per Post schickte.[177] In der Folgezeit fanden zwischen den Parteien einige Telefonate statt und mindestens ein weiteres Treffen am 7. April 1997. Weil er mit der Beklagten unzufrieden war, forderte der Kläger die gezahlten 3.000 DM zurück.

Bei seiner Ausführung, warum hier Sittenwidrigkeit nach § 138 Abs. 1 und 2 BGB vorliege, zog sich das Gericht auf folgende Begründung zurück: Das Versprechen der Beklagten zu einer solchen (parapsy-

---

175 *LG Mannheim*, NJW 1993, 1488.

176 *AG Grevenbroich*, NJW-RR 1999, 133.

177 *AG Grevenbroich*, NJW-RR 1999, 133.

chologischen) Leistung, ohne dazu über entsprechende, durch Ausbildung erworbene Fähigkeiten zu verfügen, verstoße sowohl gegen § 138 Abs. 1 BGB als auch gegen § 138 Abs. 2 BGB.[178]

Wie oben erläutert, hat der Wucher nach § 138 Abs. 2 BGB zunächst die Voraussetzung eines auffälligen Missverhältnisses zwischen Leistung und Gegenleistung. Warum die fehlende Ausbildung zu einem solchen Missverhältnis führen soll, führt das Gericht nicht aus. Man könnte annehmen, dass die Leistung der Beklagten per se wertlos ist, wenn sie über keine ausreichende Ausbildung in dem von ihr angebotenen Leistungsspektrum verfügt, so dass ein Honorar von 3.000 DM in keinem Verhältnis zur Leistung steht. Allerdings stellt ein solcher Beruf, in dem Lebensberatung auf parapsychologischer Grundlage angeboten wird, keinen klassischen Ausbildungsberuf dar. Zum einen handelt es sich hierbei um eine empirisch nicht belegbar wirksame Tätigkeit[179], zum anderen macht das BVerwG neben der Tatsache, dass es die astrologische Betätigung unter den Schutz des Art. 12 GG stellt, die Unzuverlässigkeit eines gewerbetreibenden Astrologen i.S.d. Gewerbeordnung und damit die Untersagung eines solchen Gewerbes nicht davon abhängig, dass dieser die nötige Sachkunde, also die Fähigkeit besitzt, Horoskope nach den Regeln der Kunst zu stellen und zu deuten.[180] Im Allgemeinen wird derjenige, der einen Astrologen aufsucht oder sonst zu Rate zieht, weniger an der vom Astrologen angewandten Methode interessiert sein, sondern vielmehr wird es ihm darauf ankommen, dass er sich auf die Richtigkeit der astrologischen Voraussagung, Charakterdeutung oder Beratung verlassen kann.[181] An einer methodisch richtigen Arbeitsweise, die zu falschen Ergebnissen führt, dürfte ihm hingegen nichts gelegen sein. Die Frage nach fachlichen Kenntnissen hätte nur dann einen Sinn, wenn man – wie beispielsweise bei einem Handwerker – aufgrund bestimmter Kenntnisse auf astrologischem Gebiet richtig prophezeien könnte und die Richtigkeit der Prognose demnach nur von genügenden Fachkenntnissen des Astrologen abhinge.[182] Dies würde allerdings bedeuten, dass das Schicksal der Menschen vom Stand der Gestirne abhinge, wofür es aber keine erwiesenen ursächlichen Zusammenhänge gebe.[183] Aus diesem Grund sieht das

---

[178] *AG Grevenbroich*, NJW-RR 1999, 133.

[179] *AG Bad Segeberg*, 05. März 2015 – Az. 17a C 87/14 (juris Rn. 90).

[180] *BVerwG*, BVerwGE 22, 286 f.

[181] *BVerwG*, BVerwGE 22, 286 f.

[182] *BVerwG*, BVerwGE 22, 286 f.

[183] *BVerwG*, BVerwGE 22, 286 f.

BVerwG die notwendige Sachkunde als ein unbrauchbares Kriterium zur Bestimmung der Unzuverlässigkeit eines solchen Gewerbetreibenden(, das wiederum ein Verbot nach sich ziehen würde). Auch hierüber lässt sich also keine „Wertlosigkeit" der Leistung konstruieren. Zwar ging es im vorliegenden Fall des AG Grevenbroich um eine parapsychologische Lebensberatung und nicht um das Stellen von Horoskopen, allerdings gehörte zu dieser parapsychologischen Lebensberatung ausweislich der Visitenkarte der Beklagten auch Hellsehen, worunter im weiten Sinne auch die Astrologie fällt, so dass hier durchaus eine Vergleichbarkeit vorliegt und die genannten Grundsätze übertragen werden können.

Aufgrund der Feststellungen zum Verhältnis von Leistung und Gegenleistung liegt die Annahme eines auffälligen Missverhältnisses schon näher: Die Beklagte verlangte für ein 30-minütiges Gespräch 120 DM. Dies entspricht einem Wert von ca. 62 EUR und einem Minutenpreis von ca. 2 EUR. Vor dem Hintergrund, dass hier ein persönliches Treffen stattgefunden hat, demnach ein „Mehr" als bei rein telefonischer Beratung geleistet wurde, liegt bei einem solchen Preis noch kein auffälliges Missverhältnis vor. Was das Pauschalhonorar von 3.000 DM anbelangt, fehlen Feststellungen zur Häufigkeit der persönlichen Treffen und telefonischen Beratungen. Jedenfalls fanden die Beratungen und mindestens ein weiteres Treffen in einem Zeitraum von über 2 Monaten statt. Die Beklagte wäre auch noch längere Zeit für den Kläger tätig geworden, hätte dieser nicht aufgrund seiner Unzufriedenheit die Leistungen abbrechen wollen, so dass auch hiernach die Annahme eines krassen Missverhältnisses nicht per se angenommen werden kann.

Ohne weitere Feststellungen hätte das Gericht die Sittenwidrigkeit über § 138 Abs. 2 BGB demnach nicht bejahen dürfen.

Da die fehlende notwendige Sachkunde, wie oben erläutert, keinen Verstoß gegen die Rechtsordnung nach sich zieht, liegt die Begründung einer Sittenwidrigkeit i.S.d. § 138 Abs. 1 BGB hierdurch ebenfalls fern. Angemerkt sei hierbei noch, dass auch nicht grundsätzlich oder in jedem Fall von einer fehlenden Ausbildung auf eine fehlende Sachkunde geschlossen werden kann. So kann man sich über die Jahre auch selbst notwendige Kenntnisse aneignen. Zudem behaupten die Anbieter solcher Leistungen häufig auch naturgegebene Fähigkeiten, die gar nicht erst erlernt und ausgebildet werden müssen. Auch das BVerwG stellt auf andere Tatsachen ab, die zu einer Unzuverlässigkeit und damit zu einem Gewerbeverbot führen würden: „Die Gefahr, dass der Gewerbetreibende das ihm entgegengebrachte Vertrauen missbraucht, die

Hilflosigkeit und Einfalt der Menschen ausnutzt, durch unverantwortliche Prognosen, Ratschläge u.a. anderen Schaden zufügt, ist bei diesem Beruf unverkennbar groß, da das horoskopgläubige Publikum der Astrologie meist unkritisch und mit hohen Erwartungen gegenübersteht."[184] Die vom BVerwG vorgebrachte Argumentation lässt sich auch für die Prüfung der im Rahmen des § 138 Abs. 1 BGB relevanten Fallgruppe des „Ausnutzens einer Vertrauensstellung" nutzen, da es hierbei um nichts anderes geht. Anhaltspunkte, dass die Beklagte das ihr entgegengebrachte Vertrauen des Klägers missbraucht hat, sind allerdings nicht zu erkennen. Vielmehr glaubte die Beklagte selbst an ihre Fähigkeiten und wollte dem Kläger hierdurch helfen. Da auch subjektiv nichts für ein Ausnutzen der Anbieterin spricht, ist auch § 138 Abs. 1 BGB nicht einschlägig. Diese hat auch nicht eine besondere Sachkunde vorgespiegelt, die vertraglich in irgendeiner Weise erforderlich oder geschuldet war, was den Vorwurf einer Sittenwidrigkeit noch weiter entkräftet.[185]

2.2.7 LG Augsburg, Urteil vom 13.05.2003, 4 S 5354/02

Die sich selbst als Wahrsagerin bezeichnende Beklagte versprach der Klägerin wirksame Hilfe bei ihren Eheproblemen durch Geheimanweisungen auf Basis magischer Beschwörungsformeln gegen ein Honorar in Höhe von 2.500 DM.[186] Die Beklagte behauptet außerdem, dass im Leistungsumfang auch Beratungsgespräche und Kartenlegen mit inbegriffen waren. Nachdem die magischen Beschwörungsformeln nicht zum gewünschten Erfolg der Partnerzusammenführung führten, forderte die Klägerin ihr Geld von der Beklagten zurück.

Weder das Amtsgericht, noch das Landgericht in zweiter Instanz äußerte sich in diesem Fall zur Sittenwidrigkeit i.S.d. § 138 BGB. Das Landgericht stellte zwar fest, dass die 2.500 DM für die „Geheimanweisungen" gezahlt wurden. Dies stehe aufgrund der Beweiskraft der vorgelegten Privaturkunde fest, die eine schriftliche Erklärung über die Zahlung von 2.500 DM gegen Aushändigung der Geheimanweisungen

---

184 *BVerwG*, BVerwGE 22, 286 f.

185 So auch *AG Bad Segeberg*, 05. März 2015 – Az. 17a C 87/14 (juris Rn. 90), das eine solche Vorspiegelung als weiteres Argument/Anhaltspunkt zur Begründung einer möglichen Sittenwidrigkeit heranzieht.

186 *LG Augsburg*, NJW-RR 2004, 272.

enthalte.[187] Eine Privaturkunde gem. § 416 ZPO hat allerdings „nur“ formelle Beweiskraft, beweist also nur, dass der Unterzeichner die Erklärung tatsächlich abgegeben hat. Keinen Beweis erbringt eine Privaturkunde dagegen im materiell-rechtlichen Sinne für die in ihr enthaltenen Erklärungen.[188] Ob daher die darin enthaltenen sprachlichen Behauptungen tatsächlich mit der objektiven Wirklichkeit übereinstimmen, mithin im allgemeinen Sprachgebrauch „wahr“ sind, ist somit nicht bewiesen und muss mit anderen Beweismitteln als der Urkunde selbst nach freier richterlicher Würdigung beurteilt werden.[189] Es besteht allerdings eine Vermutung für die Vollständigkeit und Richtigkeit der Vertragsurkunde, so dass an die Beweisführung, dass eine Urkunde entgegen der Vermutung nicht vollständig ist, hohe Anforderungen zu stellen sind. Hierzu gibt es lediglich die Zeugenaussage des Lebensgefährten der Beklagten, der weitere fast täglich stattfindende telefonische oder persönliche Beratungsgespräche und Kartenlegen in einem Zeitraum von dreieinhalb Monaten bekräftigte. Wäre die Vollständigkeitsvermutung allerdings mit einer schlichten Zeugenaussage zu entkräften, bestünde sie faktisch nicht. Es hätte also weiterer Beweise, wie beispielsweise Telefonabrechnungen oder Gesprächsaufzeichnungen bedurft, um die Vermutungswirkung der vorgelegten Privaturkunde zu widerlegen. Weitere Feststellungen zum Leistungsumfang oder weiterer Entlohnungen fehlen jedenfalls im landgerichtlichen Urteil. Bezieht man darüber hinaus mit ein, dass das übergebene Konzept nach seinem Inhalt nicht individuell für die Klägerin ausgearbeitet wurde, sondern aus einer Vorlage ein undifferenzierter und auf die Problemlage der Klägerin nicht abgestimmter Text kopiert wurde, so spricht hier vieles dafür, ein auffälliges Missverhältnis zwischen Leistung und Gegenleistung anzunehmen. Für die Verwirklichung des § 138 Abs. 2 BGB fehlt es jedoch an einem der dort genannten, die Willensfreiheit einschränkenden, Zustände und der diesbezüglichen Ausbeutung durch die Beklagte. Für beide Tatbestandsvoraussetzungen gibt es keine Anhaltspunkte in den Feststellungen der Instanzgerichte. Insbesondere beteuerte die Beklagte immer wieder, selbst an ihre Fähigkeiten zu glauben. Auch ein wucherähnliches Rechtsgeschäft i.S.d. § 138 Abs. 1 BGB scheidet aus, da schon Zweifel an der Zwangslage der Klägerin bestehen. Es liegen keinerlei Feststellungen darüber vor, dass sich die Klägerin als Benachteiligte nur unter dem Zwang der Verhältnisse auf den für sie ungünstigen Vertrag

[187] *LG Augsburg*, NJW-RR 2004, 272.

[188] BeckOK/*Krafka*, ZPO, § 416 Rn. 15.

[189] *BGH*, NJW-RR 1989, 1323 (1324).

eingelassen hat. Die vom Gericht angesprochenen Eheprobleme reichen ohne hinzutretende Anhaltspunkte noch nicht aus, eine für § 138 Abs. 1 BGB zu fordernde, enorme Zwangslage anzunehmen. Auch die Ausnutzung einer besonderen Vertrauensstellung durch die Beklagte liegt hier fern.

2.2.8 LG Ingolstadt, Urteil vom 23.05.2005, 2 Qs 69/05

Der strafrechtliche Fall des LG Ingolstadt hatte, diesmal konträr zum Fall des LG Mannheim, den Betrug nicht einer Kartenlegerin, sondern des Leistungsempfängers zum Gegenstand. Der Angeklagte, der die Dienste einer Kartenlegerin in Anspruch nahm, tat dies in dem Wissen, nicht zahlungsfähig zu sein. Er hatte sich damit eines Eingehungsbetruges schuldig gemacht. Der erstrebte Vermögensvorteil der Kartenlegerin war hierbei insbesondere nicht rechtswidrig, der Vertrag gültig und der Anspruch auf die 40 EUR damit begründet.

Das Gericht führte hier explizit aus, dass die Vertragsparteien im Rahmen der Vertragsfreiheit einen großen Spielraum hätten, welchen Leistungen sie welchen Gegenwert zubilligen. Dies wird nur nach den rechtlichen Grenzen der Gesetzes- oder Sittenwidrigkeit eingeschränkt, die hier nicht erreicht seien.[190] Damit hob es den Beschluss des AG Pfaffenhofen/Ilm auf, das sich noch auf den Standpunkt gestellt hatte, dass der Vertrag im vorliegenden Fall, genauso wie ein Vertrag, bei dem als Gegenleistung für eine Geldzahlung die Ausführung eines Verbrechens vereinbart werde, gegen gesetzliche Vorschriften verstoße.[191] Da die Erbringung des Kartenlegens allerdings nicht gegen gesetzliche Vorschriften verstößt, liegt die Annahme einer Sittenwidrigkeit fern. Die gezahlten 40 EUR sind im Gegenteil verhältnismäßig gering und stellen in keinem Fall ein auffälliges Missverhältnis zur Gegenleistung – einer jahrmarktähnlichen Unterhaltung oder allgemeinen Lebensberatung, bei der man sich Anregungen oder Tipps holen will – dar.

---

190 *LG Ingolstadt*, NStZ-RR 2005, 313.

191 *LG Ingolstadt*, NStZ-RR 2005, 313.

2.2.9 LG München, Urteil vom 18.09.2006, I 30 S 10495/06

Das Amtsgericht München und in zweiter Instanz das Landgericht München I beschäftigten sich mit einem Fall, der erneut einen Liebeszauber zum Gegenstand hatte. Die Klägerin wollte sich nicht damit abfinden, dass sich ihr Lebensgefährte von ihr getrennt hatte, wandte sich deshalb an die sich selbst als Hexe bezeichnende Beklagte, mit der sie die Durchführung eines Liebeszaubers vereinbarte und mit deren Hilfe der ehemalige Lebensgefährte zur Klägerin zurückkehren sollte.[192] Für das jeweils über mehrere Monate bei Vollmond durchgeführte Ritual, das ohne Erfolg blieb, sowie für eine telefonische Beratung auf der Grundlage von Kartenlegen und Kabbala zahlte die Klägerin insgesamt mehr als 1.000 EUR.

Auch in diesem Fall ging das Gericht kurz auf § 138 BGB ein und verneinte eine Sittenwidrigkeit, da zwar der Gedanke richtig sei, dass ein auf einen solchen Liebeszauber gerichteter Vertrag wegen unzulässiger Beeinflussung des freien Willens einer Person sittenwidrig wäre, dies jedoch auch die Wirksamkeit eines solchen Liebeszaubers voraussetze.[193] Es folgte damit der Einschätzung des LG Kassel, NJW-RR 1988, 1517, wonach die Schwelle zur Sittenwidrigkeit aufgrund mangelnden (objektiven) Gesetzes- und Sittenverstoßes nicht überschritten ist. Im Ergebnis entspricht dies der in dieser Arbeit vertretenden Auffassung. Auch in diesem Fall geht es um eine magische „Partnerrückführung/-zusammenführung", die im Verhältnis zu Dritten keine Sittenwidrigkeit begründet.[194]

Das zwischen den Parteien vereinbarte Honorar von jeweils 150 EUR für eine telefonische Beratung auf Grundlage von Kartenlegen und Kabbala sowie weiterer 1.000 EUR für ein Liebesritual, das aus dem Abbrennen von Kerzen, Anfertigen von Puppen zu bestimmten Zeiten, etc. bestand, erfüllt auch nicht den Tatbestand des Wuchers oder wucherähnlichen Rechtsgeschäftes. Vor allem in subjektiver Hinsicht liegen hier keine Anhaltspunkte vor, die auf die Ausbeutung eines die Willensfreiheit einschränkenden Zustandes oder auf eine verwerfliche Gesinnung hindeuten. Weitere die Sittenwidrigkeit begründende Hinweise sind ebenfalls nicht vorhanden.

---

192 *AG München*, 10. Mai 2006 – Az. 212 C 25151/05 (juris Rn. 2).

193 *AG München*, 10. Mai 2006 – Az. 212 C 25151/05 (juris Rn. 21).

194 Siehe oben, S. 43 ff.

2.2.10 AG Mannheim, Urteil vom 04.03.2011, 3 C 32/11

Dem Urteil des Amtsgerichts Mannheim lag ein Fall zu Grunde, bei dem sich die Klägerin, die sich zu dieser Zeit in einer Lebenskrise befand, an den Beklagten wandte, der damit warb, durch seine medialen Kräfte und mit Hilfe der göttlichen Liebe seine Kunden von negativer Energie, Fluch, telepathischen Angriffen und magischen und okkulten Einflüssen (Magie – Schwarzer Magie – Voodoo) zu befreien.[195] Für diese Dienste bezahlte die Klägerin 200 EUR an den Beklagten. Feststellungen zu Dauer, Häufigkeit und Zeitraum bzgl. dieser Leistungen traf das Gericht keine.

Bezüglich der Sittenwidrigkeit stellte es fest: Die Klägerin habe darauf vertraut, dass magische Kräfte existierten und der Beklagte in der Lage sei, diese auch zugunsten der Klägerin nutzbar zu machen.[196] Der Beklagte dagegen sehe seine Tätigkeit nach moderner Erkenntnis als eine Form der Unterhaltung an, wobei jeder normal intelligenten Person offenkundig und bekannt sein müsse, dass es so etwas wie Magie nicht gebe.[197] In dieser Diskrepanz zwischen den Vorstellungen der Vertragsschließenden sah das Amtsgericht den entscheidenden Punkt für die Sittenwidrigkeit: Wer auf diese Weise die Leichtgläubigkeit der Klägerin und deren (Aber-)Glaube, der für diese zwar objektiv außerhalb des wissenschaftlich Beweisbaren, aber subjektiv wichtig und real sei, als Blödsinn abtue, obwohl er selbst mit dieser Leichtgläubigkeit und diesem (Aber-)Glauben werbe und Geschäfte mache, verstoße in einer solchen Situation, in der sich jemand in einer schwierigen Lebenssituation vertrauensvoll an ihn wendete und Hilfe erwartete, gegen das Anstandsgefühl aller billig und gerecht Denkenden. Das AG Mannheim verwies auf die Aussage des BGH und interpretiert diese so, dass die Anforderungen des § 138 Abs. 1 BGB schon dann erfüllt seien, wenn der eine Vertragspartner die Leichtgläubigkeit des anderen Vertragspartners ausnutze. Was das Gericht hier ausführt, mag durchaus nach verwerflichen Motiven der Beklagten klingen. Für sich alleine ist eine verwerfliche Gesinnung allerdings nahezu nie als hinreichender Grund für die Annahme von Sittenwidrigkeit anzusehen.[198] Das Gericht hat hier weder ein auffälliges Missverhältnis zwischen Leistung und Gegenleistung festgestellt noch weitere Umstände, die darauf schließen lassen,

---

195 *AG Mannheim*, 04. März 2011 – Az. 3 C 32/11 (juris Rn. 6).

196 *AG Mannheim*, 04. März 2011 – Az. 3 C 32/11 (juris Rn. 8).

197 *AG Mannheim*, 04. März 2011 – Az. 3 C 32/11 (juris Rn. 10).

198 MüKoBGB/*Armbrüster*, § 138 Rn. 38.

dass das Rechtsgeschäft nach Inhalt, Zweck und Beweggrund insgesamt sittenwidrig erscheint. Hier zeigt sich auch der entscheidende Unterschied zum Fall des unter VI. beschriebenen Falles des LG Kassel (NJW 1993, 1488), wo neben der verwerflichen Gesinnung ein weiteres Merkmal, nämlich das auffällige Missverhältnis zwischen Leistung und Gegenleistung, hinzutreten muss. Übrig bleibt alleine die im Rahmen des § 138 Abs. 1 BGB anerkannte Fallgruppe des Ausnutzens einer Vertrauenssituation.[199] Sittenwidrig wäre der Vertrag hiernach, wenn zwischen Medium und Kundin eine gefestigte Vertrauensbeziehung bestanden hätte oder die Kundin sich in extremer persönlicher Bedrängnis befunden hätte.

Zwar befand sich die Klägerin aufgrund einer anhaltenden Pechsträhne in einer Lebenskrise,[200] ob und inwieweit dem Beklagten allerdings bewusst war, welche Ausmaße dies annahm und ob der Unwert der Vereinbarung demnach aus den (beabsichtigten oder) zumindest vorhersehbaren Auswirkungen des Geschäfts auf den anderen Vertragsteil[201] resultiert, bleibt aber höchst zweifelhaft. Zwar warb der Beklagte mit medialen Fähigkeiten, die er im Nachhinein als moderne Unterhaltung deklarierte und an die er selbst nicht glaubte. Alleine hieraus einen sittenwidrigen Gesamtcharakter zu konstruieren, erscheint aber jedenfalls wenig überzeugend. Eine „einfache“ verwerfliche Gesinnung reicht hier ebenfalls nicht aus. Es müssen (wie auch bei den anderen Fallgruppen des § 138 BGB) noch weitere sittenwidrigkeitsbegründende Umstände hinzutreten. Als Beispiel sei hier die Eltern-Kind-Beziehung oder eine langjährige Arzt-Patienten-Beziehung zu nennen. Wenn Bartels meint, dieser Fall entspreche gerade der Fallgruppe des Ausnutzens eines besonderen Vertrauens in Verbindung mit extremer persönlicher Bedrängnis[202], so verfehlt er genau diese Anforderungen. Denn nur in Extremfällen führt eine Autorität oder Vertrauensstellung zur unbilligen Ausgestaltung von Verträgen.[203] Hier hat sich die Klägerin zwar vertrauensvoll an den Beklagten gewandt, der diese Leichtgläubigkeit in dieser einmaligen Situation auch ausgenutzt haben mag, dies ist allerdings nicht gleichzusetzen mit einer (i.d.R. langjährig aufgebauten) Vertrauensstellung zwischen beispielsweise Kind und Elternteil. Hierfür spricht auch der verhältnismäßig geringe Betrag in Höhe von

---

199 Siehe oben, S. 37 ff.

200 *AG Mannheim*, 04. März 2011 – Az. 3 C 32/11 (juris Rn. 9).

201 BeckOK/*Wendtland*, BGB, § 138 Rn. 21.

202 *Bartels*, ZJS 2011, 106 (109 f.).

203 MüKoBGB/*Armbrüster*, § 138 Rn. 95.

200 EUR. Dieser Fall ist gerade nicht mit dem Fall des BGH zu vergleichen, wo tatsächlich eine gefestigte Vertrauensstellung über ein Jahr lang aufgebaut wurde. Zwar lagen die Motive der Vertragsparteien weit auseinander, denn der Beklagte wollte die Klägerin ähnlich wie Unterhaltungsmagier oder -zauberer unterhalten, wohingegen die Klägerin tatsächlich an solche Fähigkeiten glaubte und sich einen positiven Effekt auf ihre Lebenssituation erhoffte. Allerdings ist zum einen nicht auszuschließen, dass dieser Effekt sich trotz auseinanderfallender Motive während der Leistungserbringung zumindest für eine gewisse Dauer auch einstellte, zum anderen stellt die Anwendung des § 138 Abs. 1 BGB hier das falsche Rechtsinstitut dar, um ein solches Auseinanderfallen der Geschäftsmotive zu lösen.

2.2.11 LG Trier, Urteil vom 16.02.2011, 5 O 49/11

Dem Urteil des Landgerichtes Trier lag ein Fall zu Grunde, bei dem die Klägerin, die esoterischen und astrologischen Beratern eine Internet- und Telefonpräsenz zur Verfügung stellte, die Beklagte auf Zahlung von über 7.000 EUR verklagte, die eben solche parapsychologischen Dienstleistungen auf den von der Klägerin bereitgestellten Plattformen in Anspruch genommen hatte.[204] Das erste Beratungsgespräch bot die Klägerin gratis an, alle weiteren parapsychologischen Beratungsleistungen waren dann kostenpflichtig und über Kreditkarte oder Lastschriftmandate zu bezahlen. Sodann steigerte sich die Zahl der von der Beklagten in Anspruch genommenen Beratungsleistungen auf bis zu sieben Gespräche pro Tag mit einer Gesamtdauer von drei bis vier Stunden.

Das Gericht stellte zwar fest, dass sich die Minutenpreise für die Leistungen zwischen 1,56 EUR und 2,99 EUR bewegten, stellte aber gleichzeitig klar, dass mangels auffälligem Missverhältnis kein Verstoß gegen § 138 Abs. 2 BGB vorliege:[205] Es stellte zum einen darauf ab, dass an eine angemessene Vergütung keine objektiven Maßstäbe angesetzt werden könnten, da schon die Leistung an sich objektiv unmöglich sei. Zum anderen nahm es den Standpunkt ein, dass es keinen „Markt“ solcher Leistungen gebe, auf dem „übliche Entgelte“ gebildet würden. Das Gericht fokussierte nach Ablehnung des Wuchers nur noch § 138 Abs. 1 BGB. Es verkannte dabei, dass es durchaus einen großen Markt

---

204 *LG Trier*, MMR-Aktuell 2012, 339745.

205 *LG Trier*, MMR-Aktuell 2012, 339745.

bezüglich solcher Leistungen gibt, bei dem sich durchschnittliche Preise auch ermitteln lassen. So hat das OLG Stuttgart bereits 2009 einen durchschnittlichen Preis von 0,99 EUR pro Minute als „marktüblich" angesetzt.[206] Auch die Schlussfolgerung, nur aufgrund der objektiven Unmöglichkeit solcher Leistungen keine Maßstäbe an eine angemessene Vergütung legen zu können, erschließt sich nicht. Angesichts dessen, dass die marktüblichen Preise teilweise fast um das Dreifache überschritten wurden, kann hier sogar ein besonders grobes Missverhältnis angenommen werden. Zudem hat das Gericht einen Sachverständigen beauftragt, der bei der Beklagten eine erhebliche Willensschwäche feststellte. Als letztes hätte das Gericht klären müssen, ob die Klägerin bzw. die tätigen Berater dies bewusst ausgebeutet haben, denn die Beklagte hatte hier nicht nur Kontakt zu einem, sondern zu mehreren Beratern. Es spricht eine tatsächliche Vermutung für die bewusste Ausbeutung, wenn ein besonders grobes Missverhältnis besteht und auch Anhaltspunkte für eine mögliche Widerlegung nicht zu Tage treten. Das Gericht führt hierzu richtig aus: „Die Klägerin war durch die über ihre elektronische Datenverarbeitung vorgenommene Protokollierung von Zeitpunkt, Dauer und Entgelt jeder einzelnen Telefonverbindung jederzeit darüber informiert, wie oft und wie lange die Beklagte mit welchem Berater (…) gesprochen hatte und welche Vergütung sie dafür schuldete. Bei dieser Sachlage hätte die Klägerin erkennen können und müssen, dass die Beklagte die Kontrolle über ihren Konsum von esoterischen, astrologischen, magischen Beratungen verloren hatte, wofür zudem auch der ständige Wechsel in den Personen der von ihr angewählten Berater und Beraterinnen sprach."[207] Hier war also durchaus schon § 138 Abs. 2 BGB einschlägig und ein Rückgriff auf § 138 Abs. 1 BGB demnach gar nicht nötig.

2.2.12 AG Bad Segeberg, Urteil vom 05.03.2015, 17a C 87/14

Im Fall des AG Bad Segeberg begehrte die Klägerin von der Beklagten Zahlung von 3.700 EUR aufgrund einer energetischen Beratung und Behandlung.[208] Hier hielt die Klägerin auf der sogenannten Lebensfreude-Messe einen entsprechenden Vortrag, dem auch die Beklagte

[206] *OLG Stuttgart*, 08. April 2010 – Az. 7 U 191/09 (juris Rn. 24).

[207] *LG Trier*, MMR-Aktuell 2012, 339745.

[208] *AG Bad Segeberg*, 5. März 2015 – Az. 17a C 87/14 (juris Rn. 1).

beiwohnte. Während dieses Vortrages suchte sich die Klägerin die Beklagte aus dem Publikum aus, führte eine Behandlung vor Publikum durch und ließ sich dessen positive Wirkung von der Beklagten ebenfalls vor Publikum bestätigen. Nach dem Vortrag suchte die Beklagte den Stand der Klägerin auf, ließ sich beraten und unterschrieb eine Erklärung, wonach sie für 12 energetische Beratungssitzungen insgesamt 3.700 EUR zahlen sollte. Bereits am gleichen Abend änderte die Beklagte allerdings ihre Meinung und wollte sich von dem Vertrag lösen.

Auch hier entschied das Gericht, dass § 138 Abs. 2 BGB nicht einschlägig sei. Es konnte aufgrund fehlender marktüblicher Preise weder ein auffälliges Missverhältnis, noch eine Schwächesituation der Beklagten feststellen. Dass es durchaus einen großen Markt gibt, auf dem sich marktübliche Preise solcher Leistungen bilden, wurde bereits erörtert. Sofern das Gericht allerdings keine von § 138 Abs. 2 BGB geforderte Schwächesituation bei der Beklagten feststellte, erübrigt sich die weitere Prüfung des Wuchers.

Aber auch ein wucherähnliches Rechtsgeschäft i.S.d. § 138 Abs. 1 BGB kommt nicht in Betracht, da die Klägerin hier nicht in verwerflicher Gesinnung handelte. Hier sind weder Anhaltspunkte zu finden, noch tragen die Parteien vor, dass die Klägerin die wirtschaftlich schwächere Position der Beklagten bewusst zu ihrem Vorteil ausgenutzt habe oder sich zumindest leichtfertig der Einsicht verschloss, dass sie sich nur unter dem Zwang der Verhältnisse, aus Mangel an Urteilsvermögen oder wegen erheblicher Willensschwäche auf den ihr ungünstigen Vertrag eingelassen hat.[209]

Zu beantworten bleibt noch die Frage nach der Sittenwidrigkeitskategorie des Ausnutzens einer Vertrauensstellung. Das Gericht führt aus, dass die Klägerin durch das Ansprechen der Beklagten und die Durchführung der Behandlung vor Publikum eine für sich günstige Situation hervorgerufen und ausgenutzt hat.[210] Durch eine derartige Überrumpelungs- und Drucksituation sei es bei der Beklagten zu einem Placebo-Effekt gekommen, der bis zum Vertragsschluss nachgewirkt habe, so dass der Vertrag zur Erzielung eines Gewinns in dieser konkreten Situation in sittenwidriger Weise zustande gekommen sei.[211] Eine gefestigte Vertrauensstellung resultierte aus einer solch kurzen Zusammenarbeit jedenfalls nicht. Das Gericht stellte außerdem fest, dass die Vorgehensweise der Klägerin, nämlich auch weitere Personen dazu zu veranlassen,

---

209 I.d.S. MüKoBGB/*Armbrüster*, § 138 Rn. 116.

210 *AG Bad Segeberg*, 05. März 2015 – Az. 17a C 87/14 (juris Rn. 94).

211 *AG Bad Segeberg*, 05. März 2015 – Az. 17a C 87/14 (juris Rn. 94).

bei ihr kostenpflichtige Behandlungen durchführen zu lassen, einem an sich grundsätzlich nicht zu missbilligendem Gewinnstreben dient. Dann aber stellt sich die Frage, wieso dies nicht auch im Hinblick auf die Beklagte galt. Bei der Beklagten mögen durchaus positive psychische und körperliche Reaktionen aufgetreten sein, die auch nicht auf die Behandlung an sich, sondern auf den psychosozialen Kontext der Behandlung zurückzuführen waren.[212] Dieser Placebo-Effekt und die Veranlassung zum Kauf weiterer Behandlungen war hierdurch wahrscheinlich auch größer als beim übrigen Publikum. Allerdings bleibt höchst zweifelhaft, ob dies zu einem derartigen Gefälle der Verhandlungspositionen geführt hat, dass die Sittenwidrigkeitsschwelle erreicht ist. Die Klägerin mag Druck aufgebaut haben, indem sie die Wirkung ihrer Methode vor Publikum bestätigen ließ. Allerdings führt diese Überrumpelungssituation nicht zu einer Zwangslage oder persönlichen Bedrängnis, die dazu führte, dass die Verhandlungsposition der Beklagten in nicht hinnehmbarer Weise geschwächt war. Denn zwischen Vertragsabschluss und Vorführung lag eine zeitliche Zäsur, in der sich die Beklagte durchaus noch einmal Gedanken hätte machen können. Im Rahmen des § 138 Abs. 1 BGB geht es nicht nur um irgendeine, sondern um eine besondere Schwäche[213], die ein Ausmaß ähnlich des § 138 Abs. 2 BGB annehmen muss. Im vorliegenden Fall mag die Beklagte zwar leichtgläubig gewesen sein und der Placebo-Effekt mag auch durchaus noch nachgewirkt haben, dies rechtfertigt jedoch nicht die Annahme, dass die Beklagte nicht hätte anders handeln können. Im Gegenteil, die Situation mag lediglich undurchdachtes und unvorsichtiges Handeln gefördert haben. Die Begrenzungsfunktion des § 138 Abs. 1 BGB bezweckt aber gerade nicht den Schutz vor unvorsichtigem und undurchdachtem Verhalten.

2.2.13 Ergebnis

Die Auswertung obiger Rechtsprechung ergibt, dass in den allermeisten Fällen die Anwendung des § 138 BGB zur Lösung von Fällen, die parapsychologische Leistungen zum Gegenstand haben, nicht trägt. Sofern der BGH meint, an § 138 Abs. 1 BGB im Falle parapsychologischer Verträge keine allzu hohen Anforderungen stellen zu müssen, so

212 *AG Bad Segeberg*, 05. März 2015 – Az. 17a C 87/14 (juris Rn. 94).

213 *Bork*, BGB AT, Rn. 1196.

erweist sich das als systemwidrig. Es ist nicht ersichtlich, warum in diesem besonderen Fall weniger hohe Hürden genommen werden müssen als bei allen anderen Rechtsgeschäften. Die in der Rechtsprechung anerkannten Kategorien gelten auch hier und müssen dementsprechend subsumiert werden. § 138 BGB ist nicht dazu gedacht, unvorsichtiges und undurchdachtes Verhalten per se rückgängig zu machen, sondern soll den Einzelnen vor unerträglichen Sittenverstößen schützen. Ein Sittenverstoß kann demnach insbesondere und nur dann angenommen werden, wenn das Verhandlungsgefälle durch eine besondere Stärke des einen und/oder eine besondere Schwäche des anderen bedingt ist und dieses strukturelle Ungleichgewicht ausgenutzt wird. Hier genügt nicht schon jede Leichtgläubigkeit oder jede Vertrauensstellung, sondern es muss eine gefestigte Vertrauensbeziehung (ein Extremfall) bestehen, die den anderen Vertragsteil so unter Druck setzt, dass dieser „keine andere Wahl hat". In Betracht kommt außerdem ein wucherähnliches Rechtsgeschäft, das neben einer emotionalen Zwangslage oder Bedrängnis (ähnlich der in Abs. 2 beispielhaft aufgezählten) ein auffälliges Missverhältnis zwischen Leistung und Gegenleistung aufweisen muss. Es mag durchaus sein, dass Personen, die parapsychologische Leistungen in Anspruch nehmen, häufig leichtgläubig, unerfahren und psychisch labil sind und dementsprechend eine erhöhte Schutzbedürftigkeit aufweisen. Allerdings darf dies nicht dazu führen, dass die hohen Anforderungen des § 138 Abs. 1 BGB aufgeweicht werden, um einen allgemeinen Schutz solcher Personen zu erreichen. Hierfür ist § 138 BGB nicht gedacht. Als Ausnahme zur Privatautonomie darf § 138 Abs. 1 BGB nicht als Generalklausel dort benutzt werden, wo allerlei scheinbare Ungerechtigkeit ausgeglichen werden soll. Mit den Vorteilen der Privatautonomie gehen auch Risiken einher, sinnlose, undurchdachte und unliebsame Verträge einzugehen. Verwirklicht sich dieses Risiko, ist jedenfalls § 138 BGB als generelle Lösung für solche Verträge nicht geeignet, denn „ignorantia legis non excusat". Solche Verträge müssen rechtlich einer anderen Lösung zugeführt werden. An die Stelle einer rechtssicheren Kategorie tritt mit der Entscheidung des BGH sonst eine richterliche Bewertung, ob der Vertrag unter die „weichen" Kriterien der Sittenwidrigkeit fällt, was für die Vertragsfreiheit wenig förderlich ist.[214] Auch sieht man an den unterschiedlichsten Begründungen für oder gegen eine Sittenwidrigkeit, dass die Kriterien nicht einheitlich angewandt werden.[215]

Auffällig ist auch, dass § 138 BGB vor der Entscheidung des BGH selten Thema in den zitierten Entscheidungen war. Erst nach seinem Urteil im Kartenlegerfall bejahten die Gerichte § 138 BGB in ähnlich gelagerten Fällen. Man kann der deutschen Richterschaft wohl kaum unterstellen, § 138 BGB vorher „übersehen" zu haben. Der Grund, warum § 138 BGB selten angewandt wurde, lag zum einen wohl (zurecht) daran, dass dessen Anforderungen hoch anzusetzen sind und es in den meisten Fällen trotz absurder Motive eher fernlag, den Vertragspartnern einen Sittenverstoß vorzuwerfen. Zum anderen konnte man alternativ auf § 306 BGB a.F. zurückgreifen, dessen Rechtsfolge ebenfalls Nichtigkeit war.

Dass § 138 BGB seit 2011 zumeist ohne konkrete Subsumtion oder Würdigung aller Tatsachen angewendet wurde, fördert Rechtsunsicherheit und birgt das Risiko, dass die für unser Rechtssystem so wichtige und notwendige Einzelfallbetrachtung einer Verallgemeinerung weicht.

---

214 *Bartels*, ZGS 2011, 355 (359).

215 Z.B. ob ein „Markt" für solche Leistungen existiert, an dem „marktübliche Preise" festgestellt werden können.

Kapitel 3: Rechtliche Behandlung parapsychologischer Verträge im Hinblick auf das Unmöglichkeitsrecht

Vor der Aussage des BGH im Jahre 2011 haben sich die Gerichte zur Lösung der Problematik hauptsächlich des Rechtsinstituts der Unmöglichkeit bedient. Auch der BGH beschäftigt sich in seiner Entscheidung hauptsächlich mit der Unmöglichkeitslehre zur Behandlung von Verträgen auf parapsychologischer Grundlage.

1. Der „Kartenlegerfall" vor dem BGH – Urteilsanalyse im Hinblick auf die Unmöglichkeitslehre

Der Kunde erkaufte sich gegen Entgelt eine Lebensberatung in Verbindung mit Kartenlegen.[216] Diese Leistung, die unter dem Einsatz übernatürlicher, magischer Kräfte und Fähigkeiten erbracht werden sollte, qualifizierte der BGH als objektiv unmöglich. Aus der Unmöglichkeit dieser Leistung resultiert gemäß § 275 Abs. 1 BGB der Wegfall des Anspruchs auf gerade diese Leistung, also der Lebensberatung in Verbindung mit Kartenlegen auf Basis übernatürlicher Fähigkeiten – denn eine unmögliche Leistung kann eben objektiv gesehen von niemandem erbracht werden. Wäre es im vorliegenden Fall also nur um die Frage gegangen, ob der Kunde die von der Kartenlegerin versprochene Leistung verlangen konnte, wäre ein entsprechender Anspruch zu verneinen gewesen.[217] Weitere Rechtsfolge aus der Unmöglichkeit dieser Leistung wäre laut Gesetz, dass auch der Anspruch der Kartenlegerin auf ihr Entgelt nach § 326 Abs. 1 S. 1 BGB entfällt. Der BGH entschied hier jedoch, dass anstelle der gesetzgeberischen Regel § 326 Abs. 1 S. 1 BGB gerade nicht zum Zuge komme und der Vergütungsanspruch der Kartenlegerin bestehen bleibe.[218] Denn wenn der Kunde das Risiko übernommen habe, dass die Leistung nicht erbracht werden kann – was der

---

216 Wie genau die Tätigkeit aussah, was alles „geleistet" wurde, soll an dieser Stelle zunächst keine Rolle spielen und wird weiter unten behandelt. Die Parteien werden zur Vereinfachung jedenfalls hier „Kartenlegerin" und „Kunde" genannt, da dies wohl die „Haupttätigkeit" (80 %) war, unabhängig davon, ob neben dem Kartenlegen noch andere Leistungen in Rede standen.

217 *BGH*, NJW 2011, 756 (757).

218 *BGH*, NJW 2011, 756 (757).

Fall ist, wenn er bei Vertragsschluss wusste, dass er Geld für eine Leistung erbringt, die „nach dem Stand der Wissenschaft und Technik schlechthin nicht erbracht werden kann" –, gelte § 326 Abs. 1 S. 1 BGB nicht und die Kartenlegerin dürfe ihr Honorar weiterhin fordern.[219]

Im hier vorliegenden Fall hatte die Kartenlegerin ihre sog. Lebensberatung in Verbindung mit Kartenlegen in irgendeiner Weise schon erbracht. Der BGH stellte sich auf den Standpunkt, dass die Leistung zwar nicht durch den Einsatz übernatürlicher Kräfte erbracht wurde, ein wie auch immer gearteter Arbeitseinsatz aber dennoch vorlag. Im Ergebnis mag die Entscheidung, dass die Kartenlegerin für diesen Arbeitseinsatz wenigstens ihren Vergütungsanspruch behält, daher durchaus als „gerecht" empfunden werden und auf Zustimmung stoßen. Immerhin hat die Klägerin Zeit und Anstrengung für den Beklagten investiert, gleich wie die Tätigkeit ausgesehen haben mag. Dann soll aber derjenige, der solche Tätigkeiten in Anspruch nimmt, seinen Vertragspartner für den erbrachten Aufwand auch entlohnen müssen. Zweifelhaft ist allerdings der „Lösungsweg", den der BGH hier beschritten hat.

2. Das System der „Unmöglichkeit"

Hierzu muss zunächst die Regelungssystematik des § 275 BGB erläutert werden.

2.1 gesetzlicher Ausgangspunkt: § 275 Abs. 1 BGB

§ 275 BGB beschreibt in den Absätzen 1 bis 3, wann ein Anspruch auf die Leistung ausgeschlossen ist: Abs. 1 schließt den Anspruch auf Leistung aus, wenn diese für den Schuldner oder für jedermann unmöglich ist. Für die hier zu entscheidenden Leistungen ist insbesondere Absatz 1 relevant, der im Folgenden im Mittelpunkt der Darstellung liegt.

Absatz 1 der Vorschrift erfasst die Fälle, in denen ein Leistungsurteil ohne Sinn wäre, weil feststeht, dass die Leistung durch den gegen den Schuldner gerichteten Vollstreckungszwang keinesfalls erreicht werden kann.[220] Diese sogenannte „echte" Unmöglichkeit liegt immer dann vor, wenn die Leistung bei allen denkbaren Anstrengungen nicht erbracht werden kann, weil das Leistungshindernis unüberwindbar ist

[219] *BGH*, NJW 2011, 756 (757); *Schermaier*, JZ 2011, 633 (634).
[220] MüKoBGB/*Ernst*, § 275 Rn. 33.

und die Aufrechterhaltung der Leistungspflicht deshalb keinen Sinn mehr macht.[221] Absatz 1 unterscheidet zwar nicht zwischen der objektiven und subjektiven, anfänglichen und nachträglichen Unmöglichkeit[222], zur besseren Übersichtlichkeit und zur Abgrenzung ist es aber sinnvoll, einzelne Kategorien zu bilden, um § 275 Abs. 1 BGB greifbarer zu machen. Schaut man sich die in der Rechtsprechung behandelten Fälle an, so geht es bei Leistungen auf parapsychologischer Grundlage immer um die Kategorie der anfänglichen, objektiven Unmöglichkeit.

2.1.1 Anfängliche objektive Unmöglichkeit

Objektive Unmöglichkeit liegt vor, wenn die geschuldete Leistung für jedermann, das heißt sowohl für den Schuldner als auch für einen Dritten, endgültig unerbringlich ist.[223]

Der BGH gibt vor, dass eine Leistung nach § 275 Abs. 1 BGB dann objektiv unmöglich ist und deshalb nicht verlangt oder gar erzwungen werden kann, wenn sie nach den Naturgesetzen oder nach dem Stand der Erkenntnis von Wissenschaft und Technik schlechthin nicht erbracht werden kann.[224] Diese sogenannte naturgesetzliche oder auch physische Unmöglichkeit als Unterkategorie der objektiven Unmöglichkeit scheint der am einfachsten zu handhabende Fall unmöglicher Leistungen zu sein.[225] Regelmäßig betrifft er Konstellationen, in der die geschuldete Sache untergegangen oder zerstört worden ist oder sich derart verschlechtert hat, dass es sich wirtschaftlich um eine andere Sache handelt.[226]

2.1.2 Anwendung des Unmöglichkeitsrechts auf Verträge auf parapsychologischer Grundlage – die Argumentation des BGH

Der BGH subsumiert auch ein Versprechen des Einsatzes übernatürlicher, magischer oder parapsychologischer Kräfte und Fähigkeiten unter

---

221 *Looschelders*, SchuldR AT, § 21 Rn. 416.

222 BeckOK/*Lorenz*, BGB, § 275 Rn. 19.

223 BeckOK/*Lorenz*, BGB, § 275 Rn. 21.

224 *BGH*, NJW 2011, 756 (757).

225 *Westermann/Bidlynski/Weber*, SchuldR AT, § 7 Rn. 7/7.

226 Z.B.: *BGH,* NJW 2006, 2839 ff.

die Kategorie der objektiven naturgesetzlichen Unmöglichkeit. Er untermauert diese Feststellung damit, dass es für den Bereich des Rechts allgemein anerkannt und offenkundig sei, dass die Existenz magischer oder parapsychologischer Kräfte und Fähigkeiten nicht beweisbar sei, sondern lediglich dem Glauben oder dem Aberglauben, der Vorstellung oder dem Wahn angehöre.[227] Des Weiteren bezieht er sich auf weitere Urteile aus der Vergangenheit, aus denen ebenfalls hervorgeht, dass ein solches Versprechen objektiv, naturgesetzlich unmöglich ist.

2.1.3 Die Argumente der vom BGH zitierten instanzgerichtlichen Urteile

Das Landgericht Augsburg hatte einen Fall zu entscheiden, bei dem die beklagte Wahrsagerin der Klägerin wirksame Hilfe bei ihren Eheproblemen durch magische Geheimanweisungen und Kartenlegen versprach. Es folgerte in diesem Fall die objektive Unmöglichkeit daraus, dass die von der beklagten angewendeten (magischen) Maßnahmen nach dem maßgeblichen Stand der Wissenschaft und Technik ungeeignet seien, auch nur im Ansatz zur Lösung der Eheprobleme beizutragen.[228]

Das Amtsgericht Grevenbroich argumentiert, dass die von der Beklagten, die sich selbst als Medium bezeichnet, behaupteten magischen oder parapsychologischen Kräfte nicht beweisbar und nur dem Glauben, Aberglauben, der Vorstellungswelt oder dem Wahn zuzurechnen seien.[229] Der Glaube an Magie oder Parapsychologie ändere auch nichts daran, dass die Beklagte solche magischen Kräfte nicht besitzt und nicht besitzen kann.[230]

Das Landgericht Mannheim hatte über einen versuchten Betrug zu entscheiden, bei der die Angeklagte die Vornahme einer Teufelsaustreibung gegen ein Entgelt in Höhe von 5.000 DM versprach. Das Gericht erkannte, dass die versprochene Leistung objektiv unmöglich sei, weil es offenkundig und von keinem verständigen Menschen bezweifelt werde, dass niemand den Teufel austreiben könne und dass sich Behauptungen dieser Art außerhalb der auf den Naturgesetzen beruhenden Regeln menschlichen Zusammenlebens bewegten.[231]

---

227 *BGH*, NJW 2011, 756 (757).

228 *LG Augsburg*, NJW-RR 2004, 272.

229 *AG Grevenbroich*, NJW-RR 1999, 133.

230 *AG Grevenbroich*, NJW-RR 1999, 133.

231 *LG Mannheim*, NJW 1993, 1488 (1489).

Das Landgericht Kassel entschied über einen Vertrag, nach dessen Inhalt der Ehegatte durch magische Kräfte zur Rückkehr gebracht werden sollte. Auch eine solche Leistung sei unabhängig von der Einordnung des Vertrages als Dienst- oder Werkvertrag objektiv unmöglich, da mentale Kräfte, durch die ein beliebiger Dritter ohne Kontaktaufnahme in seiner freien Willensentscheidung beeinflusst werden soll, nicht existierten.[232]

Drei Jahre zuvor hatte das Landgericht Kassel einen ähnlichen Fall zur Verhandlung, bei dem es ebenfalls um einen Vertrag ging, in dem sich eine Vertragspartei zum Einsatz magischer Kräfte zur Lösung der Partnerschaftsprobleme der anderen Vertragspartei verpflichtete. Auch hier meinte das Landgericht Kassel, dass niemand den Freund der Klägerin ohne Kontaktaufnahme alleine durch eine mentale Beeinflussung über eine große Entfernung hinweg zur Klägerin zurückführen könne, da die behaupteten magischen Kräfte nicht existierten.[233]

Neben dem BGH verweisen auch die angeführten Urteile immer wieder auf die Entscheidung des Reichsgerichts, das über die Anstiftung zu (versuchtem) Mord zu entscheiden hatte: Die Angeklagte hatte zwei Frauen gebeten, durch Teufelsbeschwörung und sog. Sympathiemittel den Tod ihres Ehemannes herbeizuführen. Das Reichsgericht argumentierte, dass die Existenz der hier fraglichen Kräfte jedenfalls nicht beweisbar sei, sondern lediglich dem Glauben oder Aberglauben, der Vorstellung oder dem Wahne angehöre: Sie könnten als nicht in der wissenschaftlichen Erkenntnis und Erfahrung des Lebens begründet, vom Richter nicht als wirksam anerkannt werden, sondern seien in rechtlicher Beziehung weder als taugliche, noch als relativ oder absolut untaugliche, d.h. überhaupt nicht als Mittel zur Herbeiführung irgendwelcher Veränderungen in der Welt des Tatsächlichen anzusehen. Wie tatsächlich, so seien sie auch rechtlich indifferent, sie fielen aus dem Kreise kausaler Handlungen ganz hinaus.[234]

2.1.4 Fazit: Anknüpfung der Unmöglichkeit an die Beweisbarkeit

Es geht dem BGH und den zitierten Gerichten also immer darum, dass die behaupteten Fähigkeiten, mit der die Leistung erbracht werden

---

232 *LG Kassel*, NJW-RR 1988, 1517.

233 *LG Kassel*, NJW 1985, 1642.

234 *RG*, RGSt 33, 321 (322 f.).

sollte, nicht beweisbar sind. Noch deutlicher wird die Verknüpfung von Unmöglichkeit und Unbeweisbarkeit dadurch, dass alle Urteile auf die Entscheidung des 1. Strafsenats des BGH von 1978 verweisen: Hier hatte die Verteidigung den Beweisantrag gestellt, eine Hellseherin als Sachverständige zu hören, deren Fähigkeiten (Telepathie und Hellsehen) wiederum zuvor von einem Parapsychologen (auch in der Rolle eines Sachverständigen) bewertet werden sollten.[235] Beide Anträge wurden aufgrund völliger Ungeeignetheit abgelehnt. Die Parapsychologie sei dem Sachverständigenbeweis nicht zugänglich, da sie nicht zu den gesicherten wissenschaftlichen Erkenntnissen gehöre.[236] Zumindest im Bereich der Strafrechtswissenschaft und der Kriminologie könnten die Ergebnisse der Parapsychologie nicht als naturwissenschaftlich gesicherte Erkenntnisse anerkannt werden. Die in Rede stehenden Kräfte seien somit von vorneherein nicht beweisbar, sondern nur dem Glauben oder Aberglauben, der Vorstellung oder dem Wahne angehörig und damit vom Richter nicht als Quelle realer Wirkungen anzuerkennen.[237] Die Instanzgerichte - und durch seine Verweisung auch der BGH - übernahmen dies folgende Aussage auch für das Zivil(prozess)recht: Eine Beweisaufnahme über die Existenz magischer oder parapsychologischer Kräfte und Fähigkeiten sei obsolet und die Unmöglichkeit einer solchen Leistung offenkundig i.S.d. § 291 ZPO.

2.1.5 Ähnliche Argumentation anderer instanzgerichtlicher Urteile

Die Argumente in solchen Urteilen, die der BGH in seiner Entscheidung zur Begründung der objektiven Unmöglichkeit einer Leistung auf parapsychologischer Grundlage nicht zitierte, gehen teilweise in eine ähnliche Richtung:

Im Fall des OLG Düsseldorf vom 27. Februar 1953, Az. 5 U 319/52 hatte der Kläger dem Beklagten zugesagt, ihn bei geschäftlichen und privaten Planungen auf astrologischer Grundlage zu beraten und dem Beklagten unter Berücksichtigung seiner Geburtsverhältnisse nach dem Stand der Sterne Weisungen für die Zukunft zu erteilen.[238] Hierfür klagte er das mit dem Beklagten vereinbarte Entgelt für diese Leistung ein. Ohne den Vertrag rechtlich einzuordnen, befand das Gericht die

[235] *BGH*, NJW 1978, 1207.

[236] *BGH*, NJW 1978, 1207.

[237] *BGH*, NJW 1978, 1207.

[238] *OLG Düsseldorf*, NJW 1953, 1553.

Leistung nach dem Stande der Wissenschaft sowohl in naturwissenschaftlichem Sinne als auch im Rechtssinne für unmöglich.[239] Die objektive Unmöglichkeit begründete es dabei aus folgenden zwei Gesichtspunkten:

Zum einen geht das Gericht davon aus, dass der überwiegende Teil der vernünftig denkenden Menschen davon ausgehe, dass die Erfüllung einer solchen Leistung unmöglich sei.[240] Für gänzlich unbeachtlich hält das Gericht in diesem Zusammenhang die Auffassung der beiden Parteien. Auch wenn diesen die objektive Unmöglichkeit bei Vertragsschluss übereinstimmend bewusst gewesen sei, ändere dies nichts am objektiven Vorliegen des Unmöglichkeitstatbestandes und der diesbezüglichen Einordnung.

Zum anderen zieht das Gericht die Konsequenz, dass eine solche sittliche Weltanschauung der breiten Masse der vernünftig denkenden Menschen im Einklang mit dem Stande der Wissenschaft stehe, wonach auf die Lebensgestaltung nicht nur die Erbmasse, sondern auch Kräfte der Persönlichkeit, des Geistes und des Bewusstseins einwirken.[241] Gleichzeitig – und das ist das besondere an der zitierten Entscheidung – weist das Gericht darauf hin, dass ein Teileinfluss der Gestirne nicht auszuschließen sei. Es merkt an, dass sich in der Wissenschaft die Erkenntnis durchsetzen könne, dass Sonne, Mond und Planeten und andere Gestirne in Folge ihrer Strahlungen eigene spezifische Wirkungen auf den einzelnen Menschen ausüben können.[242] Das Gericht führt dies sogar aus und betont, dass – wenn überhaupt – ein potentieller kosmischer Teileinfluss nicht soweit wirken könne, dass alle anderen maßgeblichen Einflüsse dahinter zurück träten. Dies verblüfft im ersten Moment sehr, da das Gericht einerseits die Möglichkeit eines Einflusses der Gestirne nicht gänzlich ausschließt, eine Leistung auf alleiniger Basis eines solchen Einflusses aber als unmöglich (weil unbeweisbar) qualifiziert. Der Widerspruch wird hier schon durch die Formulierung klar: Ein potentiell möglicher Einfluss der Gestirne auf das Leben eines Menschen löst Unmöglichkeit aus, wenn Leistungen (ausschließlich) im Vertrauen auf einen solchen Einfluss erbracht werden, da die Beweisbarkeit fehlt. Das Gericht stützt die objektive Unmöglichkeit damit zwar einerseits auf die naturwissenschaftliche Unbeweisbarkeit, aber

239 *OLG Düsseldorf*, NJW 1953, 1553.
240 *OLG Düsseldorf*, NJW 1953, 1553.
241 *OLG Düsseldorf*, NJW 1953, 1553.
242 *OLG Düsseldorf*, NJW 1953, 1553.

gleichzeitig auch auf das der Leistung zu Grunde liegende grobe Missverhältnis zwischen den zu berücksichtigen Einflussfaktoren auf die Lebensgestaltung eines jeden Menschen. Es stellt sich dann die Frage, wie das Gericht entschieden hätte, wenn der Kläger auch die nach dem Stand der Wissenschaft nachweisbaren Einflussfaktoren miteinbezogen hätte und dem Beklagten die Leistung lediglich so angeboten hätte, dass das von ihm anhand der Astrologie Vorausgesagte unter dem Vorbehalt solcher Einflussfaktoren steht. Womöglich hätte die Unmöglichkeit nicht vorgelegen, wenn der Kläger seine Leistung nicht so verkauft hätte, als sei sie die einzig verlässliche Quelle zukünftiger Entwicklungen. Die Argumentation des Gerichts schließt eine solche Schlussfolgerung jedenfalls nicht aus, eine eindeutige Antwort, inwieweit die Unmöglichkeit auf eine solche Weise relativiert werden kann, bleibt das Gericht allerdings schuldig.

Das Amtsgericht München und in zweiter Instanz das Landgericht München I reihten sich in die gewohnte Argumentation ein. Sie hatten über die Rückzahlung der Vergütung der Klägerin zu entscheiden, die sie für die Ausführung eines Liebeszaubers an die Beklagte gezahlt hatte.[243] Auch hier sei der Vertragstyp egal, entscheidend sei nur, dass ein Liebesritual nicht geeignet sei, einen Menschen aus der Ferne zu beeinflussen, denn er könne weder von der Beklagten noch von sonst irgendjemand mit Anspruch auf Wirksamkeit ausgeführt werden.[244] Da die Unwirksamkeit der Leistung feststehe, sei diese auch objektiv unmöglich.

2.1.6 Die Grenze des BGH: allgemeine Lebensberatung und jahrmarktähnliche Unterhaltung

Die oben gefundenen Kriterien werden allerdings durch eine weitere Aussage im Urteil des BGH (die sich auch schon in früheren instanzgerichtlichen Urteilen findet) ergänzt: Unmöglichkeit liege dann nicht vor, wenn es um Fälle geht, in denen es alleine um die Erbringung allgemeiner Lebensberatung gehe oder tatsächlich nicht der Einsatz magischer Kräfte und Fähigkeiten, sondern nur eine jahrmarktähnliche Unterhaltung erwartet und geschuldet werde.[245] Ähnlich entschieden schon das

243 *AG München*, 10. Mai 2006 – Az. 212 C 25151/05 (juris Rn. 1).

244 *AG München*, 10. Mai 2006 – Az. 212 C 25151/05 (juris Rn. 1).

245 *BGH*, NJW 2011, 756 (757).

Landgericht Ingolstadt und das Landgericht Mannheim: Das Landgericht Ingolstadt führte an, dass die Erbringung einer Leistung des Kartenlegens sehr wohl möglich sei, da es hierbei – anders als bei Partnerzusammenführung auf Grund von Hexerei oder Geistesbeschwörung – darum gehe, auf Grund einer bestimmten Reihenfolge von Karten dem Leistungsempfänger irgendwelche Deutungen mitzuteilen.[246] Es sei in einem solchen Fall jedem selbst überlassen, inwieweit er den Angaben und Deutungen Glauben schenke, denn die Kunden erwarteten bei Diensten wie Kartenlegen oder Handlesen gerade für insoweit übliche Honorare keine echten Leistungen i.S.e. Verifizierung des vorher Gesagten, sondern vielmehr eine jahrmarktähnliche Unterhaltung oder Tipps und Anregungen im Rahmen einer allgemeinen Lebensberatung.[247] Tatsächlich soll hier das Unmögliche alleine im Kopf des Zuschauers geschehen, so dass dieser hierdurch unterhalten und – wenn es glückt – zum Nachdenken angeregt wird.[248] Ausgangspunkt für eine solche Differenzierung soll wiederum die Höhe des Entgeltes sein, das für eine solche Leistung bezahlt wird. Je geringer dieses ausfällt, desto eher dürfte es sich um okkulten Zeitvertreib handeln.[249]

2.1.7 Zusammenfassung

Die Gerichte knüpfen die objektive Unmöglichkeit also mal mehr, mal weniger deutlich an die Nichtexistenz bzw. an die Unbeweisbarkeit parapsychologischer Fähigkeiten. Die Feststellung, eine Leistung sei unmöglich und deswegen nicht geschuldet, wenn sie nach dem Stand der Wissenschaft nicht erbracht werden könne, wird mit Entscheidungen darüber verknüpft, dass die Existenz magischer oder parapsychologischer Kräfte und Fähigkeiten nicht beweisbar sei, ein entsprechender Beweisantrag daher nicht zugelassen werden müsse.[250] Eine Ausnahme wird dann gemacht, wenn es sich um jahrmarktähnliche Unterhaltung oder allgemeine Lebensberatung handelt. Solche Leistungen seien durchaus möglich, da hier Unterhaltung und keine verifizierbare Leistung erwartet werde.

---

246 *LG Ingolstadt*, NStZ-RR 2005, 313 (314).

247 *LG Ingolstadt*, NStZ-RR 2005, 313 (314); *LG Mannheim*, NJW 1993, 1488 (1489).

248 *Rawert*, in: GS Sonnenschein (2003) S. 845 (846).

249 *Bartels*, ZGS 2001, 355 (357 f.).

250 *Schermaier*, JZ 2011, 633 (634).

2.2 Analyse der Argumentation des BGH

Die Aussagen des BGH und die ähnlich entscheidenden instanzgerichtlichen Urteile erfordern eine kritische Überprüfung.

2.2.1 Gleichlauf von Unmöglichkeit und Unbeweisbarkeit

Schaut man sich die Argumente des BGH und der von ihm zitierten Instanzgerichte an, so liegt ein Schluss sehr nahe: Immer dann, wenn etwas nicht beweisbar ist, ist es auch unmöglich und deshalb nicht geschuldet.[251] Aber kann das wirklich gemeint sein? Überträgt man diesen Gedanken auf andere Leistungen, so käme das Unmöglichkeitsrecht ständig zum Zug und die Konstruktion des BGH würde nicht mehr als Ausnahme, sondern fast schon als Regel fungieren: Analysen von Wertpapieren, Risikoanalysen jedweder Berufsfelder oder Angebote alternativer Heilmethoden (Homöopathie, Heilpraxis) fielen hierunter. Zwischen Himmel und Erde gibt es viele Dinge, bei denen der Zusammenhang von Ursache und Wirkung im strengen naturwissenschaftlichen Sinne nicht beweisbar ist,[252] die aber in der alltäglichen Lebenswirklichkeit omnipräsent sind.

2.2.2 Durchsetzbarkeit des Anspruchs bedingt seine Entstehung

Die prozessuale Frage der Beweisbarkeit bedingt die materiell-rechtliche Frage der Unmöglichkeit. Es wird sozusagen der zweite Schritt vor dem ersten gemacht: Wer Recht hat, hängt hier davon ab, wer Recht bekommt oder besser: die Durchsetzbarkeit eines Anspruchs bedingt hier die Entstehung des Anspruchs. Zwar gibt es immer wieder Fälle, bei denen sich materiell-rechtliche und prozessuale Fragen gegenseitig bedingen – gedacht sei nur an (i) den Prozessvergleich, dessen materielle Nichtigkeit auch zur Nichtigkeit des Vergleiches im prozessualen Sinne führt oder (ii) die offensichtliche materiell-rechtliche Unmöglichkeit,[253] die das Rechtsschutzbedürfnis einer Leistungsklage beeinflusst und die Vollstreckung des Primäranspruches nach § 888 ZPO verhindert. Allerdings wirken die Bedingungen hier immer in die gleiche Rich-

---

251 So auch *Schermaier*, JZ 2011, 633 (634).

252 *Schermaier*, JZ 2011, 633 (634).

253 Beispielsweise der Bau eines perpetuum mobile.

tung, nämlich materielles Recht bedingt Prozessrecht und nicht andersherum. Würde man diese Richtung nun verkehren, würden daraus willkürliche Ergebnisse resultieren, die an folgendem Beispiel verdeutlicht werden sollen:

Der Kläger beruft sich als Wahrsager auf einen Zahlungsanspruch gegen den Beklagten für gekaufte Wahrsageleistungen. Der Beklagte wendet ein, seine Pflicht zur Zahlung sei nach § 326 Abs. 1 S. 1 Hs. 1 BGB entfallen, weil die Wahrsageleistung gem. § 275 Abs. 1 Alt. 1 BGB anfänglich unmöglich sei und er das Risiko eines solchen Leistungshindernisses explizit nicht übernommen habe.[254] Der Kläger repliziert, der Beklagte sei gleichwohl zur Zahlung verpflichtet, da das dem Beklagten Vorhergesagte tatsächlich eingetreten sei und somit keine Leistungsstörung vorliege. Der Beklagte dupliziert, dass das eingetretene Lebensereignis mit dem Vorhergesagten übereinstimme, sei Zufall gewesen und nicht auf die hellseherischen Fähigkeiten des Klägers zurückzuführen.

Würde man nun aufgrund der angenommenen generellen Unbeweisbarkeit solcher Fähigkeiten auf die anfängliche Unmöglichkeit der Leistung schließen, wäre der Anspruch des Klägers auf Zahlung gar nicht erst entstanden. Objektiv gesehen liegt hier allerdings gar keine Leistungsstörung vor, denn der Kläger hat das erbracht, was er nach dem Inhalt des Schuldverhältnisses zu leisten verpflichtet war – die Vorhersage des nachträglich tatsächlich eingetretenen Ereignisses. Die Parteien hatten sich im Vorfeld darauf geeinigt, dass der Vertrag mit der Erbringung genau dieser Leistung erfüllt ist. Worauf diese Übereinstimmung von Vorhersage und Eintritt letztendlich beruht, ist für den Primäranspruch gänzlich irrelevant. Für das Erlöschen des Schuldverhältnisses ist nicht der Leistungserfolg maßgeblich, der abhängig vom Vertragstyp[255] nicht einmal geschuldet sein mag, sondern die übereinstimmende Ansicht der Parteien, ob der Vertrag erfüllt wurde.[256] Sofern man jedoch den Umkehrschluss zulässt, von der Unbeweisbarkeit der Leistung auf die Unmöglichkeit zu schließen, birgt dies vor allem auch ein

254 In diesem Beispiel soll die weitere Konstruktion des BGH zunächst vernachlässigt und zu Grunde gelegt werden, dass auch eine konkludente Risikoübernahme/Abbedingung des § 326 Abs. 1 BGB durch den Beklagten gerade nicht erfolgt ist.

255 Ein Leistungserfolg wäre überhaupt nur bei einem Werkvertrag i.S.d. § 631 BGB geschuldet. Eine vertragliche Einordnung soll an dieser Stelle allerdings noch nicht erfolgen.

256 *Becker*, Absurde Verträge, S. 111: auch wenn die Leistung komplett gescheitert ist, kann der Gläubiger das Schuldverhältnis als erfüllt betrachten.

rechtspolitisches Problem: Man ermöglicht Kunden solcher parapsychologischer Leistungsanbieter Rechtsmissbrauch, wenn sie für ein entgeltliches Leistungsangebot mit Hilfe der Rechtsordnung einem Zahlungsanspruch entgehen. Soweit man allerdings ein gesellschaftliches Interesse daran bejaht, solche Verträge aus dem Rechtsverkehr herauszuhalten, wäre es alleine Sache des Gesetzgebers, durch Verbotsgesetze oder sonstige Regulierungen einzugreifen.[257] Existieren solche (noch) nicht, muss die Rechtsordnung auch hier einen gerechten Ausgleich der Interessen schaffen und darf solchen Verträgen nicht den Schutz versagen.

2.2.3 Übertragung strafrechtlicher Argumente auf das Zivilrecht

Der BGH und die instanzgerichtlichen Urteile verweisen bei ihrer Argumentation immer wieder auf die Entscheidung des Reichsgerichts aus 1900. Das Reichsgericht hatte in dem zitierten Fall über versuchten Mord bzw. die Anstiftung zu versuchtem Mord zu entscheiden. Das Gericht entschied, dass die unternommenen (parapsychologischen) Maßnahmen in rechtlicher Hinsicht weder als taugliche, noch als relativ oder absolut untaugliche, d.h. überhaupt nicht als Mittel zur Herbeiführung irgendwelcher Veränderungen in der Welt des Tatsächlichen angesehen werden können.[258] Im Strafrecht geht es immer um die Frage, ob die Handlung kausal für den eingetretenen Erfolg sein kann. Klar wird dies auch durch die weiteren Ausführungen des Reichsgerichts: „So wenig der noch im Inneren des Menschen verschlossene böse Wille Gegenstand des Strafrechts ist, ebenso wenig können solche Handlungen als strafbare Äußerungen desselben gelten, die völlig sowohl außerhalb der physischen, als auch der psychischen Kausalität liegen. Wie tatsächlich, so sind sie auch rechtlich indifferent, sie fallen aus dem Kreise kausaler Veranstaltungen ganz hinaus und haben nur Bedeutung für die Sphäre des Sittlichen, der Moral.“[259] Entfällt die Kausalität, entfällt eine Tatbestandsvoraussetzung des objektiven (Straf-)Tatbestandes und somit die Strafbarkeit des Angeklagten. Im Zivilrecht dagegen geht es darum, dass die Bürger ihre Rechtsverhältnisse und damit ihre unterschiedlichen Interessen selbst ausgleichen und bestimmen, was eine

[257] Ähnlich auch: MüKo-BGB/*Ernst*, § 311a Rn. 31.
[258] *RG*, RGSt 33, 321 (322).
[259] *RG*, RGSt 33, 321 (322).

Person einer anderen gegenüber tun darf und was nicht.[260] Es stehen sich also zwei völlig unterschiedliche Maßstäbe gegenüber: Nämlich einmal Handlungen und deren kausale Einordnung und ein andermal Interessen und deren Konflikte. Im Schuldverhältnis besteht ein solcher Interessenkonflikt regelmäßig darin, dass die Erwartungen des Gläubigers enttäuscht wurden. Wenn er dagegen so steht, wie er es auf Grund des Vertrages erwarten durfte, ist völlig gleichgültig, was der Schuldner getan oder nicht getan hat bzw. wie er gehandelt hat.[261]

2.2.4 Ausnahme der jahrmarktähnlichen Unterhaltung

Der BGH möchte seine gefundenen Kriterien dann nicht anwenden, wenn es lediglich um jahrmarktähnliche Unterhaltung oder allgemeine Lebensberatung geht. Die Leistung bleibt dennoch die gleiche, gleichgültig welches (außerhalb des Vertrages liegende) Ziel oder welche Motivation damit verfolgt wird. In diesem Zusammenhang könnte man meinen, der BGH knüpfe neben der Beweisbarkeit noch an die subjektive Erwartung der Parteien an. Aber geht es ihm wirklich um die subjektive Erwartung, die man mit einer solchen Leistungsinanspruchnahme verfolgt? Daran könnte man höchste Zweifel hegen, wenn man den BGH ganz beim Wort nimmt: „Maßgeblich ist insofern – ebenso wie für die Frage, ob die Verpflichtung zur Erstellung eines Horoskops auf die Erbringung einer objektiv unmöglichen Leistung gerichtet ist – die Auslegung der Vereinbarung unter Berücksichtigung aller Umstände des Einzelfalls, insbesondere auch der Höhe der verabredeten Vergütung, und wie sich hiernach der jeweilige konkrete Inhalt der versprochenen Leistung darstellt."[262] In dieselbe Richtung gehen auch das Landgericht Ingolstadt und das Amtsgericht Mannheim: Bei Diensten wie Kartenlegen und Handlesen gegen insoweit übliche geringe Honorare gehen die Kunden selbst davon aus, dass sie keine echten Leistungen bekommen und dass die Honorare – wie auch im vorliegenden Fall die 40 EUR – verhältnismäßig gering sind und somit den Wert der Gegenleistung auch entsprechend beschreiben.[263] Vordergründig geht es also um den Preis und ob dieser in einem angemessenen Verhältnis zur Leistung steht und nicht um die subjektiven Erwartungen der Parteien.

---

260 http://www.osa.fu-berlin.de/rechtswissenschaft/studienbereiche/zivilrecht/index.html, zuletzt abgerufen am 02. Januar 2019.

261 *Schermaier*, JZ 2011, 633 (634).

262 *BGH*, NJW 2011, 756 (757).

263 *LG Mannheim*, NJW 1993, 1488 (1489); *LG Ingolstadt*, NStZ-RR 2005, 313 (314).

Denn mit einer solchen Aussage schlussfolgern die Gerichte bereits die subjektive Erwartung der Parteien: Die Auslegung des Vertrages soll ergeben, dass bei einem geringen Honorar eine jahrmarktähnliche Unterhaltung/allgemeine Lebensberatung erwartet wird und bei höheren Honoraren „ernstere" Absichten verfolgt werden. Was aber, wenn jemand durchaus bereit ist für eine solche jahrmarktähnliche Unterhaltung viel Geld auszugeben und was, wenn der Jahrmarktbesucher eine ernsthafte Beratung erwartet und nicht nur unterhalten werden möchte? Die Höhe des Honorars kann kein taugliches Abgrenzungskriterium sein, um Rückschlüsse auf den subjektiven Willen der Parteien zu ziehen. Zumal sich hieraus das Folgeproblem ergibt, wo man die Grenze zwischen „üblich geringen Preisen" und „für eine jahrmarktähnliche Unterhaltung überteuerten" Preisen zieht? Antworten auf diese Fragen bleibt der BGH schuldig und hinterlässt dadurch mehr Fragezeichen als Lösungsansätze. Dass es dem BGH vornehmlich darum gegangen sein dürfte, solche Rechtsgeschäfte aus seiner Konstruktion herauszunehmen, die nicht als „ungerecht" empfunden werden, da sie relativ geringes Entgelt zum Gegenstand haben, liegt auf der Hand. Dies wird noch dadurch verdeutlicht, dass der BGH nicht nur Geschäfte mit geringem Entgelt aus seiner Konstruktion herausnehmen will, sondern auch solche, die ein viel zu hohes Entgelt zum Gegenstand haben: Am Ende möchte der BGH der Kartenlegerin nämlich doch ihre ca. 6.000 EUR verweigern und verweist zur rechtlichen Begründung auf § 138 BGB. Hiermit opfert der BGH allerdings Rechtssicherheit und greift lieber auf dogmatisch fragwürdige und schwer zu konkretisierende Lösungswege zurück, anstatt einen verallgemeinerungsfähigen Lösungsweg einzuschlagen. Vermutlich wollte der BGH dadurch, dass er die Sittenwidrigkeit in der Höhe des geschuldeten Entgeltes bestimmt, die Anbieter dieser zweifelhaften Freizeitvergnügen schützen.[264] Aber auch das sind rechtspolitische Themen, die nicht über die willkürliche Anwendung diverser Rechtsinstitute erreicht werden können.

2.3 Folgerungen aus der Unmöglichkeit

Wendet man auf die Fallgruppe parapsychologischer Verträge, wie der BGH und die Instanzgerichte, das Unmöglichkeitsrecht an, so waren Ausgangspunkt vor der Schuldrechtsmodernisierung §§ 306 ff. BGB a.F. und seit dem Jahr 2002 §§ 275, 326, 311a BGB.

---

[264] *Bartels,* ZGS 2011, 355 (357 f.).

2.3.1 Früher unproblematisch Nichtigkeit gem. § 306 BGB a.F.

§ 306 BGB a.F. erklärte einen auf eine unmögliche Leistung gerichteten Vertrag für nichtig. Da nach § 306 BGB a.F. ein auf eine unmögliche Leistung gerichteter Vertrag nichtig war, konnte bei anfänglicher objektiver Unmöglichkeit eine primäre Leistungspflicht des Schuldners gar nicht erst entstehen. Der Gläubiger konnte lediglich nach Maßgabe des § 307 BGB a.F. Ersatz des negativen Interesses (höhenmäßig begrenzt durch das Erfüllungsinteresse) verlangen, wenn der Schuldner die Unmöglichkeit kannte oder kennen musste.[265] §§ 275, 323 BGB a.F. galten dagegen nur für die nachträgliche Unmöglichkeit und das nachträgliche Unvermögen.

2.3.2 Heute: §§ 275, 326, 311a BGB

Im Zuge der Schuldrechtsmodernisierung hat der Gesetzgeber das Leistungsstörungsrecht weitestgehend neu geregelt. Mit § 280 Abs. 1 BGB hat er einen allgemeinen Haftungstatbestand wegen Pflichtverletzung geschaffen. Die Unmöglichkeit stellt zwar, wenn sie auf einem vom Schuldner zu vertretenden Umstand beruht, einen Unterfall der allgemeinen Haftung wegen Pflichtverletzung dar, wegen ihrer Eigenart hat das Gesetz aber in den §§ 275, (283,) 311a BGB und § 326 BGB verschiedene Sonderregelungen getroffen.[266]

2.3.2.1 Primäre Rechtsfolgen

Mit § 275 BGB erfasst der Gesetzgeber anders als vorher nun die objektive und subjektive sowie die anfängliche und die nachträgliche Unmöglichkeit, aufgrund derer der Schuldner unabhängig vom Vertretenmüssen von seiner Primärleistungspflicht frei wird. Soweit der Schuldner nach § 275 BGB nicht zu leisten braucht, entfällt bei gegenseitigen Verträgen nach § 326 Abs. 1 BGB ipso iure auch sein Anspruch auf die Gegenleistung,[267] was der Gesetzgeber nun ebenfalls ausdrücklich klarstellt. Für die anfängliche Unmöglichkeit ersetzt § 311a Abs. 1 BGB den früheren § 306 BGB a.F.: Ein auf eine unmögliche Leistung gerichteter

---

265 NK-BGB/*Dauner-Lieb*, § 275 Rn. 10.

266 BeckOK/*Lorenz*, BGB, § 275 Rn. 8.

267 BeckOK/*Lorenz*, BGB, § 275 Rn. 8.

Vertrag ist nicht mehr nichtig, sondern **bleibt mit den Rechtsfolgen der §§ 275, 326 BGB wirksam**. Es entsteht also ein Schuldverhältnis ohne Primärleistungspflichten.

2.3.2.2 Sekundäre Rechtsfolgen

Hat der Gläubiger die Gegenleistung bereits erbracht, ist er nach § 326 Abs. 4 BGB zur Rückforderung berechtigt; der Rückforderungsanspruch bestimmt sich nicht – wie im Fall von § 306 BGB a.F. – nach Bereicherungsrecht, sondern nach Rücktrittsrecht (§§ 346–348 BGB).[268] Teilweise wird vertreten, dass das Bereicherungsrecht zur Anwendung gelangt, wenn der Zahlungsschuldner nach Erlöschen der Leistungspflicht zahlt,[269] dann aber hätte § 326 Abs. 4 BGB bei anfänglich unmöglichen Leistungen gar keinen Anwendungsbereich, da die Leistungspflicht hier gar nicht erst entsteht. Es bleibt also auch in diesem Fall bei den §§ 346 ff. BGB. Mit § 326 Abs. 5 BGB wird dem Leistungsgläubiger die Möglichkeit eröffnet, über den in Abs. 1 beschriebenen Umfang, der bei beschränkten Störungen eine (ipso iure eintretende) teilweise Vertragsstornierung anordnet, zu einer Aufhebung des Vertrages im Ganzen zu kommen, die auch solche Pflichten erfasst, die zu der Leistungspflicht des Schuldners nicht im Gegenseitigkeitsverhältnis stehen.[270] Das Rücktrittsrecht steht nach §§ 326 Abs. 5, 323 Abs. 5 BGB und § 346 Abs. 3 Nr. 2 BGB unter dem Vorbehalt, dass der Leistungsgläubiger die Unmöglichkeit nicht zu vertreten hat, denn in diesem Fall kann er weder zurücktreten noch Wertersatz verlangen.

In § 311a Abs. 2 BGB ist eine weitere sekundäre Rechtsfolge anfänglich unmöglicher Leistungen geregelt. Der Leistungsschuldner ist zum Schadens- oder Aufwendungsersatz verpflichtet, wenn er die Unmöglichkeit kannte oder hätte kennen müssen. Trotz Abkehr von der noch nach altem Recht geltenden Maxime „impossibilium nulla est obligatio" hat man hierdurch eine Haftungsregelung geschaffen, die deutliche Züge der Wiederbelebung des alten Unmöglichkeitsrechts zeigt.[271] Anders als im Fall des § 307 BGB a.F. haftet der Leistungsschuldner allerdings nicht mehr nur auf das negative, sondern auf das positive Interesse. Dies verblüfft im ersten Moment, steht § 311a BGB doch als

---

268 Staudinger/*Schwarze*, BGB, § 326 Rn. E4.

269 MüKoBGB/*Ernst*, § 326 Rn. 103; Erman/*Westermann*, BGB, § 326 Rn. 18.

270 MüKoBGB/*Ernst*, § 326 Rn. 107 f.

271 *Westermann/Bidlynski/Weber*, SchuldR AT, Rn. 7/58; *Schlechtriem,* in: FS Sonnenberger (2004), S. 125 (130).

Spezialregelung zu § 311 BGB, der culpa in contrahendo. Allerdings hat man sich dafür entschieden, die Haftung aus § 311a Abs. 2 BGB nicht in einem vorvertraglichen Verschulden darüber zu sehen, dass der Schuldner es versäumt hat, seine eigene Leistungsfähigkeit zu prüfen und den Gläubiger über Leistungshindernisse zu informieren.[272] Man sah darin vielmehr die Nichterfüllung des nach Abs. 1 wirksamen Leistungsversprechens[273] als eine Art Garantiehaftung für die Leistungsfähigkeit unter dem (einzigen) Vorbehalt des entschuldbaren Irrtums (über die Möglichkeit der Leistung).[274] Weitere Sonderregeln finden sich in den Gewährleistungsregeln für Kauf, Miete und Werkvertrag.[275]Auch wenn § 311a Abs. 2 BGB dogmatisch aus dem sonstigen „Raster" der Vertragshaftung herauszufallen scheint, da Haftungsgrund[276] und Vertretenmüssen[277] auseinanderfallen und die Regelung auch nicht zu den sonstigen (üblichen Rechtsfolgen anderer) Irrtumsregelungen (§§ 119 ff. BGB) passt,[278] gibt es doch keinen übergeordneten Rechtssatz, der den Gesetzgeber hindern würde, die Fälle anfänglicher Leistungshindernisse auf diese Weise zu regeln.[279] Es gilt also einerseits das Verschuldens- und Exkulpationsprinzip bzgl. des Irrtums über die Leistungsfähigkeit und andererseits die Haftung auf das positive Interesse bzgl. der Nichterfüllung der versprochenen Leistung.

---

272 NK-BGB/*Dauner-Lieb*, § 311a Rn. 6; Palandt/*Grüneberg*, BGB, § 311a Rn. 6 f.

273 BT-Drs. 14/6040, S. 165; MüKoBGB/*Ernst*, § 311a Rn. 15; *Canaris*, JZ 2001, 499 (506); *ders.*, DB 2001, 1815 (1818); *ders.*, ZRP 2001, 329 (331); *ders.*, in: Karlsruher Forum 2002, 5 (51); *Maier-Reimer*, in: *Dauner-Lieb/Konzen/Schmidt*, Das neue Schuldrecht, S. 291, 302; *Mattheus*, in: *Schwab/Witt*, Examenswissen zum neuen Schuldrecht, S. 78; *Reischl*, JuS 2003, 250 (255); HK-BGB/*Schulze*, § 311a Rn. 2; *Looschelders*, in: FS Canaris (2007), S. 737 (743 f.); *Huber*, in: *Huber/Faust*, SchuldR-Mod, Kap. 7 Rn. 12; Palandt/*Grüneberg*, BGB, § 311a Rn. 7; *Schwarze*, Recht der Leistungsstörungen, § 18 Rn. 11.

274 MüKoBGB/*Ernst*, § 311a Rn. 15 m.w.N.

275 *Emmerich*, Recht der Leistungsstörungen, S. 22.

276 Nichterfüllung der versprochenen Leistung.

277 Bezieht sich nicht auf die Nichterfüllung, sondern auf den unverschuldeten Irrtum bzw. die Unkenntnis über die Leistungsfähigkeit.

278 Insbesondere *Canaris*, JZ 2001, 499 (508), der zumindest eine Ersatzpflicht auf Basis des negativen Interesses auch bei einem unverschuldeten Irrtum vorsieht.

279 MüKoBGB/*Ernst*, § 311a Rn. 15.

2.3.3 Folgerungen aus der gesetzgeberischen Konzeption bei Anwendung auf parapsychologische Verträge

Wendet man §§ 275 Abs.1, 311a und 326 BGB auf Verträge auf parapsychologischer Grundlage an, da man bzgl. der Unmöglichkeit (der Leistung/des Leistungsversprechens) auf den Besitz und den Einsatz solcher parapsychologischen Fähigkeiten abstellt, so sieht die rechtliche Lösung schuldnerfeindlich aus. Zwar müsste der Leistungsschuldner nach § 275 Abs. 1 BGB nicht leisten, da ein Anspruch des Leistungsgläubigers insoweit nicht entstanden ist. Regelmäßig geht der Leistungsschuldner allerdings in Vorleistung, d.h. der Anbieter hat seine Leistung schon erbracht, bevor er das Entgelt hierfür fordert. So war es auch im Fall des BGH: Die Kartenlegerin hatte die Rechnung erst nach ihrer Leistungserbringung gestellt. Nach Ansicht des BGH hat die Kartenlegerin aber jedenfalls nicht die vertraglich geschuldete Leistung erbracht, denn diese sei unter dem Einsatz parapsychologischer Fähigkeiten ja gerade objektiv unmöglich zu erbringen. Für die wie auch immer geartete Leistung, die tatsächlich erbracht wurde (aber eben nicht mit der vertraglich geschuldeten übereinstimmt), kann nach dem Gesetz jedenfalls bzgl. des konkreten Vertragsverhältnisses keine Gegenleistung beansprucht werden. Darüber hinaus wäre der Leistungsschuldner neben dem Aufwand, den er „umsonst" erbracht hat, auch noch zum Schadensersatz nach § 311a Abs. 2 BGB verpflichtet, wenn er die Unmöglichkeit kannte oder fahrlässig nicht kannte. Die Unkenntnis des Schuldners darf also gemäß § 276 Abs. 2 BGB nicht darauf beruhen, dass dieser sich nicht mit der im Verkehr erforderlichen Sorgfalt Kenntnis über die Möglichkeit verschafft hat, die zu versprechende Leistung nicht erbringen zu können.[280] Der Fahrlässigkeitsmaßstab richtet sich nach objektiven Kriterien, d.h. es kommt darauf an, was von einem, den *durchschnittlichen* Anforderungen entsprechenden, Angehörigen des jeweiligen Verkehrskreises *in der jeweiligen Situation* erwartet werden konnte, ohne Rücksicht darauf, ob der Handelnde nach seinen individuellen Fähigkeiten, Kräften, Erfahrungen und Kenntnissen die objektiv gebotene Sorgfalt erkennen und erbringen konnte.[281] Es geht hier nicht um äußere Einflussfaktoren, die die Unmöglichkeit herbeiführen, wie beispielsweise eine Zerstörung oder ein Abhandenkommen des Leistungsgegenstandes, sondern um ureigene, dem Leistungsschuldner

---

[280] MüKoBGB/*Ernst*, § 311a Rn. 50.

[281] BeckOK/*Lorenz*, BGB, § 276 Rn. 21; beispielhaft: *BGH*, NJW 1981, 1603 (1604); *BGH*, NJW 2000, 2812 (2813).

anhaftende Fähigkeiten, mithilfe dessen er die Leistung zu erbringen verspricht. Ob man Leistungen aufgrund besonderer (erworbener) Fähigkeiten oder angeborener Talente tatsächlich erbringen kann, liegt daher in der eigenen Hand, weshalb im Einzelfall gerade hier eine erhöhte Pflicht zur Kontrolle der eigenen Leistungsfähigkeit besteht. Wie der BGH anmerkt, ist die Tatsache, dass solche parapsychologischen Fähigkeiten niemand besitzt oder besitzen kann, zudem offenkundig und allgemein anerkannt.[282]

Zumindest aufgrund der kritischen Haltung der Wissenschaft gegenüber der Parapsychologie wäre der Schuldner gehalten gewesen, die eigenen Fähigkeiten noch einmal kritisch zu hinterfragen und nachzuprüfen. Eine solche für den durchschnittlichen Menschen offenkundige und allgemein anerkannte Tatsache hätte außerdem ohne große Mühen durch einen einfachen Blick in Print- oder elektronische Medien in Erfahrung gebracht werden können. In einem solchen Fall kann deshalb wohl zumindest in den allermeisten Fällen von mindestens fahrlässiger Unkenntnis ausgegangen und ein Schadensersatzanspruch nach § 311a Abs. 2 BGB dem Grunde nach bejaht werden.[283] Dies gilt dann aber nicht nur für den Leistungsschuldner, sondern auch der Leistungsgläubiger hätte diese Kenntnis aufgrund der Offenkundigkeit und allgemeinen Bekanntheit haben müssen. Auch ihm ist insoweit fahrlässige Unkenntnis vorzuwerfen. Der Gesetzgeber deutet an, dies im Rahmen einer Abwägung gemäß § 254 BGB beim Schadenersatzanspruch der Höhe nach zu berücksichtigen.[284] Doch selbst wenn man hierdurch zu einer Reduzierung des Schadensersatzes auf Null gelangt, bliebe immer noch § 326 BGB, der den Leistungsgläubiger zur Verweigerung oder Rückforderung der Gegenleistung berechtigt. Zu einer Anwendung des § 326 Abs. 2 BGB oder § 323 Abs. 6 BGB in dem Sinne, dass der Leistungsgläubiger für die Unmöglichkeit überwiegend verantwortlich ist, kommt man nämlich ebenfalls nicht. Zum einen ist nicht zwingend, dass die Kenntnis oder fahrlässige Unkenntnis des Gläubigers zugleich eine Verantwortlichkeit für den Leistungsausfall bedeutet,[285] zum anderen käme man selbst bei Bejahung eines solchen Zusammenhangs nicht zu einer weit überwiegenden Verantwortlichkeit des Leistungsgläubiger,

---

[282] *BGH*, NJW 2011, 756 (757).

[283] So auch *Schermaier*, JZ 2011, 633 (635); *Bartels*, ZGS 2011, 355 (360 f.).

[284] BT-Drs. 14/6040, S. 165; Erman/*Kindl*, BGB, § 311a Rn. 10; MüKoBGB/*Ernst*, § 311a Rn. 68; NK-BGB/*Dauner-Lieb*, § 311a Rn. 25; Staudinger/*Löwisch*/*Feldmann*, BGB, § 311a Rn. 55.

[285] *Becker*, Absurde Verträge, S. 31.

da auch der Leistungsschuldner wie festgestellt seinerseits mindestens fahrlässige Unkenntnis hierüber aufweist.

2.3.3.1 Konstruktion des BGH

Auch der BGH sah wohl das Problem, dass die gesetzgeberische Wertung der Unmöglichkeitsregeln in diesem Fall nicht passt oder „ungerecht" erscheint. Er schlug deshalb einen anderen Weg vor: Aus dem Umstand, dass ein Anspruch auf die versprochene Leistung wegen objektiver Unmöglichkeit ausgeschlossen wäre (§ 275 Abs. 1 BGB), folge jedoch nicht zwingend, dass der Vergütungsanspruch der Klägerin für die von ihr vorgenommene Tätigkeit nach § 326 Abs. 1 S. 1 BGB entfalle, denn anders als nach § 306 BGB a.F. sei ein solcher Vertrag nicht nichtig und § 326 Abs. 1 S. 1 BGB könne durch Individualvereinbarung abbedungen werden.[286] So verhalte es sich im Ergebnis – mit der Folge der Anwendbarkeit von § 326 Abs. 2 BGB – auch, wenn der (Leistungs-)Gläubiger nach der vertraglichen Risikoverteilung ausdrücklich oder stillschweigend die Gefahr für ein bestimmtes Leistungshindernis übernommen habe und sich dieses Leistungshindernis verwirkliche.[287] Der BGH kommt dann im Ergebnis jedenfalls zur Nichtanwendung des § 326 Abs. 1 BGB. Auf welche Weise er dieses Ergebnis herbeiführt, wird aus seinen Ausführungen jedenfalls aber nicht ganz deutlich.

2.3.3.1.1 Entweder: Konkludente Abbedingung des § 326 Abs. 1 BGB

Einerseits könnte der BGH hier eine konkludente Abbedingung des § 326 Abs. 1 BGB zwischen den Parteien annehmen.[288] Grundsätzlich ist die Abbedingung des § 326 Abs. 1 BGB möglich.[289] Anders als die Modifikation der Rechtsfolgen des § 275 Abs. 1 BGB begegnet eine Modifikation der Rechtsfolgen des § 326 Abs. 1 BGB keinen grundsätzlichen Bedenken, da die Abbedingung lediglich dazu führt, dass der

---

286 *BGH*, NJW 2011, 756 (758).

287 *BGH*, NJW 2011, 756 (758).

288 So auch *Paal/Wilkat*, JuS 2013, 223 (225); *Bartels*, ZGS 2011, 355 (356); *ders.*, ZJS 2011, 106 (107); *Timme*, MDR 2011, 397 (398); *Windel*, ZGS 2011, 218 (221); NK-BGB/*Dauner-Lieb*, § 326 Rn. 36; MüKoBGB/*Ernst*, § 326 Rn. 115; HK-BGB/*Schulze*, § 326 Rn. 2.

289 Palandt/*Grüneberg*, BGB, § 326 Rn. 6; BeckOK/*Grothe*, BGB, § 326 Rn. 12, MüKoBGB/*Ernst*, § 326 Rn. 111 ff.; Soergel/*Gsell*, BGB, § 326 Rn. 130.

Schuldner der unmöglich gewordenen Leistung den Anspruch auf die (nach wie vor mögliche) Gegenleistung behält.[290] Als konkludente Willenserklärung bezeichnet man ein Verhalten, das zwar nicht unmittelbar einen bestimmten Rechtsfolgewillen zum Ausdruck bringt, aber mittelbar den Schluss auf einen solchen ermöglicht.[291] Es ist somit erforderlich, dass ein nach außen hervortretendes Verhalten vorliegt, aus dem sich die Willenserklärung für den Adressaten eindeutig – aus den Umständen oder dem Verhalten der erklärenden Person – ergibt[292] und dass vom Standpunkt eines unbeteiligten objektiven Dritten das Verhalten des Angebotsempfängers aufgrund aller äußeren Indizien auf einen wirklichen Annahmewillen schließen lässt.[293] Es bedarf hier also der Feststellung und Inhaltsermittlung übereinstimmender, konkludenter Willenserklärungen durch Auslegung gemäß §§ 133, 157 BGB.[294]

2.3.3.1.2 Oder: (Konkludente) vertragliche Risikoübernahme

Andererseits könnte der BGH aber in dem Verhalten des Leistungsgläubigers auch eine konkludente einseitige Risikoübernahme sehen.[295] Nach § 326 Abs. 2 BGB behält der Leistungsschuldner den Anspruch auf die Gegenleistung, wenn der Gläubiger für den Umstand, auf Grund dessen der Schuldner nach § 275 Abs. 1 (bis 3 BGB) nicht zu leisten braucht, allein oder weit überwiegend verantwortlich ist. Eine alleinige oder weit überwiegende Verantwortlichkeit des Leistungsgläubigers wird angenommen, wenn der Gläubiger in dem Vertrag ausdrücklich oder konkludent das Risiko des betreffenden Leistungshindernisses übernommen hat und sich dieses Leistungshindernis verwirklicht.[296] Eine solche konkludente Risikoübernahme durch den Gläubiger bedarf zwar ebenfalls eines schlüssigen Verhaltens, ist aber einseitig ohne Zutun des Schuldners möglich. Ähnlich wie im Fall des § 443 BGB, in dem

---

290 *Paal/Wilkat*, JuS 2013, 223 (227).

291 Staudinger/*Singer*, BGB, Vor. §§ 116-118 Rn. 53.

292 Siehe hierzu *BGH*, NJW 1979, 2143 (2144).

293 Siehe hierzu *BGH*, NJW 1990, 1655 (1656).

294 Staudinger/*Singer*, BGB, Vor. 116-118 Rn. 53.

295 So auch *Faust*, JuS 2011, 359 (361); *Pfeiffer*, LMK 2011, 314413; *Conring/Palzer*, ZJS 2013, 57 (59); HK-BGB/*Schulze*, § 326 Rn. 10.

296 *BGH*, NJW 1956, 665; *BGH*, NJW 1980, 700; *BGH*, NJW 1980, 2189 (2190); *BGH*, NJW 1998, 2282 (2284); *BGH*, NJW 2002, 595; *BGH*, NJW-RR 2011, 916 (917); Palandt/*Grüneberg*, BGB, § 326 Rn. 9; BeckOK/*Grothe*, BGB, § 326 Rn. 14; Erman/*Westermann*, BGB, § 326 Rn. 13; MüKoBGB/*Ernst*, § 326 Rn. 56.

der Verkäufer durch einseitig verpflichtendes Rechtsgeschäft eine Garantie begründet, übernimmt auch der Leistungsgläubiger durch einseitig verpflichtendes Rechtsgeschäft das Risiko und damit die Verantwortung für das Leistungshindernis.

2.3.3.2 Zwischenergebnis

Welchen Weg der BGH hier favorisiert, bleibt offen. Er kommt jedenfalls im Ergebnis zur Nichtanwendung des § 326 Abs. 1 BGB und zu einer wirksamen Vergütungsvereinbarung. Diese setze auch nicht voraus, dass sich die Parteien darüber im Klaren waren, dass der Klägerin nach den Maßstäben des § 326 Abs. 1 S. 1 BGB und des § 275 Abs. 1 BGB von Rechts wegen keine Vergütung zustand. Eine Willenserklärung sei zwar eine Äußerung, die auf die Herbeiführung eines rechtsgeschäftlichen Erfolges gerichtet sei, setze allerdings wiederum nicht voraus, dass der Erklärende eine ins Einzelne gehende Vorstellung über die rechtstechnische Herbeiführung des angestrebten wirtschaftlichen Erfolges habe, sondern es reiche, dass dieser als rechtlich gesichert und anerkannt gewollt sei.[297] Der Bürger als rechtlicher Laie muss sich keine Gedanken über die einzelnen rechtlichen Konstruktionen machen, die das von ihm Gewollte herbeiführen. Hier ist nicht der Weg das Ziel, sondern das Ziel an sich ist entscheidend. Dies mag ein Grund dafür gewesen sein, weshalb sich der BGH hier nicht auf eine der beiden rechtsdogmatischen Lösungswege festlegen wollte. Für die Nichtanwendung des § 326 Abs. 1 BGB und eine wirksame Vergütungsvereinbarung stützt sich der BGH im Einzelnen jedenfalls auf folgende Voraussetzungen, die bei näherer Betrachtung womöglich den Schluss darauf zulassen, welche Konstruktion – entweder eine konkludente Abbedingung des § 326 Abs. 1 BGB oder eine konkludente Risikoübernahme des Leistungsgläubigers – vorzuziehen ist:

- Das Bewusstsein über die Unmöglichkeit (d.h. darüber, dass die Leistung nach dem Stand der Wissenschaft und Technik schlechthin nicht erbracht werden kann).
- Die Schaffung eines Vertrauenstatbestandes dahingehend, dass der Leistungsgläubiger trotz dieses Bewusstseins ein Entgeltversprechen abgegeben und die Leistungen tatsächlich in Anspruch genommen und vergütet hat.

---

297 *BGH*, NJW 2011, 756 (758).

Der BGH fordert, dass beide Voraussetzungen kumulativ vorliegen müssen. Weiterhin erkennt man, dass Voraussetzung Nr. 1 Voraussetzung Nr. 2 bedingt. Schaut man sich die beiden Voraussetzungen genauer an, so fällt auf, dass zumindest Nr. 2 vom Leistungsgläubiger gesetzt wird. Zwar spricht der BGH bei Nr. 1 davon, dass es beiden Parteien bewusst war, dass sie mit dem Abschluss des Vertrages den Boden wissenschaftlich gesicherter Erfahrungen verließen und sich auf die Ebene eines vernunftmäßig nicht mehr begründbaren und verifizierbaren Vertrauens in übersinnliche Erkenntnis- und Beeinflussungsmöglichkeiten begaben.[298] Allerdings kommt es auch bei dieser Voraussetzung Nr. 1 maßgeblich nur auf das Bewusstsein des Leistungsgläubigers an, der sich derartige Leistungen trotzdem erkauft und sich bei dieser Sachlage gleichwohl entschließt, der Klägerin für das Kartenlegen ein Entgelt zu versprechen.[299] Nimmt man nämlich hypothetisch an, das Bewusstsein aus Voraussetzung Nr. 1 läge beim Leistungsschuldner nicht vor[300] und § 326 Abs. 1 BGB würde aufgrund dieses Fehlens ganz normal zur Anwendung gelangen, so würde das absurde Ergebnis vorliegen, dass jemand, der weiß, dass er Unmögliches verspricht, die Vergütung hierfür fordern könnte, und derjenige, der es nicht weiß, keine Vergütung fordern könnte. Das kann der BGH nicht gemeint haben, da ein solcher Wertungswiderspruch keinen Sinn machen würde. Aus diesem Grund reicht das alleinige Bewusstsein des Leistungsgläubigers für Nr. 1 aus, um die Voraussetzung zu erfüllen. Wenn es aber maßgeblich auf den Leistungsgläubiger ankommt, dann liegt die Annahme näher, dass der Leistungsgläubiger einseitig durch Erfüllung der Nr. 1 und Nr. 2 das Risiko des Leistungshindernisses (als einseitig verpflichtendes Rechtsgeschäft) übernommen hat. Hierfür sprechen (i) auch die vom BGH zitierten Urteile, die beide eine Risikoübernahme einer der Vertragsparteien zum Gegenstand hatten[301] und (ii) § 326 Abs. 2 S. 2 BGB, welcher es ermöglicht, dem Leistungsschuldner Vorteile anzurechnen, die er infolge der Befreiung von seiner Leistungspflicht erlangt.[302] Mit der Anmerkung, dass § 326 Abs. 1 BGB individualvertraglich auch abbedungen werden kann, macht er lediglich zu Beginn seiner Ausführun-

298 *BGH*, NJW 2011, 756 (758).

299 *BGH*, NJW 2011, 756 (758).

300 Das Bewusstsein über die Unmöglichkeit müsste als notwendige Voraussetzung zur Nichtanwendung des § 326 Abs. 1 BGB aber eigentlich vorliegen.

301 *BGH*, NJW 1980, 700; *BGH*, NJW 2002, 595.

302 *Faust*, JuS 2011, 359 (361).

gen deutlich, dass § 326 Abs. 1 S. 1 BGB in keinem Fall zwingend, sondern dispositiv ist und die Rechtsfolge des § 326 Abs. 2 BGB auch auf individualvertraglichem Wege herbeigeführt werden kann. Abs. 2 als Spezialregelung zu § 326 Abs. 1 BGB kodifiziert lediglich unter der Voraussetzung der Gläubigerverantwortlichkeit, wann als Ausnahme zu Abs. 1 die Vergütungspflicht bestehen bleibt. Die Spezialregelung hat insoweit „geringere" Anforderungen als eine „normale Abbedingung" des Abs. 1. Eine weit überwiegende Verantwortlichkeit wird nämlich schon dann begründet, wenn der Gläubiger das Risiko des Leistungshindernisses durch einseitig verpflichtendes Rechtsgeschäft übernimmt, wohingegen die (konkludente) Abbedingung des § 326 Abs. 1 BGB eine Beteiligung beider Parteien erfordert. Da der BGH hier beiden Parteien das Bewusstsein der Unmöglichkeit unterstellt, sind in dem vorliegenden Fall beide Varianten erfüllt, weshalb er sich hier auch nicht zu entscheiden hatte. Im Zweifel und aufgrund der geringeren Anforderungen ist die Entscheidung allerdings so auszulegen, dass bei der Vereinbarung bewusst unmöglicher, aber trotzdem in Anspruch genommener und vergüteter Leistungen, eine konkludente (einseitige) Risikoübernahme durch den Gläubiger vorliegt und damit § 326 Abs. 2 BGB zur Anwendung gelangt.

2.3.3.3 Zahlreiche ungelöste Folgeprobleme

Blickt man hinter diese Konstruktion, so fällt eines auf: Die Voraussetzung des Bewusstseins der Unmöglichkeit wird den Parteien vom BGH einfach so unterstellt. Er bringt dieses Bewusstsein gleich drei Mal ins Spiel, um seine Argumentation zu untermauern:

– „Erkauft sich jemand derartige (Dienst-)Leistungen im Bewusstsein darüber, dass die Geeignetheit und Tauglichkeit dieser Leistungen zur Erreichung des von ihm gewünschten Erfolges rational nicht erklärbar ist, so würde es Inhalt und Zweck des Vertrages sowie den Motiven und Vorstellungen der Parteien widersprechen, den Vergütungsanspruch des Dienstverpflichteten mit der Begründung zu verneinen, der Dienstverpflichtete sei nicht in der Lage nachzuweisen, tatsächlich mittels Einsatzes magischer oder übersinnlicher Kräfte bestimmte Voraussagen machen oder auf die Willensbildung Dritter Einfluss nehmen zu können."[303]

---

[303] *BGH*, NJW 2011, 756 (758).

- „Auch wenn die – geschäftsfähigen – Parteien darauf vertrauten, dass magische Kräfte existieren und über die Klägerin für den Beklagten nutzbar gemacht werden konnten, so war ihnen doch bewusst, dass sie mit dem Abschluss des Vertrags den Boden wissenschaftlich gesicherter Erfahrungen verließen und sich auf die Ebene eines vernunftmäßig nicht mehr begründbaren und verifizierbaren Vertrauens in übersinnliche Erkenntnis- und Beeinflussungsmöglichkeiten begaben."[304]
- „Wenn sich der Beklagte bei dieser Sachlage (dass die Klägerin eine Leistung erbringen sollte, die nach dem Stand der Wissenschaft und Technik schlechthin nicht erbracht werden konnte) gleichwohl entschloss, der Klägerin für das Kartenlegen ein Entgelt zu versprechen – und diese Leistung über einen längeren Zeitraum auch tatsächlich in Anspruch genommen und vergütet hat -, so liegt die Annahme nicht fern, dass die Klägerin nach dem Willen der Parteien die vereinbarte Vergütung ungeachtet des Umstandes beanspruchen konnte, dass die „Tauglichkeit" der erbrachten Leistung rational nicht nachweisbar ist."[305]

Für den BGH ist (zumindest in diesem Fall) die Leistung objektiv unmöglich, weil es für den Bereich des Rechts allgemein anerkannt und offensichtlich ist, dass die Existenz magischer oder parapsychologischer Kräfte und Fähigkeiten nicht beweisbar ist, sondern nur dem Glauben oder Aberglauben angehören und damit nach den Naturgesetzen oder nach dem Stand der Wissenschaft und Technik schlechthin nicht erbracht werden kann. Aus der allgemeinen Bekanntheit und Offenkundigkeit der Unbeweisbarkeit folgert er die allgemeine Bekanntheit und Offenkundigkeit der Unmöglichkeit der Leistung, denn für ihn ist etwas Unbeweisbares, ja (zumindest hier) auch zugleich etwas Unmögliches.[306] Bzgl. des Bewusstseins der Unmöglichkeit stellt der BGH in diesem Fall also nicht auf die einzelne Person, sondern auf das „Allgemeinwissen" ab. Da er mit keinem Wort erklärt, woraus er dieses Bewusstsein sonst herleitet, bleibt dies als einzig logische Schlussfolgerung übrig. Denn dass die Parteien im Einzelnen darauf vertrauten, dass magische Kräfte existieren und über die Klägerin nutzbar gemacht werden konnte, hat für das Bewusstsein über die Unbeweisbarkeit und damit über die Unmöglichkeit keinerlei Bedeutung oder messbaren Einfluss.

---

304 *BGH*, NJW 2011, 756 (758).

305 *BGH*, NJW 2011, 756 (758).

306 Siehe oben, S. 75 ; siehe auch *Windel*, ZGS 2011, 218 (221).

Hier liegt auch die größte Schwäche in dieser Argumentation: Man kann durchaus wissen, dass etwas unbeweisbar ist, aber dennoch daran glauben, dass dieses möglich ist. Aus dem Bewusstsein der Unbeweisbarkeit das Bewusstsein der Unmöglichkeit zu schlussfolgern, mag aus der Sicht des BGH logisch und konsequent sein, da er Unbeweisbarkeit mit Unmöglichkeit gleichsetzt. In der Realität und in der Praxis liegt eine solche Annahme aber doch eher fern und mag vielleicht für diejenigen gelten, die nicht an parapsychologische Fähigkeiten glauben. Für diejenigen Personen, die hieran glauben, besteht dieser Zusammenhang gerade nicht. Damit ergibt sich Folgendes: Die oben bereits angedeutete Kritik, Unbeweisbarkeit mit Unmöglichkeit gleichzusetzen, trägt auch aus den vorstehenden Gedanken und Schlussfolgerungen nicht und verstößt gegen logische Denkgesetze. Des Weiteren besteht hier bei den Parteien, in jedem Fall aber beim Leistungsgläubiger, gerade kein Bewusstsein über die Unmöglichkeit. Bei lebensnaher Betrachtung wird der Beklagte an die übersinnlichen Zusagen der Klägerin geglaubt und sich tatsächlich gedacht haben, die von der Klägerin erteilten Ratschläge hätten einen real messbaren und positiven Einfluss auf seine Geschäfte.[307] Alles andere wäre rechtlich wie wirtschaftlich gesehen auch unsinnig: Niemand erkauft sich eine Leistung, von der er weiß, dass sie nicht erbracht werden kann. Vielmehr erkauft man sich in diesem Fall gerade deshalb eine Leistung, weil man auf die Beweisbarkeit keinen Wert legt, sondern der Glaube an die Möglichkeit der Leistungserbringung ausschlaggebend ist.

Hiernach stellt sich die Folgefrage, ob ein Unbewusstsein der Unmöglichkeit nach der Konstruktion des BGH überhaupt in irgendeiner Weise möglich ist. Wenn schon der subjektive Glaube der Parteien hierfür keine Rolle spielt und die Unbeweisbarkeit parapsychologischer Fähigkeiten offenkundig und allgemein bekannt ist, bliebe dem Leistungsgläubiger nur der Gegenbeweis, dass er dieses „Allgemeinwissen" nicht hat. Er müsste die vom BGH aufgestellte Vermutung nachvollziehbar widerlegen. Ein solcher Gegenbeweis fiele ersichtlich schwer, wenn man sich nicht einmal auf den eigenen Glauben berufen darf. Im Gegenteil kann man sich über Print- und elektronische Medien ganz einfach darüber informieren, dass parapsychologische Fähigkeiten nicht beweisbar sind. Wer sich mit diesem Feld beschäftigt, der wird zwangsläufig auch mit der wissenschaftlichen Einordnung desselben konfrontiert.

---

[307] *Timme*, MDR 2011, 397 (398).

Insofern stellt sich auch die Frage, wie mit „fahrlässigem Unbewusstsein" umzugehen ist. Dies läge angesichts der Offenkundigkeit und allgemeinen Bekanntheit sowie der einfachen Informationsbeschaffung hierüber in jedem Fall vor. Man könnte hier sogar so weit gehen, grobe Fahrlässigkeit zu bejahen. Freilich differenziert der BGH auch hier nicht, so dass auch diese Frage gänzlich unbeantwortet bleibt.

Als Ergebnis lässt sich festhalten, dass der BGH (i) das Bewusstsein des Leistungsschuldners nicht berücksichtigt und (ii) das Bewusstsein des Leistungsgläubigers dazu führt, dass dieser automatisch das Risiko des Leistungshindernisses übernimmt. Bei beiderseitigem Bewusstsein der Parteien folgert der BGH nur, dass der Leistungsschuldner mit der Risikoübernahme einverstanden ist bzw. dass hier dann sogar eine konkludente Abbedingung vorliegt.

Dann aber ist die Voraussetzung eines Bewusstseins über die Unmöglichkeit nur „vorgeschoben" vor dem eigentlichen Zweck dieser Konstruktion: Der Kunde soll das, was er tatsächlich als Leistung erhalten hat, auch bezahlen müssen.[308]

Eine viel größere Rolle spielt demnach der Vertrauenstatbestand als Voraussetzung Nr. 2, den der Leistungsgläubiger damit gesetzt hat, dass er die Bezahlung versprochen, die Leistung in Anspruch genommen und Teile bereits vergütet hatte. Dieses Ergebnis biegt sich der BGH mit den vorhandenen rechtlichen Instrumenten der Unmöglichkeit, der Abdingbarkeit einzelner gesetzlicher Regelungen und der Auslegung so hin, dass ein scheinbar gerechtes Ergebnis dahintersteht. Dabei überdehnt er jedoch die Grenzen der §§ 133, 157 BGB und verwickelt sich in Widersprüche.

2.3.3.4 Das Schicksal des § 311a BGB

Mit der Nichtanwendung des § 326 Abs. 1 BGB und der Anwendung der Rechtsfolge des § 326 Abs. 2 BGB bricht der BGH seine Lösung ab. Als weiteres Folgeproblem erscheint das Schicksal des § 311a BGB, den der BGH überhaupt nicht anspricht. Im Gegensatz zum Gegenleistungsanspruch, also dem Anspruch des Leistungserbringers auf Zahlung, ist der Anspruch des Leistungsempfängers auf die Leistung wegen Unmöglichkeit gemäß § 275 Abs. 1 BGB immer noch ausgeschlossen. Aufgrund des Ausschlusses des Primäranspruchs bestimmt § 311a BGB Sekundäransprüche für den Leistungsempfänger. Dieser kann

[308] So deutlich auch *Schermaier*, JZ 2011, 633 (635); *Becker*, Absurde Verträge, S. 35.

nach § 311a Abs. 2 BGB Schadensersatz statt der Leistung verlangen, wenn der Leistungsschuldner, also der Leistungserbringer, die Unmöglichkeit seiner Leistung kannte oder fahrlässig nicht kannte. Wenn der BGH schon meint, dass den Parteien bewusst war, dass sie mit dem Abschluss des Vertrages den Boden wissenschaftlich gesicherter Erfahrungen verließen und sich auf die Ebene eines vernunftmäßig nicht mehr begründbaren und verifizierbaren Vertrauens in übersinnliche Erkenntnis- und Beeinflussungsmöglichkeiten begaben, so liegt die Annahme zumindest fahrlässiger Unkenntnis der Unmöglichkeit der Leistung der Kartenlegerin wohl sehr nahe.[309] Auch die vom BGH zitierten Urteile erklären immer wieder, dass die breite Masse der vernünftig denkenden Menschen wisse, dass Wahrsagerei, Magie und Lebenshilfe auf parapsychologischer Grundlage dem Reich des Irr- oder Aberglaubens angehören und die Parteien die Unmöglichkeit der Leistung hätten kennen müssen.[310]

2.3.3.4.1 Grundsätzliche Einschlägigkeit des § 311a BGB

Im entschiedenen Fall des BGH wäre also § 311a BGB eigentlich einschlägig. Die Kenntnis auch des Leistungsgläubigers von der Unmöglichkeit lässt den Schadensersatzanspruch auch nicht entfallen, sondern wirkt sich grundsätzlich lediglich im Rahmen einer nach § 254 BGB durchzuführenden Abwägung als anspruchsminderndes Mitverschulden aus.[311] Hier stellt sich auch die Frage, wie ein solcher Schadensersatzanspruch bemessen wird und welchen Wert parapsychologische Leistungen haben. Wie oben bereits ausgeführt, wird durch § 311a Abs. 2 BGB das Erfüllungsinteresse ersetzt.[312] Es geht also darum, den Leistungsgläubiger so zu stellen, als sei ihm ein Gut(, das es ja eigentlich gar nicht geben kann,) geleistet worden.[313]

---

309 Siehe oben, „fahrlässiges Unbewusstsein" S. 92.

310 Beispielhaft *AG Grevenbroich*, NJW-RR 1999, 133 m.w.N.

311 RegE BT-Drs. 14/6040, S. 165; Erman/*Kindl*, BGB, § 311a Rn. 10; BeckOK/*Gehrlein*, BGB, § 311a Rn. 9; MüKoBGB/*Ernst*, § 311a Rn. 68.

312 Siehe oben, S. 79 f.

313 *Windel*, ZGS 2011, 218 (222).

2.3.3.4.2 Entfallen des Schadensersatzanspruches von vorneherein

Einige Stimmen in der Literatur gehen davon aus, dass § 311a Abs. 2 BGB von vorneherein nicht greift.[314] Zum einen wird vorgetragen, § 311a BGB sei generell auf solche Verträge nicht anwendbar.[315] Zum anderen wird auf das Argument abgestellt, dass der Schadensersatzanspruch nicht zur Anwendung gelangen könne, weil sich das positive Interesse des Gläubigers an der Leistung aufgrund des schlechthin absurden Vertragsinhalts gar nicht erst bestimmen lasse.[316]

2.3.3.4.3 Reduzierung des Schadensersatzanspruches auf Null

Zum Teil wird vertreten, dass mangels dieser Bezifferbarkeit wohl von einem Schaden von Null auszugehen ist.[317] Man hätte den Wert einer solchen Leistung aber auch offen lassen können. Der BGH hätte den Schadensersatzanspruch aufgrund des Mitverschuldens nach § 254 BGB auch auf Null reduzieren können und seine Argumentation von oben fortführen können: Wenn der Leistungsempfänger das Risiko für das Leistungshindernis – hier die Unmöglichkeit – übernommen hat und die Unmöglichkeit kannte oder hätte kennen müssen, dann führt dieser Grad an Mitverschulden dazu, dass ihm am Ende auch nichts mehr von seinem Schadensersatzanspruch übrigbleibt.[318]

---

314 *Lobinger*, Grenzen rechtsgeschäftlicher Leistungspflichten, S. 278; *Schwarze*, Jura 2002, 73 (74); im Umkehrschluss auch *Pfeiffer*, LMK 2011, 314413; *Windel*, ZGS 2011, 218 (221) und *Looschelders*, JA 2011, 385 (386), die einen Schadensersatzanspruch nur dann in Betracht ziehen, wenn der Leistungsschuldner das Risiko der „Sinnlosigkeit der Leistung" übernimmt, nicht, wenn der Leistungsgläubiger dieses Risiko übernimmt: „Vielmehr ist umgekehrt (nur bei Risikoübernahme durch den Schuldner) der Fall denkbar, dass dem Gläubiger Anspruch auf Schadensersatz nach § 311a Abs. 2 BGB zusteht".

315 *Lobinger*, Grenzen rechtsgeschäftlicher Leistungspflichten, S. 278; *Schwarze*, Jura 2002, 73 (74); *Emmerich*, Recht der Leistungsstörungen, § 3 Rn. 24; *Bartels*, ZGS 2011, 355 (361); NK-BGB/*Dauner-Lieb*, § 311a Rn. 17 aufgrund Unbilligkeit.

316 MüKoBGB/*Ernst*, § 311a Rn. 31; BeckOGK/*Herresthal*, BGB, § 311a Rn. 61.

317 Staudinger/*Feldmann*/*Löwisch*, BGB, § 311a Rn. 18; differenzierend wohl auch *Canaris*, JZ 2001, 499 (505 f.).

318 *Windel*, ZGS 2003, 466 (467 f.); *Windel*, ZGS 2011, 218 (222) (sofern ein Schadensersatzanspruch überhaupt in Betracht kommt, Fn. 258); differenzierend nach der Art der geschuldeten Leistung z.T. auch *Grunewald*, JZ 2001, 433 (435); Alternativlösung: *Paal*/*Wilkat*, JuS 2013, 232 (228); Erman/*Kindl*, BGB, § 311a Rn. 10.

2.3.3.4.4 Konkludente Abbedingung des Schadensersatzanspruches

Folgt man dem Modell der konkludenten Abbedingung des § 326 Abs. 1 BGB, könnte man dem BGH in einem zweiten Schritt unterstellen, er sehe auch § 311a Abs. 2 BGB konkludent als abbedungen, um Wertungswidersprüche zu vermeiden.[319]

2.3.3.4.5 Reduktion des Schadensersatzanspruches auf das negative Interesse

In Anlehnung an die Nähe zur culpa in contrahendo wird auch vorgeschlagen, den Schadensersatzanspruch auf das negative Interesse zu reduzieren. Die Begründung stellt dabei ähnlich wie bei der Reduzierung des Anspruches auf Null auf die fehlende Messbarkeit des positiven Interesses[320] ab.

2.3.3.4.6 Saldierung des Zahlungsanspruches mit dem Schadensersatzanspruch

Als letztes bliebe noch, den Anspruch auf Zahlung nach § 326 Abs. 2 BGB mit dem Anspruch auf Schadensersatz nach § 311a Abs. 2 BGB ohne Kürzung oder Reduzierung zu saldieren. Diese Lösung führt dann zu dem Ergebnis, dass der Leistungsgläubiger womöglich entweder nur einen Bruchteil des vereinbarten Entgeltes oder gar nichts erhält.[321]

2.3.3.4.7 Stellungnahme: Einordnung als auf Null reduzierter Schadensersatzanspruch

Zunächst muss denjenigen Meinungen, die davon ausgehen, dass das Erfüllungsinteresse an einer solchen (parapsychologischen) Leistung

---

Zu § 254 BGB bei einem Anspruch auf das negative Interesse: *Canaris*, JZ 2001, 499 (505 f.).

319 Favorisierte Lösung: *Paal/Wilkat*, JuS 2013, 223 (228); *Timme*, MDR 2011, 397 (398).

320 *Stürner*, in: *Prütting/Wegen/Weinreich*, BGB, § 311a Rn. 11; Palandt/*Grüneberg*, BGB, § 311a Rn. 5; im ersten Ansatz auch *Timme*, MDR 2011, 397 (398); als Möglichkeit auch *Canaris*, JZ 2001, 499 (505 f.); differenzierend nach der Art der geschuldeten Leistung z.T. auch *Grunewald*, JZ 2001, 433 (435).

321 *Schermaier*, JZ 2011, 633 (635).

nicht messbar ist, widersprochen werden. Überträgt man den von Rabel entwickelten Grundsatz, dass derjenige, der sich gesundbeten lässt, sehr genau sagen kann, was ihm seine Gesundheit wert ist,[322] auf den vorliegenden Fall, so könnte man den Wert der versprochenen Leistung am Umfang der versprochenen Gegenleistung bestimmen – ganz abgesehen davon, dass es für Leistungen der fraglichen Art ohnehin einen regen Markt gibt, anhand dessen sich der Wert einer solchen Leistung bestimmen ließe.[323] Hier bliebe zumindest die Schadensschätzung (§ 287 Abs. 1 ZPO) auf der Grundlage der hypothetischen Nachfrage und insbesondere des versprochenen Gegenwertes.[324] Demnach kann nicht von einem Schaden von Null ausgegangen werden und auch nicht von einer Reduktion des Schadensersatzanspruches auf das negative Interesse. Die konkludente Abbedingung scheitert schon daran, dass nach der hier vertretenen Ansicht eine solche im Regelfall nicht einschlägig ist, sondern „nur" eine Risikoübernahme mit der Folge der weit überwiegenden Verantwortlichkeit des Leistungsgläubigers i.S.d. § 326 Abs. 2 BGB gemeint ist. Interessengerecht erscheint hier eine Anspruchskürzung auf Null nach § 254 BGB bei beiderseitiger Kenntnis oder fahrlässiger Unkenntnis, da die Beschränkung gem. § 254 BGB, die in vergleichbarer Weise nach § 307 Abs. 1 S. 2 BGB a.F. schon gegenüber der früheren Haftung auf das negative Interesse bestand, erst recht gegenüber der nunmehr sogar auf das positive Interesse gerichteten Haftung greift.[325] Es wäre unbefriedigend, wenn der Gläubiger, der sich vom Schuldner eine Leistung versprechen lässt, von der er weiß oder wissen muss, dass der Schuldner sie nicht erbringen kann, vom Schuldner stets und unter allen Umständen den vollen Ersatz seines Nichterfüllungsschadens verlangen könnte.[326] Wie bereits bei § 326 BGB besprochen[327], wäre es außerdem widersinnig und ließe sich nicht rechtfertigen, die Kenntnis einer der Parteien unberücksichtigt zu lassen. Aus diesem Grund scheidet auch eine Saldierung des Lohn- und Schadensersatzanspruches aus, da es (nach der hier vertretenen An-

---

[322] *Rabel*, in: FS Jahrhundertfeier des ABGB (1911), S. 821 (832).

[323] *Schermaier*, JZ 2011, 633 (635).

[324] *Windel*, ZGS 2011, 218 (222).

[325] So auch angedeutet in BT-Drs. 14/6040, S. 165; MüKoBGB/*Ernst*, § 311a Rn. 68.

[326] MüKoBGB/*Ernst*, § 311a Rn. 68.

[327] Siehe oben, S. 87 ff.

sicht) aufgrund der beiderseitigen Kenntnis zunächst zu einer Anspruchsreduktion auf Null bzgl. des Schadensersatzes kommt und es demnach nichts (mehr) zu saldieren gibt.

Im Ergebnis des BGH schuldet also die Kartenlegerin aufgrund der Unmöglichkeit gar nichts, behält aber ihren Entgeltanspruch, und der Leistungsempfänger, der keinen Primäranspruch mehr hat, bleibt e contrario zur (Entgelt-)Leistung verpflichtet. Das Schweigen des BGH bzgl. § 311a Abs. 2 BGB könnte man nach der hier vertretenen Auffassung derart bewerten, dass der Schadensersatzanspruch nach § 254 Abs. 1 BGB auf Null reduziert ist und daher keine praktische Relevanz (mehr) hat.

2.3.3.5 Stellungnahme zur Konstruktion des BGH

Die Annahme objektiver Unmöglichkeit und der gleichzeitigen Nichtanwendung des § 326 Abs. 1 BGB benachteiligt im Gegensatz zur gesetzgeberischen Grundkonstruktion nun nicht mehr den Leistungsschuldner, sondern den Leistungsgläubiger. Der einzige Grund, warum der BGH dies im Sinn gehabt haben kann, ist die Tatsache, dass die Kartenlegerin als Leistungsschuldnerin bereits tätig geworden ist. Der BGH könnte also davon ausgegangen sein, dass die Kartenlegerin irgendeine Leistung schon erbracht hat, auch wenn die vertraglich geschuldete angeblich gar nicht möglich war.[328] Die irgendwie geartete Tätigkeit erforderte trotzdem Zeit und Energie, die dem Leistungsgläubiger zumindest in irgendeiner Art und Weise zu Gute gekommen ist, so dass er diese auch bezahlen müsse. Vordergründig mag dieses Ergebnis, wie schon beschrieben, gerecht anmuten, doch betrachtet man neben dem Unmöglichkeitsrecht die übrigen rechtlichen Umstände, lässt sich dieses Ergebnis noch weniger (rechtlich fundiert) rechtfertigen.

2.3.3.5.1 Widerspruch zur allgemeinen Einordnung als Dienstvertrag

Losgelöst vom Unmöglichkeitsrecht könnte man die irgendwie erbrachte Leistung als aliud bzw. Falschleistung einordnen. Eine Schlechtleistung dürfte nach dem BGH schon deshalb ausscheiden, da die Leistung an sich aufgrund der Unmöglichkeit überhaupt nicht und damit auch nicht „schlecht“ erbracht werden kann. Eine Falschleistung

328 *Schermaier*, JZ 2011, 633 (635).

wird im (Kauf- und) Werkvertragsrecht allerdings gemäß §§ (434 Abs. 3,) 633 Abs. 2 S. 3 BGB dem Sachmangel und damit der Schlechtleistung gleichgestellt.

Beispiel 1: A beauftragt B mit der Herstellung eines Puppenhauses. B fertigt allerdings kein Puppenhaus, sondern versehentlich eine Hundehütte an (, die A nicht abnimmt).

Im Dienstvertragsrecht, das der BGH hier für einschlägig hält, fehlen spezielle Gewährleistungsregeln, so dass eine solche Gleichstellung (zwischen Falsch- und Schlechtleistung) auch deshalb nicht stattfindet, da das Dienstvertragsrecht keine auf die Besonderheiten des jeweiligen Vertragstyps abzielenden Regelungen für die Schlechtleistung enthält.[329] Im Ergebnis besteht beim Dienstvertrag kein grundsätzlicher Unterschied zwischen den „reinen" Fällen der Nichtleistung und denen, die üblicherweise als aliud-Leistungen verstanden werden, sodass hier die Falschleistung einer Nichtleistung gleichzusetzen ist.[330]

Beispiel 2: A beauftragt B, seiner Tochter für die am darauffolgenden Tag vorgesehene Arbeit Mathenachhilfe zu geben. Hierfür vereinbaren die Parteien einen Lohn in Höhe von 20 EUR pro Stunde. B gibt der Tochter des A daraufhin zwei Stunden Nachhilfe in Deutsch. Die Tochter geht daraufhin ohne Mathevorbereitung am nächsten Tag in die Mathearbeit. (Abwandlung: A hat den B schon bezahlt und verlangt daraufhin sein Geld in Höhe von 40 EUR zurück.)

In beiden Fällen (Nicht- und Schlechtleistung) erreicht der Leistungsschuldner keine Vorteile aus seiner Pflichtverletzung, in dem Sinne, dass er hierfür etwas zu fordern berechtigt wäre.

Lösung Beispiel 1: A hat weiterhin Anspruch auf Verschaffung des versprochenen, mangelfreien Werkes gemäß § 631 BGB, wohingegen B nicht berechtigt ist, Entgelt für die Hundehütte zu verlangen. Sein diesbezüglicher Aufwand war umsonst. A kann nach dem allgemeinen Leistungsstörungsrecht schon in der Herstellungsphase (vor der Abnahme) weitreichende Rechte geltend machen, etwa Schadensersatz neben der Leistung nach § 280 Abs. 1 BGB, Schadensersatz statt der Leistung nach §§ 281, 280 BGB,

---

329 *Tillmanns*, Strukturfragen des Dienstvertrages, S. 212.

330 *Tillmanns*, Strukturfragen des Dienstvertrages, S. 212.

Schadensersatz wegen Verzögerung der Leistung, § 280 Abs. 2, § 286 BGB, Rücktritt nach § 323 BGB.[331]

Lösung Beispiel 2: B hat keinen Anspruch auf das vereinbarte Entgelt in Höhe von 40 EUR, da er ja rechtstechnisch „nichts" geleistet hat. Da die Nachholbarkeit der Mathenachhilfe in diesem Fall von vorneherein ausscheidet,[332] tritt mit Zeitablauf Unmöglichkeit ein, so dass sich die Rechtsfolgen nach §§ 275, 326 Abs. 1 BGB sowie nach §§ 280, 283 BGB bestimmen.[333] (Abwandlung: A könnte die 40 EUR nach § 326 Abs. 4 i.V.m. § 346 BGB zurückverlangen bzw. hätte einen Schadensersatzanspruch aus § 280 BGB.) Darüber hinaus wäre A berechtigt, sich nach §§ 627 Abs. 1, 628 BGB vom Vertrag zu lösen.

Im Gegenteil muss der Leistungsschuldner sowohl im Dienst- als auch im Werkvertragsrecht die Pflichtverletzung mit „mehr" Aufwand beheben oder der Leistungsgläubiger ist zum Schadensersatz oder zur Lösung vom Vertrag (durch Rücktritt bzw. Kündigung mit Rückforderungsrecht) berechtigt.

Rechtlich und losgelöst von Gerechtigkeitsgesichtspunkten lässt sich also nicht argumentieren, warum eine anstelle der unmöglichen Leistung irgendwie anderweitig erbrachte (Aliud-)Leistung vom Leistungsgläubiger auch bezahlt werden sollte.

Der BGH hat sich jedenfalls nur in Widersprüche verstrickt: Die eigentlich geschuldete Leistung wurde nicht erbracht, da sie unmöglich ist. Die Leistung, die erbracht wurde, soll dem Leistungsgläubiger allerdings nicht „kostenlos" zu Gute kommen. Doch die Leistung, die erbracht wurde, ist rechtlich gesehen „nichts" wert, so dass eine Entlohnung eigentlich nicht erfolgen dürfte bzw. müsste. Die Konstruktion des BGH lässt so viele Fragen offen, dass sie dogmatisch höchst fragwürdig, lückenhaft und ungenau erscheint. Mit der Rechtsfolge der Unmöglichkeit, nämlich dem Untergang beider Primäransprüche, ist das vom BGH gewünschte Ergebnis, nämlich die Entlohnung der Aliud-

---

331 *BGH*, NJW 2017, 1604 (1606).

332 Unabhängig davon, dass Nacherfüllung bei Dienstverträgen nicht vorgesehen ist, siehe unten, S. 122.

333 BeckOK/*Schmidt*, BGB, § 323 Rn. 31.

leistung, auch nicht zu erreichen. Die Erhaltung des Gegenleistungsanspruches aus § 326 Abs. 1 BGB lässt sich, wie gezeigt, rechtlich nicht halten.

2.3.3.5.2 Keine gerechte Lösung bei Vorkasse

Außerdem erscheint das vom BGH gefundene Ergebnis nur in dem hier speziellen Fall zu passen, denn schon dann, wenn die Kartenlegerin sich das Entgelt als Vorleistung hätte zahlen lassen, erscheint die Lösung nicht mehr „gerecht“: Nach den Ausführungen des BGH ist es ganz unwahrscheinlich, dass er die Kartenlegering zur Erbringung der von ihr versprochenen Leistung Zug um Zug gegen Zahlung durch den Kunden verurteilt hätte.[334] Die Kartenlegerin hätte ihren Lohn behalten dürfen und im Gegenzug nichts leisten müssen, denn die versprochene Leistung ist ja unmöglich. Hier hätte die Kartenlegerin also Geld durch Nichtstun verdient. Auch das kann der BGH so nicht wollen. Zwar wird die Leistung in den allermeisten Fällen[335] bereits erbracht und gerade keine Vorkasse vereinbart sein. Allerdings kann und darf eine Lösung auch dann nicht zu derartigen Wertungswidersprüchen führen, wenn diese womöglich selten bzw. nur in Ausnahmefällen zu Tage treten.

2.3.3.5.3 Bewertung bei fehlendem Bewusstsein

Eine weitere Schwäche zeigt die Lösung des BGH, wenn tatsächlich einmal kein Bewusstsein der Unmöglichkeit beim Leistungsgläubiger vorliegt, weil er eine solche Vermutung wie auch immer widerlegen konnte. Zwar wurde oben festgestellt, dass diese Konstruktion so gut wie nie eintrifft, theoretisch müsste diese aber zumindest denkbar sein und dürfte nicht von vorneherein ausgeschlossen werden. Fehlt das Bewusstsein der Unmöglichkeit (beim Leistungsgläubiger) als eine der beiden maßgeblichen Voraussetzungen für die Konstruktion des BGH, so kann eine konkludente Risikoübernahme i. S. d. § 326 Abs. 2 BGB nicht angenommen werden. Folglich bliebe es bei § 326 Abs. 1 BGB, was

334 *Schermaier*, JZ 2011, 633 (636).

335 Vor allem bei telefonischen oder elektronischen Beratungen. Auch bei persönlicher Beratung wird in den allermeisten Fällen nach der Beratung gezahlt oder Bezahlung und Beratung fallen zeitlich eng zusammen.

wiederum zur gesetzlichen (Regel-)Konstruktion des Unmöglichkeitsrechts führt und den Leistungsgläubiger bevorzugt.[336] Wie oben bereits dargestellt, führt auch dies nicht zu gerechten Ergebnissen.[337]

2.3.3.5.4 Was bleibt übrig von der Aussage des BGH?

Was bleibt also übrig von der Aussage des BGH? Das Unmöglichkeitsrecht im herkömmlichen Sinne passt nicht recht.

Zum einen können die Parteien auch Leistungen vereinbaren, die nach Meinung des BGH objektiv unmöglich sind, und zwar unmöglich in dem Sinne, dass die Leistung zu keinem Zeitpunkt jemals erbringbar war. Insofern geht es hier also um eine absolute Unmöglichkeit, die sich von den „normalen" Fällen der Unmöglichkeit dadurch unterscheidet, dass bei Vertragsschluss nicht einmal die Möglichkeit bestand, dass die Leistung real/irgendwann einmal erbringbar gewesen wäre.

Zum anderen soll die Vergütungspflicht bestehen bleiben, wenn man zumindest irgendetwas (anderes) bereits erlangt hat. Dies hat zur Folge, dass das konditionelle Synallagma durchbrochen wird, wonach der Bestand der einen Hauptleistungspflicht beim gegenseitigen Vertrag den Bestand der anderen Hauptleistungspflicht bedingt.[338]

Die Vergütung darf drittens aber auch nicht zu hoch sein, denn das gilt als ein gewichtiges Indiz für die Sittenwidrigkeit, an die in diesem Fall keine allzu großen Anforderungen gestellt werden sollen.[339]

Es geht dem BGH also in erster Linie und zunächst um Vertragsfreiheit: stat pro ratione voluntas.[340] Übersetzt heißt das, der freie Wille soll ungeachtet der Vernunft gelten. Mit dem Bestehenbleiben der Gegenleistungspflicht (Zahlungsverpflichtung) trotz der Unmöglichkeit der Leistung verleihen die Parteien der Vertragsfreiheit dann aktiv ein Gesicht, indem sie die gesetzliche Dispositivität des § 326 BGB ausnutzen. Mit diesem Recht und dieser Freiheit ist aber auch ein hohes Maß an Eigenverantwortung verbunden.[341] Vertragsfreiheit und Eigenver-

---

336 Siehe oben, S. 86 ff.

337 Siehe oben, S. 88 f.

338 *Windel*, ZGS 2011, 218 (221).

339 *BGH*, NJW 2011, 756 (758).

340 *Flume*, AT des BGB Bd. 2, S. 6: „Für den Bereich der Privatautonomie gilt der Satz: stat pro ratione voluntas."; *Flume*, in: FS Hundert Jahre Deutsches Rechtsleben (1960), S. 135 (141); *Canaris*, AcP 2000, 273 (277).

341 *Gollan*, Kartenlegen vor Gericht.

antwortung sind so eng miteinander verknüpft, ja bedingen sich geradezu, so dass bei fehlender Eigenverantwortlichkeit die Vertragsfreiheit zum Schutze gerade dieser Personen eingeschränkt wird. Hier bedient sich der BGH der Sittenwidrigkeit i.S.d. § 138 BGB als Korrektiv und zugleich als Kontrollinstrument. Zum einen stellt der BGH damit allerdings an die Stelle einer rechtssicheren Kategorie der objektiven Unmöglichkeit eine richterliche Bewertung, ob der Vertrag unter die „weichen" Kriterien der Sittenwidrigkeit fällt,[342] zum anderen blieb ihm keine andere Wahl, da das Unmöglichkeitsrecht, wie gezeigt, nicht gänzlich passte. Am Ende klingt dies sogar beim BGH selbst an: Das Gericht rekurriert letztlich ausschließlich auf die (angebliche) Parteidisposition und sieht es auch als unbeachtlich an, dass den Parteien die Rechtslage (Rechtsfolge aus der Unmöglichkeit) so nicht bewusst war, so dass der Kunde letztendlich für etwas bezahle, was er sich erhofft habe, auch wenn niemand diese Hoffnung in der Realität erfüllen könne.[343] Dies erkannte 2003 schon Windel, der anmerkte, dass das Ziel der Schaffung einer umfassenden Regelung der anfänglichen Unmöglichkeit in § 311a BGB freilich dadurch relativiert wurde, dass man (fälschlicherweise) meinte, Versprechen einer Leistung, die nur der Aberglaube für möglich halten könne, dürften (häufig) als sittenwidrig und deshalb nach § 138 BGB als nichtig behandelt werden können.[344] Wenn aber alles, was von der Konstruktion des BGH übrig bleibt, der Gedanke ist, dass – vorbehaltlich § 138 BGB – derjenige, der Humbug bucht, auch Humbug bezahlen muss,[345] dann muss hierzu nicht der unschöne Umweg über das Unmöglichkeitsrecht gegangen, sondern nach einer verallgemeinerungsfähigen Lösung gesucht werden.

2.3.3.6 Kritik und Meinungsstand in der Literatur

Teilweise hat das Urteil des BGH in der übrigen Literatur Zustimmung gefunden, teilweise wurde es aber ähnlich wie in dieser Arbeit heftig kritisiert.

---

342 *Bartels*, ZJS 2011, 106 (109).

343 *Timme*, MDR 2011, 397 (398).

344 *Windel*, ZGS 2003, 466 (467); *ders.*, ZGS 2011, 218 (219).

345 *Gesellensetter*, Prozesse um Schamanen und Wahrsager.

2.3.3.6.1 Grundsätzliche Zustimmung

Faust merkt an, dass die Annahme von Unmöglichkeit zwingend ist, will man nicht den Boden jeglicher wissenschaftlicher Erkenntnis verlassen.[346] Gleichzeitig leuchtet ihm das Argument ein, dass man die versprochene Leistung nicht nach naturwissenschaftlichen Kriterien beurteilen kann, wenn die Parteien diese gerade für nicht maßgeblich erklärt hatten.[347] Aus welchem Grund er allerdings dann doch dem „naturwissenschaftlichen Ansatz“ folgt, wird nicht ganz klar: er deutet nur an, dass sich die Klägerin nicht nur dazu verpflichtet hatte, irgendwelche Zeremonien durchzuführen, sondern tatsächlich auch, magische Fähigkeiten einzusetzen.[348] Gleichzeitig vergleicht er die vertragliche Risikoübernahme i.S.d. § 326 Abs. 2 BGB mit der Übernahme einer Garantie, die zu einem Vertretenmüssen des Schuldners i.S.d. § 276 Abs. 1 BGB führen kann, wenn, wie in dem vorliegenden Fall, eindeutige Anzeichen im Vertrag vorlägen.[349]

In die gleiche Richtung geht Pfeiffer, der die Unterscheidung des BGH zur objektiven Unmöglichkeit teilt: Sofern der Schuldner tatsächlich die Bewirkung magischer Leistungen verspreche, sei es auch nur in der Einkleidung einer „Lebensberatung“, die nur zum Teil auf magischen Leistungen beruht, so verspreche er etwas für die Zwecke des Rechts Unmögliches.[350] Dagegen seien Fälle, in denen es nicht um angeblich echte Magie, sondern nur um Unterhaltung gehe und die Parteien gleichzeitig auch davon ausgingen, dass keine echte Magie geschuldet sei, rechtlich durchaus möglich.[351] Je nach vertraglicher Vereinbarung kann das vertragliche (Unmöglichkeits-)Risiko (ganz oder teilweise) dann nicht nur vom Leistungsgläubiger, sondern auch vom Leistungsschuldner übernommen werden.[352]

Auch Windel stimmt dem BGH zu und geht so weit, die Qualifizierung unbeweisbarer Leistungen als unmöglich im Sinne der Erkenntnismöglichkeiten sogar noch weiter zu relativieren, denn die Naturwissenschaften, die Technik, die Medizin und die Erkenntnistheorie entsprächen unserem maßgeblichen kulturhistorischen Stand.[353] Er sieht in

346 *Faust*, JuS 2011, 359 (361).
347 *Faust*, JuS 2011, 359 (361).
348 *Faust*, JuS 2011, 359 (361).
349 *Faust*, JuS 2011, 359 (361).
350 *Pfeiffer*, LMK 2011, 314413.
351 *Pfeiffer*, LMK 2011, 314413.
352 *Pfeiffer*, LMK 2011, 314413.
353 *Windel*, ZGS 2011, 218 (221).

der „eleganten Lösung“ des BGH die Abbedingung des § 326 Abs. 1 BGB, der grundsätzlich zuzustimmen sei.[354] Die Folgefragen aus dieser Lösung[355] möchte er vereinfachen, indem er die private Risikoverteilung nicht bis in jede obskure Verästelung verfolgt, sondern pauschal feststellt, wer die Gefahr der Sinnlosigkeit zu tragen hat.[356]

Daneben wird vertreten, dass – sofern die §§ 134, 138, 117, 119 oder 123 BGB nicht einschlägig sind – die Rechtsordnung von einer Unmöglichkeit auszugehen habe, da sie behauptete Fähigkeiten und Kräfte, die jenseits der gegenwärtig verfügbaren wissenschaftlichen Erkenntnis und technischen Fähigkeiten verortet seien, nicht als Mittel zur per definitionem nicht nachweisbaren Herbeiführung realer Veränderungen in der Lebenswirklichkeit akzeptieren könne.[357] Sofern sich die Parteien hierüber bewusst seien, sei dann § 326 Abs. 1 BGB mangels besonderer Umstände nicht einschlägig.[358]

Einige Stimmen in der Literatur differenzieren auch, welche Handlungen der Leistung zu Grunde liegen: Soll die okkulte Leistung nach bestimmten Lehren erbracht werden bzw. ist nur die Tätigkeit an sich und nicht etwa ein Erfolg geschuldet, erwarte der Gläubiger freilich, dass die Lehren eingehalten und/oder die Tätigkeiten erbracht werden.[359] Dies sei durchaus möglich. Unterbleibt das aber, liege eine nichtvertragsmäßig erbrachte Leistung vor, die ein Rücktrittsrecht nach

---

354 *Windel*, ZGS 2011, 218 (221).

355 Wie wird das übernommene Risiko festgelegt? Wie wird mit einfachen Leistungsmängeln umgegangen?

356 *Windel*, ZGS 2011, 218 (221).

357 BeckOGK/*Herresthal*, BGB, § 326 Rn. 56, wobei hier gerade nicht zwischen Tätigkeits- und Erfolgsbezogenheit differenziert wird.

358 BeckOGK/*Herresthal*, BGB, § 326 Rn. 56 (hier als Abbedingung).

359 Staudinger/*Feldmann*/*Löwisch*, BGB, § 311a Rn. 18; Erman/*Westermann*, BGB, § 275 Rn. 5; BeckOGK/*Riehm*, BGB, § 275 Rn. 75; BeckOK/*Lorenz*, BGB, § 275 Rn. 22;
insoweit nicht eindeutig: *Windel*, ZGS 2011, 218 (220 f.): Zwar spricht er auch davon, dass nachvollziehbare Regeln für einige parapsychologische Bereiche existieren (Horoskope, Kartenlegen) und diese demnach möglich sind, gleichzeitig stimmt er der Entscheidung des BGH bzgl. der Unmöglichkeit zu, obwohl es auch hier um das Kartenlegen ging, das er zuvor aufgrund anerkannter Regeln noch als „möglich“ beschrieb.

Maßgabe von § 323 BGB begründe.[360] Alle anderen Fälle, die nicht bestimmten Lehren folgen oder tätigkeitsbezogen sind, sollen der Konstruktion des BGH unterfallen.[361]

2.3.3.6.2 Unmöglichkeit und Wegfall der Gegenleistungspflicht

Andererseits gehen einige Stimmen zwar auch von objektiver Unmöglichkeit aus, wollen dann aber § 326 Abs. 1 S. 1 BGB ganz normal gelten lassen:

Timme ist der Meinung, dass man kaum mit einem Federstrich § 326 Abs. 1 BGB als abbedungen ansehen dürfte, wenn eine objektiv unmögliche Leistung versprochen werde, da dies den offensichtlich leichtgläubigen Leistungsempfänger jedweden Schutzes durch die Rechtsordnung – abgesehen von §§ 134, 138 BGB – beraube.[362] Für ihn ist es fernliegend, dass jemand eine rational nicht beweisbare Leistung als tauglich annehmen und bezahlen wollte, vielmehr werde derjenige tatsächlich an die übersinnlichen Fähigkeiten des Leistungsschuldners geglaubt haben.[363]

Auch andere sind der Auffassung, dass es nicht recht passt, wenn der Dienstleister bei Annahme von Unmöglichkeit untätig bleiben dürfe, wohingegen sich der „Kunde" durch Abbedingung von § 326 Abs. 1 BGB zu einer Vergütung ohne Rücksicht auf die Unmöglichkeit verpflichtet habe.[364]

Westermann will der Konstruktion des BGH dann nicht folgen, wenn der Kunde tatsächlich an die parapsychologische Leistung glaube und diese gerade nicht ernst nehme, denn eine Auslegung des Vertrags dahin, dass der Kunde sich ohne Rücksicht auf eine etwaige Unmöglichkeit zur Gegenleistung verpflichtet habe, sei kaum jemals realitätsnah.[365]

---

360 Staudinger/*Feldmann/Löwisch*, BGB, § 311a Rn. 18.
361 Staudinger/*Feldmann/Löwisch*, BGB, § 311a Rn. 18.
362 *Timme*, MDR 2011, 397 (398).
363 *Timme*, MDR 2011, 397 (398).
364 MüKoBGB/*Ernst*, § 275 Rn. 36.
365 Erman/*Westermann*, BGB, § 275 Rn. 5, bzw. § 326 Rn. 11.

2.3.3.6.3 Ablehnung der Konstruktion des BGH

Andererseits lehnen einige Literaturstimmen die Konstruktion des BGH – also sowohl die Annahme von Unmöglichkeit anhand des herangezogenen Kriteriums der Beweisbarkeit als auch konsequenterweise die Abbedingung des § 326 Abs. 1 S. 1 BGB – komplett ab. Das vom BGH aufgestellte Kriterium, dass eine Partei sich – gegen Entgelt – dazu verpflichte, Leistungen zu erbringen, deren Grundlagen und Wirkungen nach den Erkenntnissen der Wissenschaft und Technik nicht erweislich seien, sondern nur einer inneren Überzeugung, einem dahingehenden Glauben oder einer irrationalen, für Dritte nicht nachvollziehbaren Haltung entsprächen, solle schon für die Auslegung des § 275 Abs. 1 BGB gelten.[366] Beide Parteien hätten danach ihre Leistungen zu erbringen. Ein Rückgriff auf §§ 275, 311a BGB soll nicht nötig sein, denn nur so bekämen die Parteien, insbesondere der Leistungsgläubiger, genau das, was sie auch wollten.[367] Verweigere eine Partei das Versprochene, könne sie nach den allgemeinen Regeln in Anspruch genommen werden.[368]

Ob die Leistung wirklich unmöglich ist, richte sich nämlich nach dem durch Auslegung zu ermittelnden Vertragsinhalt, wonach eine „esoterische Dienstleistung" im beiderseitigen „Bewusstsein darüber, dass die Geeignetheit und Tauglichkeit dieser Leistungen zur Erreichung des (…) gewünschten Erfolgs rational nicht erklärbar ist" (so der BGH), den Dienstnehmer nur zu einem Tun verpflichte, in der Hoffnung (BGH: „inneren Überzeugung, einem dahingehenden Glauben"), das Tun werde etwas bewirken.[369] Der Vertrag sei dann – wie ein Vertrag über Kartenlesen auf dem Jahrmarkt – wirksam, und beide Vertragspartner seien zur Leistung verpflichtet.[370] Darüber hinaus bedürfe es des Umwegs über § 326 Abs. 1, 2 BGB auch deshalb nicht, da sich das vom BGH mühsam begründete Ergebnis schon aus dem Charakter des Dienstvertrages ergebe: Denn ob eine bestimmte Leistung auch zu

---

366 Soergel/*Ekkenga/Kuntz*, BGB, § 275 Rn. 40.

367 So schon *Voss*, NJW 1953, 1553.

368 Soergel/*Ekkenga/Kuntz*, BGB, § 275 Rn. 40.

369 Staudinger/*Kaiser*, Eckpfeiler des Zivilrechts, I., Rn. 94.

370 Staudinger/*Kaiser*, Eckpfeiler des Zivilrechts, I., Rn. 94 (§ 275 BGB kommt nur zur Anwendung, wenn ein Erfolg i.S.d. § 631 BGB geschuldet ist. In der Konsequenz bleibt allerdings § 326 Abs. 1 BGB anwendbar, da die einseitige Bindung des Leistungsgläubigers dem Parteiwillen widerspreche); in diese Richtung auch *Nassall*, jurisPR-BGHZivilR 5/2011, Anm. 1.

dem erhofften Erfolg führe, sei beim Dienstvertrag immer Sache des Bestellers.[371]

Bartels bezeichnet die Rechtsfigur des BGH als „bewusst objektiv unmögliche, aber zu entgeltende Leistung", derer es nicht bedürfe, da nach dem vertraglich gewollten zu differenzieren sei: § 275 BGB komme nur dann zum Einsatz, wenn tatsächlich ein Erfolg auf parapsychologischer Grundlage geschuldet sei, wonach es dann allerdings bei der gesetzlichen Regelung des § 326 Abs. 1 BGB bleibe.[372]

In diese Richtung geht auch die Auffassung des Landgerichts Braunschweig und des Amtsgerichts Bad Segeberg:

Das LG Braunschweig hatte einen Fall zu entscheiden, bei dem der Kläger sein Honorar für das Abschirmen des Hauses des Beklagten gegen Erdstrahlen einklagte. Das Landgericht entschied hier entgegen den bisher gehörten Argumenten, dass die Leistung des Klägers als solche jedenfalls nicht von vorneherein als unmöglich angesehen werden müsse. Zwar sei die Auffassung des Klägers zum Abschirmen gegen Erdstrahlen naturwissenschaftlich nicht gesichert, denn sie lasse sich mit den Grundlagen der exakten Naturwissenschaft – wie der Physik – nicht vereinbaren und liege außerhalb des Bereichs gesicherter physikalischer Erkenntnis.[373] Allerdings würde es dem Grundsatz der Vertragsfreiheit widersprechen, bei solchen Situationen entgegen dem übereinstimmenden Willen und den übereinstimmenden Überzeugungen der Vertragsparteien die abgesprochene Leistung an Kriterien zu beurteilen, die die Parteien gerade für sich nicht als verbindlich angesehen haben.[374] Das Gericht knüpft hier gerade nicht an die Unbeweisbarkeit, sondern an den Inhalt der Leistung, der subjektiv am Willen der Vertragsparteien zu messen sei.

Das AG Bad Segeberg stellt sich in seiner Entscheidung gegen die aufgestellten Grundsätze des BGH: Hier machte die klagende Partei einen Vergütungsanspruch für die Wiederherstellung und Harmonisierung der körpereigenen Energiefelder des Beklagten unter Zuhilfenahme von Energetik und Chakren geltend.[375] Für die Beurteilung der Unmöglichkeit einer vertraglich vereinbarten Leistung komme es indes

---

371 *Schermaier*, JZ 2011, 633 (636) (was „möglich" oder „unmöglich" ist, spielt nur bei der Vollstreckbarkeit der Sachleistung eine Rolle und ist deshalb auch im Vollstreckungsverfahren zu entscheiden: § 893 ZPO).

372 *Bartels*, ZJS 2011, 106 (110).

373 *LG Braunschweig*, NJW-RR 1986, 478 (479).

374 *LG Braunschweig*, NJW-RR 1986, 478 (479).

375 *AG Bad Segeberg*, 05. März 2015 – Az. 17a C 87/14 (juris Rn. 1 ff.).

nicht alleine darauf an, ob die Leistung nach wissenschaftlichen Erkenntnissen erfüllbar sei, sondern maßgeblich sei, was die Parteien als vertragliche Leistungspflicht vereinbart haben.[376] Die vorrangige vertragliche Auslegung vor der Annahme einer Unmöglichkeit ergebe im konkreten Fall, dass die Beklagte auf die nicht notwendigerweise gegebene empirische Belegbarkeit der Behandlung hingewiesen habe und deshalb weder die tatsächliche Erreichung eines vertraglich vereinbarten Ziels versprochen noch die Gewähr für die Wirksamkeit der vereinbarten Tätigkeit übernommen habe.[377] Vielmehr hätten die Parteien übereinstimmend die Erbringung einer Dienstleistung vereinbart, deren Grundlagen und Wirkungen nach den Erkenntnissen der Wissenschaft und Technik nicht erweislich seien, sondern nur einer inneren Überzeugung, einem dahingehenden Glauben oder einer irrationalen, für Dritte nicht nachvollziehbaren, Haltung entsprächen.[378] Die Leistung solle demnach durchaus möglich sein.

Noch weiter wollen einige gehen, die solche Verträge komplett aus dem Unmöglichkeitsrecht heraushalten: Wenn keine Fälle von §§ 134, 138 BGB, kein Inhaltsirrtum (§ 119 BGB) und keine Täuschung (§ 123 BGB) vorlägen, bestehe kein Grund, den Vertrag wegen der wissenschaftlichen Unmöglichkeit dem § 311a BGB zu unterstellen.[379] Aus dem Zivilrecht ergebe sich eine Beschränkung dieser Verträge dann erst aus einer allenfalls fehlenden Vollstreckungsmöglichkeit: Es sei z.B. nicht denkbar, dass die staatlichen Vollstreckungsorgane eine Verpflichtung zum „Gesundbeten" entweder als unvertretbare Handlung durch Zwangsgeldandrohung (§ 888 ZPO) oder als vertretbare Handlung qua Ersatzvornahme (§ 887 ZPO) durchzusetzen versuchen, weshalb wohl schon der Erlass eines Leistungsurteils (aufgrund mangelnden Rechtsschutzbedürfnisses) unterbleiben muss.[380] In eine ähnliche Richtung geht die Idee, solche Verträge als unvollkommenes Schuldverhältnis zu qualifizieren, so dass sich die Parteien gerichtlich nicht zur Leistung zwingen können.[381]

---

376 *AG Bad Segeberg*, 05. März 2015 – Az. 17a C 87/14 (juris Rn. 79).

377 *AG Bad Segeberg*, 05. März 2015 – Az. 17a C 87/14 (juris Rn. 79).

378 *AG Bad Segeberg*, 05. März 2015 – Az. 17a C 87/14 (juris Rn. 79).

379 MüKoBGB/*Ernst*, § 311a Rn. 31.

380 Zögerlich: MüKoBGB/*Ernst*, § 311a Rn. 31 (Einer Leistungsklage wird das Rechtsschutzbedürfnis fehlen); in diese Richtung auch: *Schermaier*, JZ 2011, 633 (636).

381 So zuerst *Arp*, Anfängliche Unmöglichkeit, S. 215; dann auch: *Becker*, Absurde Verträge, S. 173, VI. (als Rechtsfortbildung).

Einen anderen Ansatz verfolgt Lobinger: Er will den § 306 BGB a.F. als ungeschriebenen Rechtssatz fortleben lassen.[382] Er schlussfolgert aus der Gesetzesbegründung zu § 311a BGB, dass selbst nach der Ansicht des Gesetzgebers Verträge, die eine generell unsinnige Leistung zum Gegenstand hätten oder deren Gegenstand nur der Aberglaube für möglich halte, trotz der Abschaffung des § 306 BGB a.F. auch weiterhin als unwirksam gelten sollen.[383] Ähnlich meint Canaris, dass man einen ungeschriebenen Satz des Inhalts annehmen mag, dass solche Verpflichtungen kein möglicher Gegenstand rechtlicher Regelung und also unwirksam seien.[384] Schwarze meint, dass § 311a Abs. 1 BGB nur besage, dass die anfängliche Unmöglichkeit für sich genommen kein Grund für die Unwirksamkeit des Vertrages sei, gleichzeitig verbiete die Norm allerdings nicht, einen Vertrag als unwirksam zu betrachten, wenn die Ursache der anfänglichen Unmöglichkeit – wie bei solchen Verträgen – danach verlange.[385] Bartels kommt zwar nicht über einen ungeschriebenen Rechtssatz, aber über eine Analogie zu § 306 BGB a.F. zu dem gleichen Ergebnis: Die Abgrenzungsschwierigkeiten zwischen anfänglicher und nachträglicher Unmöglichkeit, die die Verfasser des Schuldrechtsmodernisierungsgesetzes zur Abschaffung des § 306 BGB a.F. veranlasst hätten, bestünden nicht für Leistungen, deren Erbringung von vorneherein allgemein und im Bewusstsein beider Vertragsparteien undenkbar sei.[386] Der Gesetzgeber sei einem Irrtum unterlegen, wenn er meine, dass § 306 BGB a.F. wegen Eingreifens von § 138 Abs.1 BGB gestrichen werden könnte, so dass sinnlose Leistungsversprechen in analoger Anwendung des § 306 BGB a.F. immer noch nichtig

[382] *Lobinger*, Grenzen rechtsgeschäftlicher Leistungspflichten, S. 277 f. (so heißt es in BT-Drs. 14/6040, S. 164: Von der Rechtsprechung in Anwendung des bisherigen § 306 BGB gelöste Fälle des Versprechens einer Leistung, die nur Aberglaube für möglich halten kann (vgl. *LG Kassel*, NJW 1985, 1642; *LG Kassel*, NJW-RR 1988, 1517), rechtfertigen die Beibehaltung dieser Vorschrift nicht).

[383] *Lobinger*, Grenzen rechtsgeschäftlicher Leistungspflichten, S. 277 f.; als einer von zwei Lösungsvorschlägen auch *Emmerich*, Recht der Leistungsstörungen, § 5 Rn. 7.

[384] *Canaris*, JZ 2001, 499 (505 f.).

[385] *Schwarze*, Jura 2002, 73 (74).

[386] *Bartels*, ZGS 2011, 355 (362).

seien.[387] Es wird sogar davon gesprochen, § 306 BGB a.F. habe naturrechtliche Qualität und könne durch § 311a BGB nicht beseitigt werden.[388]

2.3.3.6.4 Stellungnahme: Entwicklung einer Lösung aus der Vertragseinordnung heraus

Die Meinungen, die der Konstruktion des BGH zustimmen, ist die bereits geteilte Kritik vorzuhalten.[389] Es ist inkonsequent, zum einen auf die naturwissenschaftliche Komponente abzustellen, im gleichen Moment allerdings zwischen echter und scheinbarer Magie (anhand des subjektiven Willens) zu unterscheiden.[390] Es dürfte keinen Unterschied machen, ob die Parteien sich unterhalten lassen wollen oder echte Ratschläge erwarten, zumal ihnen (nach der Konstruktion des BGH) in beiden Fällen bewusst ist, dass die „Magie" nicht existiert. In der Praxis dürften sich auch erhebliche Abgrenzungsschwierigkeiten zeigen, wenn man den subjektiven Willen der Parteien (ob nur echte oder scheinbare Magie gewollt ist) für die Festlegung objektiver Unmöglichkeit feststellen muss. Auch wenn man meint, die Höhe der Vergütung ließe Rückschlüsse auf diesen Willen zu, ob nur Unterhaltung oder echte Beratung vereinbart wurde,[391] wird es viele Fälle geben, die eine eindeutige Zuordnung nicht zulassen. Im Gegenteil kann man vor allem bei der Zahlung geringerer Beträge nicht zwingend den Schluss ziehen, es sei nur „scheinbare Magie" gewollt. Nur weil man ein „Schnäppchen" macht, verzichtet man nicht gleichzeitig auf seine Echtheit. Weiterhin stellt sich die Frage, wo man die Grenze einer auf reine Unterhaltung hinweisenden Vergütung ziehen soll: Ist derjenige, der 40 EUR für Kartenlegen zahlt, automatisch an Unterhaltung und derjenige der 45 EUR zahlt, automatisch an einer ernsthaften Beratung interessiert? Eine solche Einordnung wäre wohl mehr als lebensfremd. Wenn dann die „Sinnlosigkeit" der Leistung zudem auch noch in beiden Fällen bekannt ist, anhand welcher Kriterien soll der Tatrichter dann eine sinnvolle Einordnung vornehmen? Weitere Kriterien lassen sich nicht erkennen.

---

387 *Bartels*, ZGS 2011, 355 (362).
388 *Ehmann/Kley*, JuS 1998, 481 (491).
389 Siehe oben, S. 96 – 101.
390 So aber *Pfeiffer*, LMK 2011, 314413.
391 So der BGH. Siehe *BGH*, NJW 2011, 756 (757).

Stützt man sich dagegen rein auf die wissenschaftliche Erkenntnis, liegen sowohl der Unterhaltung als auch der ernst gewollten Beratung unmögliche (parapsychologische/magische) Handlungen zu Grunde, und beide müssten „unmöglich" sein.

Ebenso lebensfremd ist es aber, dass der Kunde eine rational nicht mögliche Leistung als tauglich annehmen und bezahlen wollte, vielmehr wird er tatsächlich daran geglaubt haben, so dass ihm zwar die Unbeweisbarkeit, aber nicht die Unmöglichkeit bewusst war. In der Konsequenz wollte er dann aber auch kein vertragliches Risiko übernehmen, und die Nichtanwendung des § 326 Abs. 1 BGB erscheint gekünstelt und überdehnt den Parteiwillen.[392]

Will man eine Sonderkategorie des „absurden" und wegen Absurdität gleichsam aus dem Gebiet des Rechts herausfallenden Vertrages anerkennen (Absurdität wäre danach etwas Anderes als Unmöglichkeit) und das Problem erst bei der Vollstreckbarkeit lösen,[393] so mag dies auf den ersten Blick elegant wirken. Doch machen es sich auch diese Vertreter zu einfach, indem sie die materiellrechtliche Behandlung solcher Verträge vollständig ignorieren, pauschal auf deren Wirksamkeit verweisen und die prozessrechtliche Komponente der Vollstreckbarkeit in ihr Zentrum stellen. Sie beantworten nicht die Frage, wie solche Verträge rechtlich einzuordnen sind, welche Normen zur Anwendung gelangen und wie mit Leistungsstörungen umzugehen ist. So verlagern sie lediglich das Rechtsinstitut der Unmöglichkeit vom materiellen ins Prozessrecht, bringen jedoch in der Sache nichts Neues, denn die Ungereimtheiten bei der materiellen Einordnung solcher Verträge als im Rechtssinne unmöglich bestehen genauso im Prozessrecht. Es leuchtet nicht ein, weshalb eine solche Leistung nicht unter §§ 888, 887 ZPO gefasst werden kann. Zwar mag es stimmen, dass die staatlichen Vollstreckungsorgane eine Verpflichtung zum „Gesundbeten" weder als unvertretbare Handlung durch Zwangsgeldandrohung (§ 888 ZPO), noch als vertretbare Handlung qua Ersatzvornahme (§ 887 ZPO) durchsetzen können.[394] Allerdings scheitert eine Vollstreckung hier lediglich und erst an § 888 Abs. 3 ZPO[395] und nicht schon bereits an der

---

392 *Bartels*, ZJS 2011, 106 (110); BeckOGK/*Riehm*, BGB, § 275 Rn. 78.

393 Siehe oben, S. 107 f., Fn. 381.

394 MüKoBGB/*Ernst*, § 311a Rn. 31.

395 Denn ein solches Leistungsversprechen ist vergleichbar mit anderen Dienstleistungen mit personalem Element, siehe unten S. 169 ff.

Negation eines (Nach-)Erfüllungsanspruchs. Bedenken gegen eine generelle (Nach-)Erfüllungspflicht bestehen nämlich bei solchen erfolgsbezogenen Dienstleistungen weniger (als z.B. bei zeitbezogenen Dienstverträgen, wo die Nacherfüllung dann aufgrund der absoluten Fixschuld bereits an § 275 BGB scheitert). Der Grund liegt im Persönlichkeitsrecht des Dienstverpflichteten, das wegen § 888 Abs. 3 ZPO, der die mangelnde Vollstreckbarkeit des (Nach-)Erfüllungsanspruch regelt, stets unangetastet bleibt.[396] § 888 Abs. 3 ZPO darf in der Konsequenz aber nicht dazu verleiten, die (Nach-)Erfüllungspflicht als irrelevant abzutun oder einer Leistungsklage das Rechtsschutzinteresse zu versagen, denn sie kann als Grundlage für einen Schadensersatzanspruch dienen.[397] Durch eine solche Klärung der Rechtslage liegt damit aber gerade ein Rechtschutzbedürfnis vor. Selbst wenn man das Leistungsversprechen also unter § 888 Abs. 3 ZPO subsumiert, bliebe im Wege der Leistungsklage der Weg über § 255 ZPO, also einen Antrag auf Leistung mit Fristsetzung und hilfsweise Schadensersatz, oder gleich über § 893 ZPO, also die Klage auf Leistung des Interesses.

Aus dem gleichen Grund ist auch der Lösungsvorschlag einer Rechtsfortbildung extra legem in Sinne eines unvollkommenen Schuldverhältnisses abzulehnen. Eine Rechtsfortbildung extra legem unter Anlehnung an §§ 762 f. BGB ist deshalb nicht geboten, da sie den parapsychologischen Vertragstyp nicht in der Gänze regelt, sondern nur einzelne Konstellationen erfasst: Von der vorgeschlagenen Rechtsfortbildung soll eine Ausnahme gemacht und auf die gesetzliche Regelung zurückgegriffen werden (i) auf dem Markt für Heilverfahren (in den Fällen ernsthafter Erkrankungen), (ii) bei Bösgläubigkeit des Leistungsschuldners oder (iii) bei beiderseitigem Bewusstsein der Unmöglichkeit[398] Außerdem soll das Ergebnis des BGH dann gelten, wenn (i) der Leistungsgläubiger bei Vertragsschluss bösgläubig ist, (ii) er sich treuwidrig verhält, (iii) die Voraussetzungen des konkreten Vertrauensschutzes für den Leistungsschuldner vorliegen oder (iv) bei einer bewussten Abbedingung des § 326 Abs. 1 BGB.[399] Es gibt hiernach also acht verschiedene Szenarien/Fallgestaltungen mit drei verschiedenen Lösungsmöglichkeiten, von denen sich zwei nach Unmöglichkeitsrecht und eine nach den Rechtsfolgen unvollkommener Schuldverhältnisse

---

396 *Tillmanns*, Strukturfragen des Dienstvertrages, S. 349.

397 *Tillmanns*, Strukturfragen des Dienstvertrages, S. 349.

398 *Becker*, Absurde Verträge, S. 170.

399 *Becker*, Absurde Verträge, S. 170.

richtet. Dies erschwert die Rechtsfindung in der Praxis enorm, stehen der eindeutigen Kategorisierung doch große praktische Hindernisse entgegen: Die Ermittlung subjektiver Kriterien (Bösgläubigkeit, Bewusstsein) für die Lösungsfindung gestaltet sich auch deshalb schwierig, da wie oben analysiert, oft doppeldeutige Sachverhalte vorliegen und sich diese nicht immer ermitteln lassen.[400] Eine Rechtsfortbildung extra legem in Bezug auf die Rechtsfolgen unvollkommener Schuldverhältnisse i.S.d. §§ 762 ff. BGB bedarf es auch deshalb nicht, da im vorliegenden Fall ausreichender Schutz der Vertragspartner über § 888 Abs. 3 ZPO bereits erreicht wird, der die Vollstreckbarkeit der Leistung ausschließt.[401]

Auch eine Analogie oder ein ungeschriebener Rechtssatz i.S.d § 306 BGB a.F. ist abzulehnen. Dem Gesetzgeber war bei der Abschaffung des § 306 BGB a.F. bewusst, dass Fälle des Versprechens einer Leistung, die nur der Aberglaube für möglich halten kann, unter Geltung des § 311a BGB grundsätzlich wirksam sind.[402] Im Hinblick auf den eindeutigen Wortlaut des § 311a Abs. 1 BGB sowie den Willen des Gesetzgebers ist weder Raum für eine Analogie noch für einen ungeschriebenen Rechtssatz.[403] Auch wenn der Gesetzgeber davon ausging, dass solche Verträge grundsätzlich nichtig seien,[404] kann diese Aussage nicht auf ihr Ergebnis reduziert und aus dem Kontext gerissen werden. Der Gesetzgeber hat darauf hingewiesen, dass Verträge auf parapsychologischer Grundlage häufig - aber (sicher) nicht immer oder generell - nach § 138 BGB nichtig seien. Zwar unterlag er auch mit dieser Aussage einem Irrtum,[405] allerdings hatte er sicher nicht im Sinn, diesen Gedanken auch auf andere Rechtsinstitute mit Nichtigkeitsfolge zu erweitern. Genauso wenig wird man daraus schlussfolgern können, dass der Gesetzgeber § 306 BGB a.F. wegen Eingreifens von § 138 BGB strich,[406] zumal er – wie bereits erwähnt – selbst erklärte, dass § 138 BGB „nur“ häufig und gerade nicht „regelmäßig“ eingreife. § 306 BGB a.F. kann

---

400 Siehe oben, S. 86 ff., z.B. die Schwierigkeit der Ermittlung des Bewusstseins (Glaube als Kriterium nach dem BGH wohl unbeachtlich).

401 Siehe im Detail unten, S. 169 ff.

402 *AG Bad Segeberg*, 05. März 2015 – Az. 17a C 87/14 (juris Rn. 80).

403 *AG Bad Segeberg*, 05. März 2015 – Az. 17a C 87/14 (juris Rn. 80) m.w.N.

404 BT-Drs. 14/6040, S.164.

405 Siehe oben, S. 62 ff.

406 So aber *Bartels*, ZGS 2011, 355 (362).

auch nicht deshalb fortleben, da der Gläubiger wegen seines Bewusstseins fehlender rechtlicher Gegenständlichkeit nicht zu schützen sei.[407] Es obliegt den Parteien, die Leistungspflichten zu bestimmen und es ist auch nicht einzusehen, weshalb dem Gläubiger keine virtuellen Werte zukommen sollen.[408] Soweit auch eine wissenschaftlich unsinnige Leistung für den Dienstberechtigten von Nutzen ist, ist es ihm überlassen, sich hiergegen zur Zahlung zu verpflichten.[409] Ob der Staat für die Durchsetzung „skurriler“ oder „abstruser“ Leistungen seine Institute zur Verfügung stellen will, ist (auch hier wieder) eine rein rechtspolitische Frage und kann über Verbotsgesetze o.Ä. durchgesetzt werden.[410]

Die wohl auf den ersten Blick sinnvollste Bestimmung objektiver Unmöglichkeit ist die anhand des geschuldeten Leistungsversprechens und damit mittelbar anhand des einschlägigen Vertragstyps. Betrachtet man die Definition objektiver Unmöglichkeit und überträgt sie losgelöst von der Einordnung des Vertrages und des Leistungsversprechens auf die vorliegende Konstellation, gelangt man zu dem gleichen Schluss wie der BGH: Grundsätzlich ist eine Leistung objektiv unmöglich, wenn sie nach den Naturgesetzen bzw. nach dem Stand der Erkenntnis von Wissenschaft und Technik schlechthin nicht erbracht werden kann.[411] Unter Zugrundelegung dieser Definition handelt es sich bei jedweder Tätigkeit im Bereich der Parapsychologie immer um etwas Unmögliches.[412] Ob eine Leistung allerdings objektiv unmöglich ist oder nicht, richtet sich nach der **geschuldeten** Leistung und somit nach den Absprachen der Parteien, wonach der Vertragsinhalt auszulegen und den typisierenden Schuldverträgen wie Dienst- und Werkvertrag zuzuordnen ist.[413] Die Unmöglichkeit spielt also erst in einem zweiten Schritt eine Rolle, nämlich nach der Auslegung des Leistungsversprechens und Einordnung des Vertrages. Erst wenn dies feststeht, kann entschieden

---

407 So aber *Bartels*, ZGS 2011, 355 (361).

408 So aber *Lobinger*, Grenzen rechtsgeschäftlicher Leistungspflichten, S. 277 f.

409 In die gleiche Richtung: *AG Bad Segeberg*, 05. März 2015 – Az. 17a C 87/14 (juris Rn. 80).

410 *AG Bad Segeberg*, 05. März 2015 – Az. 17a C 87/14 (juris Rn. 80); *Schermaier*, JZ 2011, 633 (637).

411 Beispielhaft *BGH*, NJW 2011, 756 (758).

412 So auch *Paal/Wilkat*, JuS 2013, 223 (227), wohl auch der BGH: *BGH*, NJW 2011, 756 (758).

413 *Bartels*, ZJS 2011, 106 (107); *ders.*, ZGS 2011, 355 (357); Bamberger/Roth/*Unberath*, BGB, § 275 Rn. 21.

werden, ob das geschuldete Leistungsversprechen nach der o.g. Definition objektiv unmöglich ist (und nicht anders herum). Dies entspricht auch der grundsätzlichen juristischen Herangehensweise bei der Falllösung: Die objektive, anfängliche Unmöglichkeit gemäß § 275 Abs. 1 BGB ist rechtstechnisch eine rechtshindernde Einwendung, was sich aus dem Zusammenspiel von § 311a Abs. 1 BGB und § 275 Abs. 1 BGB ergibt (es liegt zwar ein wirksamer Vertrag vor, ein Anspruch auf die Primärleistung scheidet aber von vorneherein aus).[414] Im Prüfungsschema wird die anfängliche, objektive Unmöglichkeit daher im Prüfungspunkt „Anspruch entstanden" geprüft, und zwar nachdem das Schuldverhältnis eingeordnet und die Primärleistungspflichten festgelegt wurden – dies alleine aus dem Grund, da sich der mögliche Schadensersatz bei Annahme anfänglicher Unmöglichkeit am Erfüllungsinteresse der Hauptleistungspflicht orientiert und dieser im Werkvertragsrecht anderen Regeln folgt als beispielsweise im Dienstvertragsrecht. Die Parteivereinbarung ist daher zunächst an §§ 133, 157 BGB zu messen: Die Willenserklärungen sind so auszulegen, wie die Empfänger sie nach Treu und Glauben unter Berücksichtigung der Verkehrssitte verstehen mussten.[415] Einen Ausgleich zwischen einer Überbetonung des Willensschutzes nach § 133 BGB und des Vertrauensschutzes nach § 157 BGB erreicht man (bei der Auslegung von Verträgen) dadurch, dass Maßstab der objektive Empfängerhorizont ist.[416] Diese vernünftige fiktive objektive dritte Person an Stelle des Empfängers verfügt dabei über das Wissen, das man im Rechtsverkehr erwarten kann, und zieht aus dem Gesamtkontext, also auch aus der Vorgeschichte der Parteien, die angemessenen Schlüsse. Dies hat zur Folge, dass man auf eine Person abstellt, die aus dem gleichen Verkehrskreis wie der Empfänger stammen und über all sein Sonderwissen verfügen würde.[417]

---

414 *Dörner/Staudinger*, Erläuterungen SchRModG, III. 4. a) bb).

415 Beispielhaft *BGH*, NJW 2007, 2110 f.; es kommt dagegen nicht darauf an, wie sie die Parteien verstanden haben.

416 *Tonner/Willingmann/Tamm*, Vertragsrecht, § 133 Rn. 5.

417 *Mittelstädt*, Auslegung empfangsbedürftiger Willenserklärungen, S. 51.

Kapitel 4: Vertragseinordnung

Die alles entscheidenden Fragen lauten danach:

- Liegt ein Werkvertrag, ein Dienstvertrag oder sogar ein Vertrag sui generis i. S. d. § 311 BGB vor?
- Ist die Leistungspflicht erfolgs- oder tätigkeitsbezogen?

Im Fall des BGH lauteten seine Ausführungen hierzu: „Gegen die Annahme des Berufungsgerichts, zwischen den Parteien sei ein Vertragsverhältnis zustande gekommen, das als Dienstvertrag (§ 611 BGB) einzuordnen sei, weil die Klägerin sich nur zu einer Tätigkeit, nicht aber zur Herbeiführung eines bestimmten Erfolges verpflichtet habe, erheben die Parteien im Revisionsrechtszug keine Einwände; hiergegen bestehen in rechtlicher Hinsicht auch keine Bedenken.“[418] Die Leistungspflicht war hier also eindeutig tätigkeitsbezogen; obwohl sich keine der drei Instanzen eingehend mit der geschuldeten Leistung befasste, wurde sie doch nur in der Berufungsinstanz näher konkretisiert: „In der Folgezeit legte die Klägerin der Beklagten in zahlreichen telefonischen Sitzungen die Karten. Dies spielte sich (...) regelmäßig so ab, dass der Beklagte ihr äußere oder innere Lebenssachverhalte mitteilte, die sie anhand der Karten einschätzte und ihm dann eine entsprechende Beratung zukommen ließ. Darüber hinaus versprach die Klägerin (...) aber auch den Einsatz ihrer „Energie“, um bei der Partnersuche des Beklagten „nachzuhelfen“. Auch ein „Code“ bzw. ein „Ritual“ mit Kerzen sollten seine Situation beeinflussen.“[419]

1. Analyse des Vertragstyps

Hier stehen genau genommen also vier Leistungen in Rede: (i) Kartenlegen, (ii) darauf aufbauend (der Versuch von) Zukunftsdeutungen, (iii) wiederum hierauf aufbauend (Lebens-)Beratung sowie (iv) Unterstützung bei der Partnersuche durch Rituale. (i) und (iii) können problemlos als reine Dienstleistungen qualifiziert werden. Hier ist kein bestimmter Erfolg versprochen, sondern die reine Handlung in Form von Kartenlegen und Lebensberatung. Bei (ii) und (iv) sieht dies allerdings weniger eindeutig aus. Man könnte sich hier durchaus streiten, ob die Leistungen

418 *BGH*, NJW 2011, 756 (757).

419 *OLG Stuttgart*, 08. April 2010 – Az. 7 U 191/09 (juris Rn. 20).

rein tätigkeitsbezogen oder ein Gemisch aus Dienstleistungen und Erfolgsankündigungen darstellen; allerdings spielt die Unterscheidung (zur Einordnung des Vertrages) nach reinem Bemühen bzw. Arbeitseinsatz und Ergebnis bzw. Arbeitserfolg aber zunächst überhaupt keine Rolle. Dies mag im ersten Moment überraschen, doch wird im folgenden Kapitel klar, dass das Problem unabhängig von einer solchen Unterscheidung und weitaus früher einer Lösung zugeführt wird. Denn die Frage, ob ein Dienst- oder Werkvertrag vorliegt, stellt sich überhaupt nicht bzw. wird dann obsolet, wenn im vorliegenden Fall von vorneherein überhaupt nur einer der Vertragstypen in Betracht zu ziehen ist.

1.1 Einordnung als Dienstvertrag

Üblicherweise erfolgt die Abgrenzung zwischen Dienst- und Werkvertrag mit der Formel, dass beim Dienstvertrag die ordnungsgemäße Erbringung der Dienstleistung, beim Werkvertrag aber auch ein bestimmter Erfolg geschuldet ist.[420] Dieses Unterscheidungsmerkmal findet sich schon im Gesetz (vgl. § 631 Abs. 2 BGB: „(…) durch Arbeit oder Dienstleistung herbeizuführender Erfolg“), ist für die vorliegende Fallgruppe aber grundsätzlich zweitrangig, verliert man bei der Abgrenzung doch vorschnell alle anderen Tatbestandsmerkmale aus den Augen: Der Werkvertrag i.S.d. § 631 BGB erfordert vom Werkunternehmer, dass er das Werk herstellt (§ 631 Abs. 1 BGB: „Durch den Werkvertrag wird der Unternehmer zur Herstellung des versprochenen Werkes (…) verpflichtet“).

1.1.1 Bestimmung anhand der Kausalität

Ein Vertragserfolg im Sinne eines Werkvertrags (§ 631 BGB) setzt somit voraus, dass der Unternehmer den Erfolg beeinflusst (vgl. auch § 632 Abs. 1 BGB "Herstellung des Werkes"). Schaut man sich also Leistung (ii) und (iv) an, so kann ein ohne Zutun des Unternehmers nur vorhergesagter Eintritt von Ereignissen nicht Gegenstand eines Werkvertrags, sondern nur ein solcher eines Dienstvertrags sein.[421] Im Ergebnis ist die Qualifizierung als Dienstvertrag vom BGH zwar zurecht erfolgt, allerdings ohne den Vertragsinhalt konsequent herauszuarbeiten. Selbst wenn die Klägerin dem Beklagten einen Erfolg in dem Sinne

---

420 BeckOK/*Fuchs*, BGB, § 611 Rn. 10; beispielhaft: *BGH*, NJW 2002, 3323 (3324).

421 *Prütting*, Magische Kräfte als Vertragsleistung.

versprochen hätte, dass die vorhergesagten Ereignisse sicher eintreten, hätte dies an der Einordnung des Vertrages als Dienstvertrag nichts geändert.[422] Ein Werkvertrag käme von vorneherein nicht in Betracht, da die Klägerin mit dem Eintritt des vorhergesagten Erfolges überhaupt nichts zu tun hat und das „Werk“ dementsprechend auch nicht herstellen kann. So betont der BGH immer wieder: „Es ist für den Bereich des Rechts allgemein anerkannt und offenkundig, dass die Existenz magischer oder parapsychologischer Kräfte und Fähigkeiten nicht beweisbar ist, sondern lediglich dem Glauben oder Aberglauben angehören; diese Kräfte und Fähigkeiten können, als nicht in der wissenschaftlichen Erkenntnis und Erfahrung des Lebens begründet, vom Richter nicht als Quelle realer Wirkungen anerkannt werden, sondern sind in rechtlicher Beziehung nicht als Mittel zur Herbeiführung irgendwelcher Veränderungen in der Welt des Tatsächlichen anzusehen.“[423] Dieses Argument ist weniger geeignet zur Begründung objektiver Unmöglichkeit, sondern kann vielmehr zur Kategorisierung solcher Verträge benutzt werden. Diesen Gedanken kann man nämlich generell auf Verträge übertragen, die eine parapsychologische Leistung zum Gegenstand haben, und lässt sich auch mit der Auslegung nach dem objektiven Empfängerhorizont vereinbaren. Wie oben bereits erläutert, legt der BGH besonderes Augenmerk auf das „Bewusstsein“ darüber, dass die Geeignetheit und Tauglichkeit der Leistungen zur Erreichung des gewünschten Erfolges rational nicht erklärbar ist.[424] Auch dieses Argument ist viel besser dort aufgehoben, wo es um die Einordnung des Vertragstyps geht. Denn der objektive Empfänger verfügt über das Wissen, das man im Rechtsverkehr erwarten kann. Wenn der BGH dann das von ihm so hoch bewertete Bewusstsein über die „Untauglichkeit“ parapsychologischer Leistungen als allgemein bekannt und offenkundig voraussetzt, so kann die Vertragsauslegung auch nur dahingehen, dass der objektive Empfänger davon ausgehen muss, dass es dem Kunden um das Versprechen des Tätigwerdens und nicht um das Versprechen des Erfolgseintritts geht.

Verträge auf parapsychologischer Grundlage sind nach den hier erklärten Grundsätzen demnach immer Dienstverträge. Werkverträge scheiden von vorneherein aus – und zwar nicht aufgrund der in der

[422] Welche Auswirkungen es hat, wenn der Dienstverpflichtete trotz dessen einen Erfolg gewährleistet/garantiert, wird nach den folgenden Ausführungen erläutert.

[423] *BGH*, NJW 2011, 756 (757) m.w.N.

[424] *BGH*, NJW 2011, 756 (758).

Rechtswissenschaft seit jeher kontrovers diskutierten Abgrenzung zwischen Dienst- und Werkvertrag anhand des Erfolgsversprechens, sondern aufgrund eines Ausschlussverfahrens: Ein Werkvertrag erfordert nicht nur einen Erfolg, sondern auch, dass der Werkunternehmer diesen in irgendeiner Weise herbeiführt. „Parapsychologische" Tätigkeiten/Handlungen sind hierzu nicht geeignet und niemals kausal für irgendeinen Erfolg.

1.1.2 Bestimmung anhand der Risikoverteilung und des Erfolgskriteriums

Klammert man das Kausalitätskriterium aus und stellt klassischerweise auf das Erfolgskriterium als Ausgangspunkt und seine Auswirkungen ab, kommt man aber auch zu keinem anderen Ergebnis. Die Unterscheidung zwischen Dienst- und Werkvertrag bereitet – die obigen Ausführungen von den Tatbestandsmerkmalen außer Acht gelassen – in der Praxis hiernach große Schwierigkeiten, wenngleich nach dem Gesetz der begriffliche Unterschied zwischen dem Dienstvertrag und dem Werkvertrag mit genügender Deutlichkeit erhellt.[425]

Die Abgrenzung erfolgt grundsätzlich anhand normativer Vertragsauslegung nach den §§ 133, 157 BGB im konkreten Einzelfall.[426] Sofern keine ausdrückliche Festlegung auf einen Vertragstyp erfolgt, müssen die Interessen der Parteien ermittelt und einem Vertragstyp zugeordnet werden.

Oft wird man zunächst nach der Risikoverteilung fragen (und diese erforschen), in der sich das „Erfolgs"-Kriterium operational ausdrückt: Der Werkunternehmer arbeitet (bis zur Abnahme oder Vollendung des Werkes) auf eigene Gefahr dafür, dass ein bestimmter, über seine bloße Bemühung hinausreichender Erfolg eintritt: Dies hat Auswirkungen auf seinen Vergütungsanspruch: Kein Erfolg, keine Vergütung (§§ 640, 641 BGB). Der Dienstschuldner dagegen hat seinen Anspruch auf Vergütung schon dann verdient, wenn er die Handlung vorgenommen hat, auch wenn der für seine Tätigkeit erhoffte Erfolg ausbleibt (§ 614 BGB).[427] Dieses (Erfolgs- oder auch Vergütungs-)Risiko lag im Fall des

---

425 *Mugdan*, Materialien Bd. II, S. 268 Rn. 472.

426 *Flume*, AT des BGB Bd. 2, S. 316; *Tillmanns*, Strukturfragen des Dienstvertrages, S. 20.

427 *Esser/Weyers*, Schuldrecht Bd. 2/1, S. 233.

BGH eindeutig beim Kunden, denn die Vergütung für die verschiedenen Tätigkeiten am Telefon wurde fällig, bevor der Kunde überhaupt wissen konnte, ob ein Erfolg eintritt oder nicht. Die Honorarvereinbarung, die die Klägerin behauptet, wird jedenfalls vom Berufungsgericht so interpretiert, dass die Beklagte die Tätigkeit der Klägerin in unzähligen Telefonaten in Anspruch nahm, 2008 hierfür einen hohen Geldbetrag zahlte und jede weitere Tätigkeit, also auch die streitgegenständlichen Beratungen im Januar 2009, nur gegen eine Vergütung erfolgen sollte.[428] Die Vergütung zahlte der Kunde im Jahr 2008 vereinbarungsgemäß nach der jeweiligen Rechnungsstellung, wobei die Wahrsagerin ihre Tätigkeiten nach Tag, Uhrzeit und Dauer in Einzelrechnungen aufschlüsselte.[429] Dieses Vorgehen ist bei der Vergütung von Dienstleistungen i.S.d. § 611 BGB üblich.[430] So wird es auch in den allermeisten anderen Fällen liegen, denen eine parapsychologische Leistung zu Grunde liegt. Sofern keine Rechnungen gestellt werden, entstehen den zahlenden Kunden regelmäßig bei der telefonischen Beratung die Kosten bereits mit Durchstellung des Anrufs oder sie zahlen bei der Online-Beratung per Kreditkarte, die direkt im Anschluss an die Tätigkeit belastet wird. Die Zahlung steht gerade nicht unter der Bedingung des Eintritts eines mit der Tätigkeit verbundenen Erfolges.[431]

1.1.3 Bestimmung anhand eines Alternativkriteriums

Neben dem Kriterium des Erfolges (ob sich der Gläubiger einen Erfolg versprechen oder es mit dem Versprechen einer Handlung, die zu diesem Erfolg hinführen soll, bewenden lässt)[432] soll zusätzlich zu erforschen sein, was bei einem Dienstvertrag (i) aus der Sicht des Gläubigers womöglich an die Stelle des Erfolgsversprechens gesetzt wird und was (ii) aus der Sicht des Schuldners weniger schwer wiegt als die Übernahme des Erfolgsrisikos.[433] Man kann im Grundsatz davon ausgehen, dass der Gläubiger stets an einem Erfolgsversprechen und damit an ei-

---

428 *OLG Stuttgart*, 08. April 2010 – Az. 7 U 191/09 (juris Rn. 11).

429 *LG Stuttgart*, BeckRS 2011, 02411.

430 So rechnen beispielsweise auch Steuerberater, Anwälte etc. als klassische Dienstleister ab.

431 Beispielhaftes Vorgehen bei astro.tv.

432 Der Ausgangspunkt zur Abgrenzung ist die Frage, ob ein Erfolg versprochen wurde oder nicht.

433 *Tillmanns*, Strukturfragen des Dienstvertrages, S. 20, 35 ff.

nem Werkvertrag interessiert ist, da er durch die in Anspruch genommene Leistung immer die Erreichung eines von ihm verfolgten Ziels bezwecken möchte.[434] Wenn er dieses Ziel allerdings nicht zum Inhalt des Vertrages machen kann (wie bei einem Werkvertrag), sondern nur die Tätigkeit an sich, versucht er die Leistung so zu steuern, dass sie auf das verfolgte Ziel zumindest ausgerichtet ist, indem er den Vorgang der Leistungserbringung kontrolliert und Weisungen gibt.[435] Man könnte der Auffassung sein, ein solches Steuerungsrecht liege bei Verträgen auf parapsychologischer Grundlage – ähnlich wie bei den freien Berufen von Rechtsanwälten, Ärzten, etc. – eher fern. Der Mangel der Steuerungsfähigkeit wird hier aber durch die Rechts- oder Standesordnungen – nämlich umfassende Informations-, Dokumentations- und Aufklärungspflichten oder jederzeitige Kündigungsrechte[436] – wieder ausgeglichen. Auch im Rahmen parapsychologischer Leistungen gibt es für viele Bereiche „Regeln der jeweiligen Kunst"[437], deren Einhaltung der Kunde kontrollieren bzw. sich hierüber Auskunft erteilen lassen kann. Hier läge es auch nahe, solche Kontroll- und Auskunftsrechte zum Inhalt des Schuldverhältnisses zu machen, sofern diese dem Dienstvertragsrecht nicht ohnehin schon immanent sind.[438] Dort, wo gerade keine festgelegten Standards oder Regeln der Kunst existieren und neben der Aufklärungspflicht eine Kontrolle deshalb gerade nicht möglich ist, kommt das jederzeitige Kündigungsrecht des Kunden ins Spiel. Zwar kann auch im Werkvertragsrecht der Besteller jederzeit kündigen, muss unter Ersparnisvorbehalt allerdings die volle Vergütung entrichten (§ 648 BGB), während der Kunde beim Dienstvertrag Vergütung nur bis zur Kündigung schuldet (§§ 612, 614, 620 bzw. 627, 628 BGB). Auch hier wäre also ein Ausgleich für die fehlende Erfolgszusicherung erreicht und die Sicherung der Gläubigerinteressen gewahrt.

Aber auch aus der Sicht des Schuldners führt die Annahme eines Dienstvertrages zu interessengerechteren Ergebnissen. Hierbei spielt eine große Rolle, mit welcher Wahrscheinlichkeit nach der Vorstellung

---

434 *Tillmanns*, Strukturfragen des Dienstvertrages, S. 23.

435 *Tillmanns*, Strukturfragen des Dienstvertrages, S. 24 f; für Kontroll- und Weisungsrechte im Dienstvertrag: *Heck*, SchuldR, S. 334; *Bruns*, AcP 1978, 34 (39 f.); *Weber*, Unterscheidung von Dienstvertrag und Werkvertrag, S. 98 ff., 137; MüKoBGB/*Busche*, § 631 Rn. 17; *Junker*, Grundkurs Arbeitsrecht, Rn. 94.

436 Z.B. § 11 BORA und §§ 620, 630c, 630e, 630 f. BGB. *Wendehorst*, AcP 2006, 205 (244 f.) (Vetorecht). Zu den Kündigungsrechten siehe auch unten S. 123 ff.

437 Z.B. Astrologie, Kartenlegen, Handlesen, etc.

438 *Tillmanns*, Strukturfragen des Dienstvertrages, S. 29 ff.

der Parteien mit dem Eintritt eines Erfolgs gerechnet werden kann. Je größer die mit der Tätigkeit erkennbar verbundenen Unwägbarkeiten sind, umso ferner kann es aber auch aus Sicht eines verständigen Bestellers liegen, dass der Unternehmer das Erfolgsrisiko dennoch übernehmen will.[439] Das wichtigste Indiz für die Annahme eines unbeherrschbaren Risikos ist die Tatsache, dass der Erfolgseintritt nicht alleine von den Anstrengungen des Schuldners abhängt, sondern auch oder sogar in erster Linie von Faktoren bestimmt wird, die er trotz Anstrengung nicht beeinflussen kann.[440] Wie schon das OLG Düsseldorf im Falle der Astrologie 1953 erkannte, sind die Stellung der Sterne, die Ekliptik der Sonne und die kosmischen Strahlungen – wenn sich spezifische Wirkungen derer auf den Menschen herausstellen sollten – nur ein Faktor neben vielen anderen, die möglicherweise als einflussnehmend auf den Menschen angesehen werden können.[441] Nichts anderes gilt für sämtliche anderen parapsychologischen Leistungen, wie Rituale zur Partnerrückführung, Gesundbeten, Kartenlegen, Wahrsagen, etc.

Beispiel: Die verzweifelte A sucht Hilfe bei einer selbsternannten Hexe, da sie ihren Ex-Partner B zurückgewinnen und mit diesem wieder eine Beziehung eingehen möchte. Die „Hexe“ bietet der A gegen Entgelt verschiedene Rituale an, die zur Partnerrückführung führen sollen. In der Zwischenzeit lernt B allerdings eine neue Frau C kennen, in die er sich verliebt. B kehrt nicht zur A zurück, sondern geht eine neue Beziehung mit C ein.

Hier wird deutlich, dass der Erfolg der Partnerrückführung von so vielen verschiedenen Umständen abhängt – anstelle des Kennenlernens einer neuen Frau hätte der B beispielsweise auch einen tödlichen Unfall haben können – dass die Annahme der Übernahme des Erfolgsrisikos für beide Parteien lebensfremd wirkt. Je länger die vertragliche Beziehung andauert, desto größer sind die Unwägbarkeiten. Die Dienstverpflichtete wird deshalb lieber das Risiko der jederzeitigen Kündbarkeit, Aufklärungs- und Kontrollpflichten in Kauf nehmen als das Risiko des Erfolgseintritts.

---

439 *BGH*, NJW 2002, 3323 (3324).

440 *Roth*, JZ 2003, 371 (372); *Weber*, Unterscheidung von Dienstvertrag und Werkvertrag, S. 55 ff.; *Ullrich*, in: FS Fikentscher (1989), S. 298 (309 f.).

441 *OLG Düsseldorf*, NJW 1953, 1553.

1.1.4 Bestimmung anhand der Rechtsfolgen

Selbst wenn die Entscheidung für eine Anwendung der §§ 611 ff. oder der §§ 631 ff. BGB nicht anhand begrifflicher Kriterien (Bemühen oder Erfolg) erfolgt, sondern durch eine Untersuchung der jeweils typischerweise für die Mehrzahl der Fälle angemessenen Rechtsfolgen,[442] so fällt die Wahl in dieser Kategorie auf den Dienstvertrag i.S.d. § 611 BGB. Der Unterschied zwischen den Rechtsfolgen beim Dienst- und Werkvertrag liegt nicht nur in den Primäransprüchen (z.B. den Pflichtprogrammen, den Gefahrtragungsregelungen, der Mitwirkung der Kunden, der Sicherung des Vergütungsanspruches oder der Laufzeit des Vertrags), sondern auch in den Sekundäransprüchen (z.B. dem Nacherfüllungsanspruch, dem Rücktrittsrecht, der Minderung usw.) beider Vertragstypen.[443] Am besten lässt sich dies anhand von Leistungsstörungen und der Kündigung veranschaulichen:

1.1.4.1 Leistungsstörungen

Dort wo der Dienstverpflichtete nur verpflichtet ist, die versprochenen Dienste mit Sorgfalt zu leisten, hat der Werkunternehmer hingegen das vereinbarte Werk insbesondere frei von Rechts- und Sachmängeln herzustellen (§ 633 Abs. 1 BGB). Mängel oder Nichterfüllung lösen daher beim Werkvertrag eine Gewährleistung aus, bei der eine verschuldensunabhängige und nicht besonders zu vergütende Nacherfüllung im Vordergrund steht, während das Dienstvertragsrecht eine solche nicht kennt, sondern die Probleme mit Schadensersatzansprüchen aus den §§ 280 Abs. 1, 241 Abs. 2 BGB bewältigt.[444] Bei Verträgen auf parapsychologischer Grundlage haben Kunden in aller Regel kein Interesse an einer Nacherfüllung, da diese entweder obsolet geworden oder das Vertrauen in den Leistungsschuldner verloren gegangen ist. Ein Nachbesserungsrecht hätte auch überhaupt keinen Sinn, denn ob ein Mangel der Leistung (des Werkes) vorliegt, zeigt sich im Beispiel des Kartenlegens erst dann, wenn das vorhergesagte (Erfolgs-)Ereignis nicht eintritt. Wenn nun aber der Zeitpunkt, zu dem der Kunde eine Voraussage wünschte, schon verstrichen ist, gibt es nichts mehr zum Voraussagen. Die Zukunft ist nämlich dann bereits Vergangenheit und die Leistung damit nicht (mehr) nachbesserungsfähig. Aber auch dort, wo eine

---

442 *Schiemann*, JuS 1983, 649 (650).

443 *Ji*, Haftungsfragen im freien Dienstvertrag, S. 121.

444 *Mutschler*, DStR 2007, 550 (551).

Nacherfüllung zumindest denkbar ist, ist diese meist nicht im Interesse der Parteien. Ähnlich dem Behandlungsvertrag können einzelne Szenarien dazu führen, dass die Kunden das Vertrauen in die Ordnungsgemäßheit der parapsychologischen Leistungen des Leistungsschuldners verlieren. Wenn sich im obigen Beispiel das Verhältnis zwischen A und B während der Ritualdurchführung beispielsweise verschlechtert und die Partnerrückführung in weite Ferne zu rücken scheint, weil der B die C noch während des Leistungszeitraumes (vor dem Ende des letztgeplanten Rituals) kennen lernt, wirkt sich dies ganz erheblich auf die Empfindsamkeiten und Einstellung der A aus. Die unterschiedlichen Ansprüche und Erwartungen des Kunden, das eventuelle Eintreten von nicht vorhersehbaren (und nicht beherrschbaren) Gegebenheiten während des Leistungszeitraumes, könnten dazu führen, dass eine hypothetisch gedachte Nachbesserung beim Kunden unzumutbar wird. Läge man eine solches Nachbesserungsrecht beim Dienstvertrag zugrunde, würde Folgendes gelten müssen: Wenn die A aufgrund der neuen Beziehung des B mit der C eine zweite Andienung für aussichtlos hält, dann ist die Bindung der Beteiligten an das Dienstverhältnis unangemessen, weil der erstrebte Zweck durch das verlorengegangene Vertrauen der A in die Hexe nicht mehr erreicht werden kann.

1.1.4.2 Kündigung

Die Kündigung des Dienstvertrages ist an weitaus geringere Anforderungen geknüpft als beim Werkvertrag. Der Dienstleistungsvertrag kann von beiden Seiten jederzeit gekündigt werden. Beim Werkvertrag dagegen kann nach § 648 S. 1 BGB bis zur Vollendung des Werks nur der Besteller jederzeit den Vertrag kündigen, wohingegen ein Kündigungsrecht des Unternehmers nach § 643 S. 1 BGB nur dann existiert, wenn eine erforderliche Mitwirkungshandlung des Bestellers nach § 642 Abs. 1 BGB unterbleibt und eine vom Unternehmer zu setzende Frist zur Nachholung dieser Handlung fruchtlos verstreicht.[445] Wenn der Besteller den Werkvertrag vorzeitig kündigt, kann der Unternehmer nach § 648 Abs. 1 BGB grundsätzlich den vollen Lohn beanspruchen, wohingegen der Dienstverpflichtete bei der Kündigung des Dienstberechtigten im Falle der §§ 626, 627 BGB nach § 628 Abs. 1 BGB bzw. bei

---

445 *Mutschler*, DStR 2007, 550 (551).

einer ordentlichen Kündigung schon nach § 612 BGB[446] nur eine Teilvergütung für die bisher erbrachten Dienste verlangen kann. Die erhöhten Anforderungen und besonderen Rechtsfolgen der Kündigung des Werkvertrages laufen den Wertungen von Verträgen auf parapsychologischer Grundlage jedoch zuwider. Sinn und Zweck der vollen Vergütungspflicht (abzüglich ersparter Aufwendungen) nach § 648 S. 2 BGB liegt darin, dass der Unternehmer, der schon keinen Anspruch auf Vertragsdurchführung hat und der Kündigung des Bestellers nichts entgegensetzen kann, wenigstens keine finanziellen Einbußen durch die vorzeitige Vertragsbeendigung erleiden soll.[447] Der Werkunternehmer plant seine Arbeit und tätigt dementsprechend frühzeitig Investitionen, so dass der Erfolg eintritt, für den er das Risiko übernommen hat. Der Dienstleister dagegen legt seine Aufmerksamkeit eher kurzfristig auf die Vornahme der versprochenen Tätigkeit. Die Vollvergütung beim Werkvertrag soll danach die Erfolgsrisikoübernahme kompensieren, während die Teilvergütung der bereits erbrachten Dienstleistungen beim Dienstvertrag ausreicht, da sich der Dienstleister auch nicht um mehr (insbesondere nicht um den Erfolgseintritt) bemühen muss.

Anbieter parapsychologischer Leistungen werden in der Regel weder Investitionen (in Form von Material oder Beschäftigung von weiteren Mitarbeitern) tätigen, die typischerweise beim Werkvertrag anfallen. Vielmehr werden sie ihr Augenmerk auf die Vornahme der Rituale mit entsprechender körperlicher bzw. geistiger Anstrengung richten. Wenngleich zumeist Hilfsmittel wie Karten, Kaffeesatz, Kristallkugeln, Kerzen, etc. benutzt werden, handelt es sich hier regelmäßig um universelle Arbeitsmittel, die nicht extra für einen Kunden angeschafft, sondern generell für die Tätigkeiten bei allen anderen Kunden auch genutzt werden. Dementsprechend steht das Interesse des Kunden, den Vertrag jederzeit zu kündigen, ohne das volle Honorar zahlen zu müssen, auch nicht in unangemessenem Verhältnis zu den Interessen des Anbieters, der hierdurch keine (oder, wenn überhaupt, nur sehr geringe Verluste) macht. Das Risiko kleinerer Verluste wird der Anbieter solcher Leistungen auch gerne in Kauf nehmen, da das Versprechen eines Erfolges ein viel höheres Risiko birgt als der Verzicht auf die Vollvergütung. Auch hier zeigt sich also, dass die Regelungen des Dienstvertrages viel besser zu den Interessen der Vertragsparteien passen als die des Werkvertrages.

---

[446] MüKoBGB/*Henssler*, § 628 Rn. 6.

[447] BeckOGK/*Reiter*, BGB, § 649 Rn. 50-58; MüKoBGB/*Busche*, § 649 Rn. 18.

Hiervon strikt zu trennen ist die Frage, welche Anforderungen an die Tätigkeit einer Dienstleistung an sich zu stellen sind. Dies ist relevant für die Einordnung einer Leistung als unmöglich i.S.d. § 275 BGB.

1.2 Keine Einordnung der Dienstleistung auf parapsychologischer Grundlage als unmöglich

Im zweiten Schritt kann und muss also sodann das Problem der Unmöglichkeit geklärt werden. Es geht jetzt um die Frage, ob die (parapsychologische) Dienstleistung des Dienstvertrages gemäß § 611 BGB an sich – und nicht ein etwa versprochener Erfolg i.S.e. Werkvertrages gemäß § 631 BGB – (anfänglich, objektiv) unmöglich gem. § 275 Abs. 1 BGB ist.

Im Beispiel des BGH könnte man die Unmöglichkeit zunächst mit dem Argument verneinen, dass die Frage, ob es schlicht objektiv nicht möglich ist, die Zukunft vorherzusehen, gar nicht beantwortet werden muss. Denn wenn ein Erfolgseintritt im Einzelnen behauptet wird, bezieht er sich auf die generelle künftige Entwicklung der Lebensereignisse und nicht auf die konkreten Dienstleistungen der Wahrsagerin.[448] Ob das, was die Kartenlegerin vorhersagt, am Ende tatsächlich eintrifft oder nicht, hängt nicht von der Tätigkeit des Weissagens oder Kartenlegens ab, sondern davon, wie der Alltag und das Leben des Dienstberechtigten verlaufen. Die Tätigkeit des Weissagens beeinflusst nicht den Erfolgseintritt, also den Eintritt des vorhergesagten Ereignisses. Einen solchen kausalen Zusammenhang behauptet die Kartenlegerin auch gar nicht, denn sie versucht nicht durch das Wahrsagen die vorhergesagten Ereignisse herbeizuführen, sondern sagt sie unabhängig davon voraus, warum oder wie diese geschehen. Anders ist dies aber beispielsweise bei Ritualen, die sich positiv auf die Partnerfindung auswirken sollen. Hier wird ein kausaler Zusammenhang gerade behauptet, doch rechtfertigt dies keine andere Beurteilung, wie im Folgenden deutlich wird.

Der BGH geht trotz Annahme einer tätigkeitsbezogenen Dienstleistung davon aus, dass die Leistungspflicht objektiv unmöglich ist, weil neben der bloß äußerlichen Vornahme der vereinbarten „magischen" oder „rituellen" Handlungen auch der Einsatz übernatürlicher Kräfte geschuldet sei, der aber nach den Naturgesetzen nicht möglich

---

[448] *Prütting*, Magische Kräfte als Vertragsleistung.

sei.[449] Der Dienstschuldner hat seine Leistung in der Theorie allerdings erbracht (und damit seinen Anspruch auf Vergütung ausgelöst), auch wenn das für seine Tätigkeit sinngebende Ziel nicht erreicht ist oder der Erfolg ausbleibt (der Anwalt beispielsweise den Prozess verliert, der Arzt die Krankheit nicht heilt, der Musiklehrer den Schüler nicht zur Beherrschung des Instrumentes gebracht hat).[450] Der BGH bezieht die übersinnliche Wirksamkeit also in die Dienstleistungspflicht mit ein. Dies scheint im ersten Augenblick der reinen Tätigkeitsbezogenheit von Dienstleistungen zu widersprechen, denn mit Wirksamkeit ist am Ende nichts anderes gemeint, als der durch die Tätigkeit erhoffte Erfolg. Hiermit überdehnt der BGH jedoch die Anforderungen an eine Dienstleistung, wie sich ebenfalls aus dem Folgenden erschließen lässt.

Um sich der Frage nach der Unmöglichkeit zu nähern, ist es unverzichtbar vorher zu klären, welche Anforderungen überhaupt an die äußerliche Vornahme der Tätigkeit gestellt sind, um eine Erfüllungswirkung i.S.d. § 362 BGB herbeizuführen. Wenn nämlich alle Anforderungen erfüllt sind, entfällt automatisch die Frage nach der Unmöglichkeit, denn eine Erfüllung schließt Unmöglichkeit aus. Die Erfüllung i.S.d. § 362 Abs. 1 BGB ist also die entscheidende Auslegungshilfe, ob Unmöglichkeit im Einzelfall überhaupt vorliegen und zum Zuge kommen kann. Die Frage nach dem „was genau ist geschuldet" ist der Frage, ob die Leistung an sich unmöglich ist, also vorgeschaltet.

1.2.1 Die Erfüllung des Dienstvertrages i.S.d. § 362 Abs. 1 BGB

Nach § 362 Abs. 1 BGB erlischt das Schuldverhältnis, wenn die geschuldete Leistung an den Gläubiger bewirkt wird. Das Bewirken der Leistung i.S.d. § 362 Abs. 1 BGB wird definiert als Leistungserfolg und nicht als Leistungshandlung.[451] Dieser Leistungserfolg im Rahmen der

---

449 BeckOGK/*Riehm*, BGB, § 275 Rn. 78.

450 *Esser/Weyers*, Schuldrecht Bd. 2/1, S. 233.

451 *BGH*, NJW 1954, 794; *BGH*, NJW 1983, 1605 (1606); *BGH*, NJW 1994, 1403 (1404); *BGH*, NJW 1999, 210; *BGH*, NJW 2009, 1085 (1086); *BGH*, NJW 2010, 3510 (3512 f.); *Wieacker*, in: FS Nipperdey (1965), S. 783 (787); *Wiese*, in: FS Nipperdey (1965), S. 837 (845); Bamberger/Roth/*Dennhardt*, BGB, § 362 Rn. 12; Erman/*Westermann/Buck-Heeb*, BGB, § 362 Rn. 1; Staudinger/*Olzen*, BGB, § 362 Rn. 12; Palandt/*Grüneberg*, BGB, § 362 Rn. 2; *Gernhuber*, Erfüllung und ihre Surrogate, § 5 I 3b (mit dem Hinweis, dass eine Leistungshandlung des Schuldners vorliegen muss, ohne die sonst nicht von einer Erfüllung die Rede sein kann).

Erfüllung ist allerdings begrifflich von dem Leistungserfolg, der zur Unterscheidung von Dienst- und Werkvertrag herangezogen wird, streng zu unterscheiden.[452] Während der Erfolgsbegriff bei § 362 Abs. 1 BGB dazu dient, zu bestimmen, ob überhaupt eine Leistungsstörung vorliegt, hat er bei der Abgrenzung von Dienst- und Werkvertrag die Funktion, (bei Leistungsstörungen) die anwendbaren Rechtsnormen – nämlich die der §§ 611 ff. BGB oder §§ 631 ff. BGB - zuzuordnen.[453] Wenn nun aber beim Dienstvertrag Leistungshandlung und Leistungserfolg zusammenfallen, sozusagen das selbe Phänomen erfassen, ist eine Differenzierung zwischen beiden Begriffen i.S.d. § 362 Abs. 1 BGB nicht mehr möglich und somit die Definition des „Bewirkens" unbrauchbar.[454] Vielmehr ist der Gläubiger befriedigt und der Schuldner befreit,[455] wenn die Dienstleistung ausgeführt ist, wonach die Erfüllung i.S.d. § 362 Abs. 1 BGB beim Dienstvertrag als „Leistung der versprochenen Dienste"[456] definiert werden kann.

Nur durch die Erbringung der konkret geschuldeten (oder besser gesagt der ordnungsgemäßen) Leistung kann der Dienstverpflichtete also den Vertrag erfüllen.[457] Wann genau die Leistung ordnungsgemäß ist, wird durch den durch die Vertragsparteien bestimmten Leistungsinhalt definiert. Es ist also notwendig, dass (neben Ort und Zeit auch) die Art der Tätigkeit als „essentiale negotium" festgelegt wird.[458]

1.2.2 Die ordnungsgemäßen Dienste als Voraussetzung für die Erfüllung

Grundsätzlich bestimmen die Parteien die Art der Tätigkeit und damit den Leistungsinhalt. Auch der Vertragstyp macht Vorgaben für die Art der Tätigkeit. Zuletzt bestimmt die Auslegung anhand der Parteiinteressen den geschuldeten Leistungsinhalt, sofern keine konkrete Bestim-

---

452 *Wieacker*, in: FS Nipperdey (1965) S. 783 (788, 812); *Tillmanns*, Strukturfragen des Dienstvertrages, S. 10 f.

453 *Tillmanns*, Strukturfragen des Dienstvertrages, S. 11.

454 *Tillmanns*, Strukturfragen des Dienstvertrages, S. 11.

455 Zweiseitige Erfüllungstheorie, siehe *Beuthien*, Zweckerreichung und Zweckstörung im Schuldverhältnis, S. 9.

456 *Tillmanns*, Strukturfragen des Dienstvertrages, S. 11.

457 *Tillmanns*, Strukturfragen des Dienstvertrages, S. 95.

458 *Tillmanns*, Strukturfragen des Dienstvertrages, S. 97.

mung durch die Parteien erfolgt ist und auch das Gesetz nicht weiterhilft. Die so ermittelte Art der Tätigkeit macht letztlich die Vorgaben für eine ordnungsgemäße Erfüllung.

Beispiel 1: Der Kunde sucht eine Kartenlegerin auf, um sich die Karten legen zu lassen (1. Leistungshandlung). Auf dieser Grundlage soll die Kartenlegerin ihm die Zukunft im Hinblick auf seine zukünftige finanzielle Situation deuten (2. Leistungshandlung). Er tut dies, um eine Entscheidungshilfe für eine risikoreiche Investition zu bekommen, von der er nicht weiß, ob sie sich lohnt (Verwendungszweck). Die Kartenlegerin legt dem Kunden die Karten und deutet ihm auf dieser Grundlage die (finanzielle) Zukunft für die Zeit nach der Investition: der Kunde werde nach der Investition keine Geldsorgen haben, sondern Gewinne feiern (der Eintritt dieses Ereignisses wäre der Leistungserfolg). Der potentielle Vertragspartner des Kunden springt kurze Zeit später ab und zieht sein Angebot zurück, so dass der Kunde die Investition nicht mehr tätigen kann.

Beispiel 2: Die A wendet sich an die selbsternannte Hexe B, die ihren sehr wohlhabenden Ex-Freund C mit verschiedenen Ritualen (Leistungshandlung(en)) dazu bringen soll, die A zu heiraten (Leistungserfolg). Die A erhofft sich durch die Rückkehr des Ex-Partners ein luxuriöses Leben und eine Teilhabe am Vermögen des C (Verwendungszweck). Der C kehrt tatsächlich zu A zurück. Kurz bevor er ihr einen Heiratsantrag macht, verliert er sein ganzes Vermögen. Die A ist an dieser Heirat nicht mehr interessiert und benötigt daher die Dienste der B nicht mehr. (Abwandlung: Der C hat gar kein Vermögen, sondern seine vermögende Situation nur vorgetäuscht.)

In beiden Beispielen ist der Unterschied zwischen Leistungshandlung, Leistungserfolg und Verwendungszweck gut herauszuarbeiten.

1.2.2.1 Ausdrückliche Bestimmungen

In beiden Beispielen ist eine ausdrückliche Bestimmung der Leistungshandlung nur sehr rudimentär erfolgt. Im ersten Beispiel wurde ausdrücklich nur vereinbart, dass Karten gelegt werden und die Zukunft gedeutet werden soll. Im zweiten Beispiel ist die Leistungshandlung noch vager: hier geht es nur um das Durchführen von Ritualen. Eine ausdrückliche Bestimmung wie die Tätigkeit ausgeführt werden soll, fehlt hier.

1.2.2.2 Gesetzliche Vorgaben

Da es sich, wie oben erläutert, in beiden Fällen um einen Dienstvertrag handelt, gelten die §§ 611 ff. BGB. Hier findet sich lediglich in § 613 BGB eine Regelung über die Art der Tätigkeit, nämlich, dass diese im Zweifel persönlich von dem Dienstverpflichteten zu erbringen ist. Für die Ermittlung des genauen Inhalts kann diese Vorschrift allerdings nicht herangezogen werden. Hier sei jedoch insbesondere der § 315 BGB erwähnt: Das Leistungsbestimmungsrecht ist ein typisches Merkmal des Dienstvertrages und steht als subjektives Gestaltungsrecht grundsätzlich dem Dienstberechtigten zu.[459] Insbesondere bei Verträgen auf parapsychologischer Grundlage „nützt" dem Dienstberechtigten dieses Leistungsbestimmungsrecht im Hinblick auf die Art der Tätigkeit allerdings nichts, da er den Dienstverpflichteten gerade deshalb beauftragt, da er selbst zu wenig „Expertise" in der Parapsychologie besitzt und deshalb ein zu großes Eingreifen in die Tätigkeit sein Ziel konterkarieren würde. Sein Leistungsbestimmungsrecht wird er daher eher auf Zeit und Ort der Tätigkeit beschränken. Eine solche Einschränkung wird der Dienstberechtigte aber auch gerne in Kauf nehmen, da er auf die besondere Kompetenz des Dienstverpflichteten im Hinblick auf die Art der Tätigkeit gerade angewiesen ist.[460]

1.2.2.3 Auslegung des Vertrages

Sofern die Parteien den genauen Schuldinhalt nicht zusammen festgelegt haben und der Dienstberechtigte sein Leistungsbestimmungsrecht nicht ausübt, kommt die Unbestimmtheit dem Leistungsschuldner zugute, der innerhalb der getroffenen Bestimmung leisten kann, was er will; oder besser gesagt, ihm ist durch die Unbestimmtheit die Befugnis vorbehalten, Ergänzungen (bzgl. der Art der Tätigkeit) nach eigenem Gutdünken vorzunehmen.[461] Gebunden ist der Dienstverpflichtete also nur durch die ganz rudimentäre Beschreibung der Tätigkeit (mit dem

---

[459] *Tillmanns*, Strukturfragen des Dienstvertrages, S. 118; *Söllner*, Einseitige Leistungsbestimmung, S. 26 ff.

[460] *Molitor*, Wesen des Arbeitsvertrages, S. 44.

[461] *Windscheid/Kipp*, Lehrbuch des Pandektenrechts, Bd. 2, § 254, S. 18; *v. Savigny*, Obligationenrecht, Bd. 1, S. 390 f.

Dienstberechtigten) und durch den Vertragszweck. Der Vertragszweck ist grundsätzlich ein verkörperter Handlungszweck: „Unter dem Zweck einer menschlichen Handlung versteht man deren sinnvolles Ziel, dem eine bestimmte Vorstellung über den Handlungsverlauf und über den erstrebten Handlungserfolg zu Grunde liegt. Dabei kann eine Handlung zugleich mehreren Zwecken dienen, die gleichzeitig oder nacheinander verfolgt werden".[462] Abzugrenzen ist der Vertragszweck, der zum Inhalt des Vertrages gehört, auch von der sog. Geschäftsgrundlage.[463] Als Geschäftsgrundlage bezeichnet man die nicht zum eigentlichen Vertragsinhalt erhobenen, bei Vertragsabschluss aber zutage getretenen gemeinsamen Vorstellungen beider Vertragsparteien sowie die der einen Vertragspartei erkennbaren und von ihr nicht beanstandeten Vorstellungen der anderen Vertragspartei vom Vorhandensein oder dem künftigen Eintritt gewisser Umstände, sofern der Geschäftswille der Parteien auf diesen Vorstellungen aufbaut.[464] In Beispiel 1 wäre die Geschäftsgrundlage[465] z.B. das Vorhandensein der Investitionsmöglichkeit und in Beispiel 2 das Vermögend-Sein des C, sofern der Dienstberechtigte dem Dienstverpflichteten zu verstehen gegeben hat, dass diese Umstände überhaupt erst zum Abschluss des Vertrages führen und der Dienstverpflichtete dies anerkennt. Sofern dies nicht so ist, handelt es sich nur um bloße Motive des Dienstberechtigten, die grundsätzlich unbeachtlich sind.

Zunächst muss also der konkrete Vertragszweck solcher Dienstverträge auf parapsychologischer Grundlage ermittelt werden. Die Parameter, die zur Bestimmung des Vertragszwecks in den obigen Beispielen ins Auge fallen, sind (i) der subjektive Verwendungszweck und (ii) der Leistungserfolg.

1.2.2.4 Parameter „Leistungserfolg"

Einigkeit besteht darin, dass die Erreichung des Erfolges (im Beispiel 1 der Eintritt der vorhergesagten Ereignisse und in Beispiel 2 die Heirat)

---

462 *Beuthien*, Zweckerreichung und Zweckstörung im Schuldverhältnis, S. 34.

463 Die Rspr. verfängt sich hier regelmäßig in Widersprüche, da sie den Unterscheid zwischen Vertragszweck, Verwendungszweck und Geschäftsgrundlage nicht klar voneinander abgrenzt, siehe hierzu *BGH*, WM 1972, 888 (889); *BGH*, VersR 1992, 479 (480).

464 *BGH*, NJW 2010, 522 (526).

465 Hier nur eine von möglichen weiteren, siehe unten, S. 141. (magische Kräfte als GG).

außerhalb des Dienstvertrages und damit außerhalb des Leistungsversprechens liegt. Schon Himmelschein erkannte: Inwiefern die Leistungspflicht sich in zweckentsprechendem, wenn auch erfolglosem Verhalten erschöpft, inwiefern das Bemühen erfolgreich sein muss, hängt vom positiven Recht und vom Parteiwillen ab.[466] Der Vertragszweck solcher Dienstverträge auf parapsychologischer Grundlage wie in Beispiel 1 und 2 wird sich deshalb darin erschöpfen, den gewollten, aber noch nicht erreichten und auch nicht geschuldeten Erfolg in irgendeiner Weise zu befördern.[467] Denn die Bestimmung/Definition der Art der Tätigkeit als essentiale negotium[468] erfolgt zumeist schlicht dadurch, dass der Dienstberechtigte den Erfolg, den er mit der Tätigkeit anstrebt, ausdrücklich oder konkludent offenbart.[469] Der Vertragszweck ist also regelmäßig der gewollte, aber noch nicht erreichte und auch nicht geschuldete Erfolg.[470] Mit Erfolg ist hier freilich nicht mehr gemeint, als der unmittelbar am nächsten liegende Erfolg, also gerade nicht die „Erfolgskette", die ausgelöst wird: Das Ziel, das der Gläubiger zu erreichen sucht, ist freilich meist nur ein Zwischenziel zur Erreichung eines weiteren Ziels, das wiederum nur ein Zwischenziel ist, usf.[471] So ist die Heirat in Beispiel 2 nur einer von vielen Erfolgen, denn die Heirat löst eine Zugewinngemeinschaft (oder andere gesetzliche Güterstände) und ein gewisses Erbrecht aus, sowie weitere eherechtliche Ansprüche, usw., die allerdings alle nicht vom Vertragszweck umfasst sind.

1.2.2.5 Parameter „subjektiver Verwendungszweck"

Jede Partei verfolgt neben dem unmittelbaren Erfolg darüber hinaus auch einen eigenen subjektiven Verwendungszweck[472]. Der subjektive Verwendungszweck des Dienstverpflichteten dürfte immer der Gleiche

---

466 *Himmelschein*, AcP 1932, 255 (284).

467 *Beuthien*, Zweckerreichung und Zweckstörung, S. 34.

468 Siehe oben, S. 127.

469 *Tillmanns*, Strukturfragen des Dienstvertrages, S. 98, die allerdings nicht zwischen Erfolg und Zweck unterscheidet, sondern beide Begrifflichkeiten synonym verwendet.

470 *Beuthien*, Zweckerreichung und Zweckstörung, S. 34.

471 *Tillmanns*, Strukturfragen des Dienstvertrages, S. 23.

472 Wenn im Folgenden von subjektivem Verwendungszweck gesprochen wird, ist IMMER der Zweck gemeint, den eine Partei persönlich und subjektiv verfolgt, unabhängig von der rechtlichen Relevanz und als Gegensatz zu dem konkreten Verwendungszweck.

sein: Die Generierung von Gewinn in Form von Geld. Der subjektive Verwendungszweck des Dienstberechtigten dagegen kann stark variieren und ist in jedem Einzelfall individuell zu bestimmen. Im Beispiel 1 liegt er in der Entscheidungshilfe für finanzielle Investitionen, im Beispiel 2 in der luxuriösen Lebensweise. Fraglich ist nun, ob dieser subjektive Verwendungszweck (wie auch der Erfolg) den Vertragsinhalt beeinflusst, ob also der Vertragszweck auch darin besteht, diesen subjektiven Verwendungszweck (neben dem Erfolg) ebenfalls zu befördern. Grundsätzlich ist auch der subjektive Zweck, den eine Partei verfolgt, erstmal nur ein bloßes Motiv und geht die andere Partei nichts an.[473]

Er steht insoweit auch hinter dem Leistungserfolg, ist von der Leistungshandlung also noch weiter entfernt als der mit ihr zu bewirkende Erfolg. Den subjektiven Verwendungszweck zur Ermittlung des Vertragszweck bei Dienstverträgen auf parapsychologischer Grundlage zu benutzen, widerspricht zumeist auch den Interessen der Parteien: Selbst wenn der Kunde der Kartenlegerin im Beispiel 1 mitgeteilt hätte, dass er sich die (finanzielle) Zukunft vorhersagen lassen möchte, um entscheiden zu können, ob er die geplante Investition tätigt, liegt es außerhalb des Risikobereiches der Kartenlegerin, wenn die Investition am Ende gar nicht zu Stande kommt. Sie wird ihm gesagt haben: Ich kann dir die finanzielle Zukunft gerne im Hinblick auf die Investition deuten, allerdings gibt es kein Geld zurück, wenn dir diese Deutung nichts mehr bringt, weil die Investition gar nicht stattfindet. Ebenso liegt es, wenn die A der Hexe im Beispiel 2 mitgeteilt hätte, dass sie den B nur heiraten möchte, um ein Leben in Luxus führen zu können. Die Hexe wird dies nicht zum Vertragszweck erheben wollen, da die Unwägbarkeit, ob und wieviel Vermögen zum Zeitpunkt der Heirat tatsächlich vorhanden ist, zu groß ist und außerhalb ihres Einflussbereichs liegt. Ebenso wenig wird sie in der Abwandlung für die inkorrekte Recherche der A über die Vermögensverhältnisse einstehen wollen, für die sie ebenfalls nichts kann. Hier bleibt der subjektive Verwendungszweck daher ein unbeachtliches Motiv.

Anders ist dies dann zu beurteilen, wenn die Parteien ersichtlich davon ausgehen, der subjektive Verwendungszweck einer Partei sei realistisch erreichbar und der Vertrag werde gerade mit Rücksicht auf diesen einen Verwendungszweck geschlossen, der sonst so nie zu Stande käme.[474] Der subjektive Verwendungszweck einer Partei wird nämlich

---

[473] *Larenz*, SchuldR AT, S. 326.

[474] *Larenz*, SchuldR AT, S. 326 f.

dann Teil des Vertragszweckes, wenn er den Vertragstyp besonders prägt.[475] Räume werden beispielsweise nicht selten ausdrücklich zu einem ganz bestimmten Zweck – z.B. zum Betrieb einer Gastwirtschaft – vermietet, und es wird dann zumeist auch die Höhe der Miete mit Rücksicht auf diesen Zweck festgesetzt.[476] Dieser Verwendungszweck gehört dann notwendigerweise zum Inhalt des (Miet-)Vertrages und prägt den Vertragszweck dementsprechend. Ist dies der Fall, wird der subjektive Verwendungszweck einer Partei im Rahmen der Auslegung des Vertrages zum konkreten Vertragszweck erhoben, der in die Auslegung der Leistungspflicht mit einzubeziehen ist. Solche Konstellationen sind aber gerade bei Verträgen auf parapsychologischer Grundlage äußerst selten. Denkbar ist eine solche Konstellation dann, wenn parapsychologische Dienstverträge der Unterhaltung dienen.

Beispiel 3: Der A bucht ein Ticket bei den Unterhaltungskünstlern „die Ehrlich-Brothers", die sich selbst als „Magier" bezeichnen und vor großem Publikum Zauberstücke aufführen (Leistungshandlung). Alle geplanten Zauberstücke funktionieren so wie geplant (Leistungserfolg) und der A hatte eine tolle Unterhaltung an diesem Abend (subjektiver Verwendungszweck).

Hier wird der subjektive Verwendungszweck zum Inhalt des Vertrages erhoben: Der Vertragszweck besteht nun darin, nicht (nur) den Leistungserfolg, sondern (auch) den subjektiven Verwendungszweck, die Unterhaltung des A, zu befördern.

1.2.2.6 Ergebnis

In der Regel liegt beim Dienstvertrag also neben dem Erfolg auch grundsätzlich der subjektive Verwendungszweck einer Partei außerhalb

---

475 *Beuthien*, Zweckerreichung und Zweckstörung im Schuldverhältnis, S. 53.

476 *Larenz*, Geschäftsgrundlage und Vertragserfüllung, S. 106, der solche Zweckstörungen allerdings über den Wegfall/Störung der GG lösen möchte; wie *Beuthien*, Zweckerreichung und Zweckstörung, S. 183 zurecht anmerkt, zeigt sich hier, wie wenig die Theorie eines vom Leistungserfolg verschiedenen Geschäfts- oder Vertragszwecks den Geschäftsinhalt und die Geschäftsgrundlage voneinander abzugrenzen vermag, denn Larenz erachtet diesen Vertragszweck zwar auch als für den Inhalt der Sachleistung maßgeblichen mittelbaren Vertragsinhalt, möchte dessen Störung aber nur als Erschütterung der GG behandeln (begriffliche Unstimmigkeiten).

des Vertrages. Der Erfolg gelangt über den Vertragszweck, der zum Inhalt des Vertrages gehört, allerdings insofern in den Vertragsinhalt, als dieser „befördert" werden muss. Dabei ist zu beachten, dass dieser Erfolg nur als Maßstab benutzt wird und nicht selbst zum Schuldinhalt gehört. Der Erfolg ist zunächst nur dem Gläubiger bekannt, wird aber für die Beurteilung der Leistung dann maßgeblich, wenn der Gläubiger den Schuldner auf diese(n) aufmerksam macht oder diese(r) sich aus den Umständen ergibt.[477] Der subjektive Verwendungszweck macht in der Regel keinerlei Vorgaben für die geschuldete Leistung und ist dementsprechend kein zu berücksichtigender Parameter, wenn der Vertrag auf parapsychologischer Grundlage nicht ausnahmsweise zu Unterhaltungszwecken geschlossen wird. Nur in diesem Fall wird er über den Vertragszweck zur Bestimmung der geschuldeten Tätigkeit herangezogen. Er muss dann, wie sonst der Erfolg, befördert werden. Wie die „Beförderung" auszusehen hat, wird im Folgenden beleuchtet.

1.2.2.6.1 Die Beförderung des Erfolges (Vertragszweck) als Vorgabe für die Leistungshandlung im Dienstvertrag

Die Beförderung des Erfolges könnte beim Dienstvertrag so aussehen, dass die äußerliche Vornahme der Tätigkeit an sich über das Kriterium der „Geeignetheit" definiert wird. So wird teilweise angenommen, dass der Zweigliedrigkeit der Dienstverträge – über der physischen Handlung schwebt stets ein damit zu bewirkender Erfolg – Rechnung getragen werden müsse, indem der Dienst im versprochenen Sinne zur Erlangung der mit dem Vertrag erstrebten Ergebnisse geeignet[478] bzw. prinzipiell dafür geeignet sein müsse, den erhofften, aber nicht geschuldeten Erfolg zu befördern.[479] Allerdings setzt eine erfolgsgeeignete Tätigkeit die Maßstäbe zu hoch an, denn hierdurch wird die Grenze zwischen dem Schulden der Erfolgsherbeiführung und dem Schulden einer erfolgsgerichteten Tätigkeit verwischt.[480] Zumal auch schon ein begrifflicher Unterschied zwischen erfolgsgerichtet und erfolgsgeeignet besteht: Während erfolgsgerichtet nur die Richtung angibt, die der Prozess der Tätigkeit an sich einschlagen soll, knüpft erfolgsgeeignet an die

---

477 *Tillmanns*, Strukturfragen des Dienstvertrages, S. 224, die anstelle des „Erfolges" den Terminus „Zweck" verwendet, was allerdings sprachlich ungenau ist (Tillmanns unterscheidet nicht zwischen Erfolg, Verwendungs- und Vertragszweck).

478 *BGH*, NJW 1990, 2549 (2550).

479 *Becker*, RW 2013, 123 (130).

480 *Tillmanns*, Strukturfragen des Dienstvertrages, S. 226.

Wirksamkeit der Tätigkeit an. Mit der Wirksamkeit der Tätigkeit ist dann aber wiederum nichts anderes gemeint als Erfolgsherbeiführung, die ja gerade nicht geschuldet ist und über den Umweg der Formulierung „Erfolgsgeeignetheit“ allerdings doch zum Inhalt des Schuldverhältnisses erhoben würde. Einziger Unterschied zum Werkvertrag wäre dann nur noch die Nichthaftung für einen zufälligen Nichteintritt des Erfolges aus anderen Gründen, die nicht in der Tätigkeit an sich begründet liegen. Dies überdehnt klar die Anforderungen an die Leistung innerhalb des Dienstvertrages. Im Gegenteil ist es so, dass der Schuldner nur zu redlichem und sorgfältigem Bemühen um den Erfolg verpflichtet ist, ohne dass der Erfolg **oder nur die Fähigkeit des Verpflichteten zur Herstellung des Erfolges garantiert wären.**[481] Um den Erfolgsbezug zu reduzieren, sollte daher stärker an den Tätigkeitsprozess angeknüpft werden: Ausschlaggebend ist die *subjektive Geeignetheit der durch die Vertragsparteien festgelegten Funktion der Tätigkeit.*[482]

1.2.2.6.2 Subjektive Geeignetheit der Funktion der Tätigkeit

Die Funktion der Tätigkeit bestimmen die Parteien. Es kommt also zunächst nicht darauf an, welche Funktion die Tätigkeit gewöhnlich hat.[483] Bei Verträgen auf parapsychologischer Grundlage gehen die Parteien übereinstimmend davon aus, dass die Handlungen des Dienstberechtigten die Fähigkeit haben, den konkret gewollten (aber nicht geschuldeten) Erfolg herbeiführen zu können. Nur auf diese Sichtweise kommt es an, denn diese ist Vertragsinhalt geworden. Die Maßgeblichkeit der subjektiven Vorstellungen der Parteien über die Tätigkeit verdeutlicht auch den Unterschied zur objektiven Wirksamkeit der Tätigkeit. Es kommt nicht darauf an, ob magische Kräfte tatsächlich existieren oder nicht, denn dies ist gerade nicht Vertragsinhalt geworden. Es kommt nur darauf an, dass die Parteien den Handlungen subjektiv die Funktion zuschreiben, den gewollten Erfolg befördern zu können. Diese Funktion der Tätigkeit ist bei Verträgen auf parapsychologischer Grundlage entweder ausdrücklich oder konkludent vereinbart. In Beispiel 1

---

481 *Himmelschein*, AcP 1932, 255 (285); Hervorhebung durch den Verfasser.

482 Ähnlich *Tillmanns*, Strukturfragen des Dienstvertrages, S. 226: „Entscheidend (...) sollte daher die Frage sein, ob die erbrachte Tätigkeit noch geeignet ist, die ihr von den Vertragsparteien zugedachte Funktion zu erfüllen“ (Tillmanns bezieht sich auf *Scherner*, JZ 1971, 533 (536) und *Sinzheimer*, Grundzüge des Arbeitsrechts, S. 7).

483 *Tillmanns*, Strukturfragen des Dienstvertrages, S. 228.

schreibt der Kunde dem Kartenlegen und Wahrsagen die Funktion zu, wahrheitsgetreue Aussagen über seine Zukunft machen zu können. In Beispiel 2 geht die A davon aus, dass die Rituale, die die B durchführt, den C tatsächlich zur Heirat bewegen können. Ob dies objektiv gesehen auch so ist, spielt keine Rolle, denn ob die Rituale objektiv tatsächlich wirksam und damit erfolgreich (bzw. erfolgsgeeignet) sind, ist für den Dienstvertrag irrelevant. Ähnlich ist dies im folgenden (überspitzten) Beispiel:

> Die A will den Einbürgerungstest in Deutschland absolvieren. Hierfür nimmt sie Nachhilfeunterreicht bei der B. A ist der Meinung, für den Einbürgerungstest seien auch Naturwissenschaften relevant. A und B kommen daraufhin überein, dass A der B Unterricht in Naturwissenschaften gibt (Leistungshandlung), obwohl dies für den Einbürgerungstest tatsächlich nicht erforderlich ist. A tritt den Test an, um dauerhaft in Deutschland leben zu können (Verwendungszweck). Die A besteht den Test nicht (das Bestehen wäre der Leistungserfolg).

Der konkrete Vertragszweck besteht darin, das Bestehen des Testes zu befördern. Die Parteien sind dabei (subjektiv) übereinstimmend davon ausgegangen, naturwissenschaftlicher Nachhilfeunterricht übernimmt die Funktion, diesen Erfolg zu befördern. Der subjektive Verwendungszweck der A macht hier keinerlei Vorgaben für die geschuldete Leistung, da er nicht zum Vertragszweck gehört. Hierbei ist es irrelevant, wenn sich herausstellt, dass keine einzige naturwissenschaftliche Frage im Einbürgerungstest zu beantworten war und die A mangels ausreichender Kenntnisse durchgefallen ist. Der Nachhilfeunterricht in Naturwissenschaften war eine ordnungsgemäße Dienstleistung der B, die nur durch die Bestimmung „naturwissenschaftlicher Nachhilfeunterricht" und den Vertragszweck „Beförderung des Bestehens des Einbürgerungstests anhand der übereinstimmend vereinbarten Funktion, dass naturwissenschaftlicher Nachhilfeunterricht hierzu geeignet ist", gebunden war.

Abwandlung Beispiel 3: Der A fühlt sich von der Show der Ehrlich-Brothers überhaupt nicht unterhalten und ärgert sich über die Zauberstücke, da er sie schon kannte und daher langweilig findet.

Aus diesem Grund spielt es auch keine Rolle, dass in der Abwandlung des Beispiels 3 keine Unterhaltung des A stattgefunden hat. Indem der A die Tickets für die Zaubershow der Ehrlich-Brothers gekauft hat, hat er konkludent der Funktion der Tätigkeit zugestimmt, dass diese zur Beförderung des (hier ausnahmsweise relevanten) Verwendungszweckes i.S.e. Unterhaltung geeignet ist. Wenn dies in der Realität dann doch so nicht zutrifft, kann er sein Geld alleine aus diesem Grund nicht zurückverlangen.

Sofern die Parteien der Tätigkeit des Dienstverpflichteten also übereinstimmend ausdrücklich oder konkludent eine bestimmte Funktion zuweisen, ist diese maßgeblich, auch wenn sie objektiv gar nicht geeignet ist, den gewollten, aber nicht geschuldeten Erfolg zu befördern. „Zum Inhalt des Vertrages wird die Funktion in aller Regel schon dann, wenn für den Dienstverpflichteten ersichtlich ist, welche Funktion die Tätigkeit für den Gläubiger haben soll."[484]

1.2.3 Ergebnis

Hat nun der Vertragszweck (Beförderung des Erfolges, seltener des subjektiven Verwendungszweckes) die Leistungshandlung konkretisiert, indem die Parteien der Leistungshandlung eine gewisse Funktion (subjektiv) zuordnen, und spielt ansonsten neben der äußerlichen Vornahme der Handlung weder die Erreichung des Erfolges noch die objektive Wirksamkeit eine Rolle, so kann im Folgenden die Frage nach der Unmöglichkeit einfach beantwortet werden:

Für § 275 Abs. 1 BGB ist die Annahme, dass es bei Dienstverträgen nicht unmöglich sein darf, mit der fraglichen Handlung den Leistungserfolg zu erreichen, für dessen Erreichung der Dienst vereinbart wurde,[485] gänzlich falsch. Hierdurch wird zu stark an den Erfolg angeknüpft, der nicht geschuldet ist. Richtigerweise kommt es nur auf den Prozess der Tätigkeit an und welche Funktion die Parteien diesem subjektiv zugeordnet haben. Bei Verträgen auf parapsychologischer Grundlage haben die Parteien der (zumeist nur rudimentär beschriebenen) Tätigkeit in der Regel zumindest konkludent die Funktion zugewiesen, den gewollten Erfolg befördern zu können. Auf die objektive Eignung der Tätigkeit für den Erfolg kommt es dabei gerade nicht an. *Der Dienstverpflichtete hat also folgende Vorgaben bekommen: (i) Eine ganz grobe*

---

484 *Tillmanns*, Strukturfragen des Dienstvertrages, S. 228.

485 *Becker*, RW 2013, 123 (131).

Beschreibung der Tätigkeit (z.B. Rituale, Kartenlegen, etc.), innerhalb derer er bei der näheren Ausgestaltung völlig frei ist und (ii) die Erfüllung des Vertragszweckes, der sich darin erschöpft, den beabsichtigten Erfolg zu befördern. Diesen Vertragszweck erfüllt der Dienstverpflichtete aber in der Regel schon dann, wenn er die von ihm näher zu konkretisierende Handlung äußerlich vornimmt, da die Parteien ihr übereinstimmend die Funktion zugeschrieben haben, hierfür geeignet zu sein. Hat der Dienstverpflichtete sich an diese Vorgaben gehalten, so hat er die Leistung ordnungsgemäß erbracht. **Unmöglichkeit scheidet aufgrund ordnungsgemäßer Erfüllung i.S.d. § 362 BGB dann von vorneherein aus.**

Nicht ganz unerheblich ist in dem Zusammenhang (der Unmöglichkeit) auch, ob es für die Tätigkeit an sich Regeln gibt und ob die Parteien diese Regeln zur Konkretisierung der Art der Tätigkeit vereinbart haben. Windel meint, dass es wohl kaum darauf ankommen kann, dass der Leistende die Stirn in Falten legt und mit geschwollenen Äderchen am Auge angestrengt in seine Kristallkugel stiert, für das Erstellen von Horoskopen und das Legen und Lesen von Karten dagegen nachvollziehbare Regeln existieren.[486] Er übersieht dabei allerdings die die Leistungskonkretisierungsbefugnis des Dienstberechtigten. Die Vorgaben, die der Dienstverpflichtete bekommen hat, sehen im Gegensatz zum oberen Abschnitt dann folgendermaßen aus: *(i) Eine weniger grobe Beschreibung der Tätigkeit (z.B. Sterndeutung) dergestalt, dass der Dienstverpflichtete bei der näheren Ausgestaltung nicht völlig frei ist, sondern die „Regeln der Kunst" beachten und einhalten muss und (ii) die Erfüllung des Vertragszweckes, der sich darin erschöpft, den beabsichtigten Erfolg zu befördern. Diesen Vertragszweck erfüllt der Dienstverpflichtete aber in der Regel schon dann, wenn er die Regeln der Kunst einhält und äußerlich vornimmt, da die Parteien ihnen übereinstimmend (oder konkludent) die Funktion zugeschrieben haben, hierfür geeignet zu sein.*

Ähnlich ist dies bei dem homöopathischen Einsatz von Arnica, der wissenschaftlich (oder besser schulmedizinisch) ebenfalls nicht nachweisbar in seiner Wirkung ist. Die Gabe von Arnica ist zwar letztendlich nichts anderes als die Gabe von Zuckerkügelchen. Allerdings folgt die Gabe von Arnica ebenfalls bestimmten Regeln (Indikationen). Der Dienstberechtigte wird diese Indikationen auch immer (zumindest konkludent) zur Leistungskonkretisierung gebrauchen, denn wieso sollte er sich Arnica für eine Beschwerde verschreiben lassen, für die Arnica gar nicht indiziert ist.

---

486 *Windel*, ZGS 2011, 218 (221).

Die Parapsychologie wird naturwissenschaftlich zwar nicht mehr verständlich, wenn für gewisse Rituale hundertjährige Traditionen existieren und für andere nicht. Versteht man eine Leistungspflicht allerdings tätigkeitsbezogen, so spielen die für manche parapsychologischen Bereiche existierenden „Regeln der Kunst" dort eine Rolle, wo sie zumindest konkludent die entsprechenden Handlungen, Rituale oder Ähnliches bei ihrer physisch/faktischen Vollziehung konkretisieren sollen.[487]

1.3 Verbleibende Fälle des § 275 Abs. 1 BGB im Rahmen eines Dienstvertrages auf parapsychologischer Grundlage

Nach oben Gesagtem könnte man annehmen, § 275 Abs. 1 BGB fände demnach niemals Anwendung, wenn ein Dienstvertrag in Rede steht. Diese Annahme ist jedoch falsch. Nach § 275 Abs. 1 BGB ist der Anspruch auf Leistung ausgeschlossen, soweit diese für den Schuldner (Alt. 1) oder für jedermann (Alt. 2) unmöglich ist. Da für den Dienstvertrag allerdings § 613 BGB gilt und die Dienste im Zweifel höchstpersönlich zu erbringen sind, gelangt regelmäßig zunächst § 275 Abs. 1 Alt. 1 BGB zur Anwendung. Auch bei Verträgen auf parapsychologischer Grundlage macht die Zweifelsregelung des § 613 BGB Sinn, denn der Dienstberechtigte wendet sich in der Regel an einen Dienstverpflichteten seines Vertrauens bzw. aufgrund von dessen parapsychologischen individuellen Fachkenntnissen. Wenn aber nach dem Inhalt der Vereinbarung ausschließlich der Schuldner die Leistung erbringen darf, macht es keinen Sinn zu prüfen, ob die Leistung „für jedermann" unmöglich geworden ist.[488] Kann von vorneherein allerdings nur einer leisten, so kann bei seinem Unvermögen (also bei der Feststellung subjektiver Unmöglichkeit) in der Konsequenz gar keiner mehr leisten, so dass sich eine Grenze zwischen objektiver und subjektiver Unmöglichkeit gar nicht mehr ziehen lässt.[489]

So läge beispielsweise im Fall des Kartenlegens/Zukunftsdeutens (subjektive bzw. im Ergebnis auch objektive) Unmöglichkeit dann vor, wenn der Zeitpunkt, für den die Zukunft gedeutet werden soll, bereits

---

487 BeckOGK/*Riehm*, BGB, § 275 Rn. 75.

488 *Tillmanns*, Strukturfragen des Dienstvertrages, S. 354.

489 *Richardi*, NZA 2002, 1004 (1006); *Enneccerus/Lehmann*, Recht der Schuldverhältnisse, S. 130 f.

in der Vergangenheit liegt oder keine Karten mehr gelegt werden können, weil der Dienstverpflichtete erblindet, beide Hände verliert oder dement wird.

2. Zusammenfassung und Generalisierung

Da der Erfolg bei einem Dienstvertrag Sache des Bestellers ist, kann der Kunde nicht deshalb die Bezahlung verweigern, weil der erhoffte Erfolg ausgeblieben ist oder weil nicht nachweisbar ist, dass die bestellte Leistung überhaupt den erhofften Erfolg bringen kann.[490] Die Annahme von Unmöglichkeit und der Nichtgeltung des § 326 Abs. 1 BGB wirkt überflüssig, wenn sich die gleiche Lösung über die strikte Gesetzesanwendung des § 611 BGB erreichen lässt. Denn wenn der BGH mühsam von Risikoübernahmen spricht, so entspringt die mühsam erarbeitete Risikoverteilung, wie sie der BGH in diesem Fall am Ende gerne hätte, schon der Natur der Sache:

Wenn der BGH in seiner Entscheidung die Erreichung des Erfolgs ins Spiel bringt, obwohl er einen Dienstvertrag annimmt, bei dem die Erreichung des Erfolges rechtsdogmatisch gar nicht geschuldet wird, dann liegt dies wahrscheinlich daran, dass es – führt man seine Ansicht weiter – sehr seltsam klänge, zu behaupten, jemand kaufe eine Leistung ein, obwohl ihm gleichgültig sei, ob diese erbracht werden kann oder nicht[491].

Nach den übereinstimmenden Auffassungen der Parteien, (die nach dem objektiven Empfängerhorizont keine andere Auslegung zu lassen,[492]) sollte die äußerliche Vornahme der vereinbarten Handlungen allerdings unabhängig von ihrer Wirksamkeit genügen, um die Entgeltpflicht des Kunden auszulösen.[493] Wenn sich dieses Ergebnis schon aus der Natur des Dienstvertrages und der Vertragsauslegung ergibt, so macht es der BGH unnötig kompliziert, wenn er der Leistungspflicht zunächst einen weitergehenden Inhalt (Erfolgskriterium) entnimmt (als für einen Dienstvertrag eigentlich nötig), um dann in einem weiteren

---

[490] *Richardi*, NZA 2002, 1004 (1006); *Enneccerus/Lehmann*, Recht der Schuldverhältnisse, S. 130 f.

[491] (, da er sich ja deren Unmöglichkeit bewusst ist); *Schermaier*, JZ 2011, 633 (636).

[492] Siehe oben, S. 117.

[493] BeckOGK/*Riehm*, BGB, § 275 Rn. 78.

Schritt die Nichterfüllung dieser überflüssigen weitergehenden Pflicht unter Hinweis auf den Parteiwillen doch sanktionslos zu stellen.[494]

3. Magische Kräfte als Geschäftsgrundlage nach § 313 BGB?

Der BGH ist der Meinung, die Parteien hätten den Einsatz magischer Kräfte vereinbart.[495] Wie ausführlich dargestellt, ist dies gerade nicht der Fall, sondern maßgeblich ist nur die äußerliche Vornahme der Tätigkeit zur Erreichung des Vertragszweckes anhand der ihr von den Parteien gegebenen Funktion an sich, nicht was dahintersteht oder wie die Tätigkeit wirklich wirkt. Angedacht werden könnte allerdings, dass die magischen bzw. parapsychologischen Kräfte zur Geschäftsgrundlage geworden sind. § 313 BGB behandelt in Abs. 2 solche Fälle, bei denen sich wesentliche Vorstellungen, die zur Grundlage des Vertrags geworden sind, als falsch herausstellen. Rechtsfolge ist eine Anpassung des Vertrages (Abs. 1) oder – falls dies nicht möglich ist – die Kündigung des Vertrages (Abs. 3). Man kann den Parteien parapsychologischer Dienstverträge durchaus unterstellen, dass beide Parteien gemeinsam die Vorstellung hatten, dass magische Kräfte beim Dienstverpflichteten vorhanden sind bzw. dass zumindest der Dienstberechtigte von magischen Fähigkeiten des Dienstverpflichteten ausgegangen ist und dies für den Dienstverpflichteten auch erkennbar war.

Wenn sich nun die Vorstellung der Parteien oder des Dienstberechtigten, dass der Dienstverpflichtete magische Kräfte besitzt, im Nachhinein als falsch herausstellt, liegt ein klassischer Motivirrtum[496] vor. Liegt also eine die Motivation der Parteien bestimmende sichere Erwartung vor, deren Zweifelhaftigkeit oder Unrichtigkeit die Parteien bei entsprechender Kenntnis davon abgehalten hätte, den Vertrag in dieser Weise zu schließen oder der Gegenpartei zuzumuten, wäre § 313 Abs. 2 BGB einschlägig.[497] Doch passt dieser Fall hier gerade nicht, denn die maßgebliche Motivation, warum die Parteien den Vertrag überhaupt geschlossen haben, besteht im Glauben an die Parapsychologie. Dies bedeutet, dass sie selbst bei Kenntnis der naturwissenschaftlichen Unbeweisbarkeit der Existenz solcher parapsychologischen Kräfte – die der

---

[494] BeckOGK/*Riehm*, BGB, § 275 Rn. 78.

[495] *BGH*, NJW 2011, 756 (758).

[496] BT-Drs. 14/6040, S. 176.

[497] *Westermann/Bidlynski/Weber*, SchuldR AT, § 12 Rn. 12/9; *Medicus/Lorenz*, SchuldR AT, Rn. 566; *Looschelders*, SchuldR AT, Rn. 753.

BGH als allgemein bekannte Tatsache sowieso voraussetzt[498] – den Vertrag so geschlossen hätten. § 313 Abs. 2 BGB scheidet demnach aus.

Auch hier zeigt sich abermals, dass eine Aufklärung vor allem für den Dienstberechtigten enorm wichtig ist. Die Aufklärung muss aufzeigen, dass die Grundlage, auf dem der Vertrag steht, letztendlich eine Glaubensfrage ist und naturwissenschaftlich ohne Wirksamkeitsbeleg daherkommt. Um ein böses Erwachen zu verhindern, dass der (nicht sittenwidrige) Vertrag gilt, könnte ein Hinweis auf das Gefälle zwischen Wissenschaft und Parapsychologie vor jedem Vertragsschluss eine zentrale Rolle einnehmen. In welcher Form und Intensität diese Aufklärung zu erfolgen hat, wird im letzten Kapitel ermittelt.

---

498 *BGH*, NJW 2011, 756 (757); siehe oben, S. 86 ff.

Kapitel 5: Vergleich parapsychologischer Verträge mit dem Behandlungsvertrag gem. § 630a BGB

Eine ähnlich zentrale Rolle spielt die Aufklärung beim Behandlungsvertrag gemäß § 630a BGB. Es bietet sich daher an, den Vertrag auf parapsychologischer Grundlage mit dem Behandlungsvertrag zu vergleichen, um mögliche Parallelen bei der rechtlichen Behandlung von Verträgen auf parapsychologischer Grundlage zu nutzen.

Vor der Kodifizierung des § 630a BGB wurde das vertragliche Verhältnis zwischen den Parteien eines Behandlungsvertrages als in der Regel dienstvertraglicher Natur mit im Schwerpunkt dienstvertraglichen Elementen charakterisiert.[499] Er galt sozusagen als Dienstvertrag sui generis. Dieser zeichnete sich insbesondere durch eine Aufklärungspflicht gegenüber dem Behandelten aus,[500] die kein medizinisches Detailwissen vermittelt, sondern dem Patienten die Schwere und Tragweite eines etwaigen Eingriffs verdeutlichen sollte, so dass er eine ausreichende Entscheidungsgrundlage für die Ausübung seines Selbstbestimmungsrechts erhält.[501]

1. Die Merkmale eines Behandlungsvertrages nach den §§ 630a ff. BGB

Gegenstand des Behandlungsvertrages gemäß § 630a BGB ist die Zusage einer medizinischen Behandlung von Menschen, die grundsätzlich Heilkunde im weiten Sinne erfasst.[502] Unter medizinischer Behandlung versteht man generell neben der Diagnose auch die Therapie und damit sämtliche Maßnahmen und Eingriffe am Körper eines Menschen, um Krankheiten, Leiden, Körperschäden, körperliche Beschwerden oder

---

[499] BT-Drs. 17/10488, S. 17 mit Hinweis auf *BGH*, NJW 1967, 673; *BGH*, NJW 1980, 1452 (1453); *BGH*, NJW 1986, 2364.

[500] MüKoBGB/*Wagner*, § 630a Rn. 3.

[501] BT-Drs. 17/10488, S. 24

[502] *Spickhoff*, Medizinrecht, § 630a BGB Rn. 12 f.

seelische Störungen (nicht) krankhafter Natur zu verhüten, zu erkennen, zu heilen oder zu lindern.[503] Allerdings erfasst die „Behandlung" auch über den Begriff der Heilbehandlung im Ergebnis deutlich hinausgehende Maßnahmen, die nicht der Heilung oder der Linderung von Krankheiten dienen (z.B. „Schönheits-/Wunschoperationen"), grenzt diese also keineswegs aus.[504] Vorbehaltlich des § 134 BGB sollten unter §§ 630a ff. BGB (i) auch solche Dienstleistende gefasst werden, die nicht approbiert sind oder nicht über eine Zulassung im Heilgewerbe besitzen, wenn die Durchführung von Maßnahmen vereinbart wird, die an sich unter den Begriff der medizinischen Behandlung fallen sowie (ii) Behandelnde, die sich als Angehörige eines Heil(hilfs)berufs im Sinne von Art. 74 Abs. 1 Nr. 19 GG gerieren, ohne die Voraussetzungen hierfür zu erfüllen.[505]

2. Verträge auf parapsychologischer Grundlage als Behandlungsverträge

Grundsätzlich können Verträge auf parapsychologischer Grundlage demnach auch Behandlungsverträge sein, mit der Folge, dass sie den §§ 630a ff. BGB unterfallen – nämlich dann, wenn parapsychologische Leistungserbringer eine „medizinische Behandlung" durchführen. Die Begrifflichkeit der medizinischen Behandlung reicht dabei auch über eine heilkundliche Behandlung i.S.d. HeilPG hinaus.[506] In Deutschland wächst dieser Markt medizinisch nicht erforderlicher Leistungen oder Außenseiterbehandlungen[507] und nichtärztlicher Heilangebote, die teilweise bis in das Gebiet der Esoterik hineinreichen und bzgl. derer Lehren vertreten werden, die medizinischen, wenn nicht naturwissenschaftlichen Erkenntnissen, widersprechen.[508] Hierzu gehören beispielhaft Rutengängerei, Kinesiologie, Freie Energie, Reinkarnationstherapie, Feng Shui, Bioresonanztherapie, Bioenergetik, Reiki oder Astrologie.[509] Eine Grenze ist wohl erst dort erreicht, wo sichergestellt ist (etwa durch einen Aushang oder ein zu unterzeichnendes Merkblatt), dass die reine Behandlung (ohne diagnostische Tätigkeit) eine ärztliche Therapie nicht

503 BT-Drs. 17/10488 S. 17 f.

504 *Spickhoff*, Medizinrecht, § 630a BGB Rn. 12 f.

505 *Spickhoff*, Medizinrecht, § 630a BGB Rn. 17, sog. „Eindruckstheorie".

506 BeckOGK/*Walter*, BGB, § 630a Rn. 38.

507 *Schuldzinski*, VuR 2007, 428.

508 *Becker*, RW 2013, 123 (124).

509 *Kaiser*, in: *Ratzel/Luxenburger*, Handbuch Medizinrecht, S. 621 Rn. 47 f.

ersetzen kann und der Heiler darüber hinaus von den Behörden entsprechend gewerberechtlich überwacht wird.[510] Diejenigen Behandelnden, die (durch einen solchen Aushang/Merkblatt) nicht unter die Kategorie der „medizinischen" Behandlung „von Patienten" fallen, werden dann in anderen Vertragsformen tätig (z.B. allgemeiner Dienstvertrag).[511]

3. Rechtliche Behandlung von Behandlungsverträgen auf parapsychologischer Grundlage

Kann nun nach den eben beschriebenen Beispielen ein Behandlungsvertrag i. S. d. §§ 630a ff. BGB auf der Basis einer parapsychologischen (Dienst-)Leistung, deren Heilungserfolg nach den Erkenntnissen der medizinischen Wissenschaft nicht nachweisbar ist – wie es beispielsweise bei esoterischen Therapieangeboten der Fall sein mag – angenommen werden, stellt sich die Frage, wie Leistungsstörungen nach § 630a BGB definiert und behandelt werden.

Hierbei wird unter anderem, aber für die hier zu betrachtenden Zwecke maßgeblich, zwischen Aufklärungspflichtverletzung und Behandlungsfehler unterschieden. Je nachdem, ob ein approbierter Arzt oder ein (nicht approbierter) Heilpraktiker o.Ä. behandelt, wirkt sich eine solche Differenzierung der Berufsrolle bei der Definition der jeweiligen Sorgfaltspflichten aus.[512] Die Sorgfaltsanforderungen an einen Heilpraktiker sind beispielsweise nicht mit denen eines Facharztes vergleichbar, solange sich der Heilpraktiker nicht solcher Behandlungsmethoden bedient, die in ihrer Größe und ihren Risiken denen eines Arztes entsprechen (dann entspricht der Sorgfaltsmaßstab dem eines approbierten Arztes).[513] Ist dem Patienten die fehlende Qualifikation bzw. die fehlende Zulassung des Behandelnden bewusst, kommt eine ggf. stillschweigend individuell vereinbarte Standardabsenkung unter das Maß des an sich allgemein maßgeblichen anerkannten fachlichen Standards (§ 630a Abs. 2 BGB) in Betracht.[514]

---

510 *BVerfG*, NJW-RR 2004, 705 (706).

511 *Spickhoff*, Medizinrecht, § 630a BGB Rn. 18.

512 MüKoBGB/*Wagner*, § 630a Rn. 135.

513 *BGH*, NJW 1991, 1535 (1537).

514 *BGH*, NJW 1991, 1535 (1537); *Spickhoff*, Medizinrecht, § 630a BGB Rn. 17, sog. „Eindruckstheorie".

3.1 Aufklärungspflichtverletzung

Verdeutlicht man sich, dass § 630e BGB auch für den Heilpraktiker bzw. nicht approbierten Arzt gilt, so begeht auch dieser eine Pflichtverletzung, wenn er seinen Patienten nicht in der Form des § 630e BGB (unter anderem auch über die Erfolgsaussichten) aufklärt; hierzu gehört nicht nur die Aufklärung über die Erfolgsaussichten, sondern womöglich auch die Information, dass er selbst keine Kenntnisse der zu behandelnden Krankheit und keine Erfahrungen mit deren Behandlung besitzt.[515] Eine Pflichtverletzung soll bei einem Heilpraktiker allerdings dann nicht vorliegen, wenn er (i) nicht auf seine mangelnde fachärztliche Kompetenz sowie die Überlegenheit fachärztlicher Diagnose- und Therapiemöglichkeiten und (ii) nicht auf die aus fachmedizinischer Sicht unzureichende Erfolgskontrolle seiner Heilmethoden hingewiesen hat, da der Patient (i) sich ausdrücklich und bewusst von der Schulmedizin abgewandt und für einen Heilpraktiker entschieden hat und (ii) der Patient eines Heilpraktikers gerade Wert auf solche Behandlungsmethoden legt, deren Wirksamkeit von der Fachmedizin nicht oder nur zum Teil anerkannt wird.[516] Wie aber soll die Aufklärung über die Eignung und Erfolgsaussichten aussehen, wenn der Maßstab hier, wie beschrieben, nicht die fachmedizinischen Standards sind? Die Geltung des § 630e BGB auch für nicht approbierte Ärzte bzw. Heilpraktiker zeigt, dass es im Grunde doch darauf hinausläuft, den Behandelten darüber aufzuklären, dass die Wirksamkeit der jeweiligen Methode wissenschaftlich nicht nachweisbar ist, um eine Haftung sicher zu vermeiden.[517] Denn da im Rahmen des § 630e BGB eben auch über die Eignung und Erfolgsaussichten aufgeklärt werden muss, bleibt quasi keine andere Möglichkeit, als auf das Gefälle/den Unterschied zur Schulmedizin hinzuweisen.

---

[515] *OLG München*, VersR 1991, 471 (474).

[516] *OLG München*, VersR, 1991, 471 (474 f.); *OLG Stuttgart*, VersR 1999, 1027 (1028).

[517] So auch widersprüchlich *OLG München*, VersR 1991, 471 (474), wo das Gericht zunächst eine Hinweispflicht des Heilpraktikers auf die aus fachmedizinischer Sicht unzureichende Erfolgskontrolle seiner Heilmethoden ablehnt, dann aber doch eine Aufklärungspflicht über die Erfolgsaussichten der Therapie mithilfe eines Hinweises auf die wissenschaftlich nicht nachgewiesene Wirksamkeit annimmt.

3.2 Behandlungsfehler

Es ist vom Behandelnden zu erwarten, dass er „unter Einsatz der von ihm zu fordernden (medizinischen) Kenntnisse und Erfahrungen im konkreten Fall vertretbare Entscheidungen über die diagnostischen sowie therapeutischen Maßnahmen getroffen und diese Maßnahmen sorgfältig durchgeführt hat".[518] Unterschreitet er den jeweils zu fordernden Standard, liegt ein Behandlungsfehler vor. Der Verstoß kann bei der Diagnose, der Prophylaxe, der Therapie und der Nachsorge vorfallen, wobei nicht nur die „klassischen" Fehler bei der Behandlung selbst, sondern auch die Fehler im Behandlungsumfeld erfasst sind.[519]

Schließt das Selbstbestimmungsrecht eines informierten und um die Tragweite seiner Entscheidung aufgeklärten Patienten die Befugnis ein, jede nicht gegen die guten Sitten verstoßende Behandlungsmethode zu wählen, so kann aus dem Umstand, dass der Heilbehandler den Bereich der Schulmedizin verlassen hat, nicht von vornherein oder alleine deshalb auf einen Behandlungsfehler geschlossen werden.[520] Die Anwendung solcher nicht allgemein anerkannter Therapieformen und sogar ausgesprochen paraärztlicher Behandlungsformen ist rechtlich also grundsätzlich erlaubt.[521] Die Rechtsprechung überprüft die Methodenwahl auf Behandlungsfehlerebene grundsätzlich dahingehend, ob der Behandelnde unter Einsatz der von ihm zu fordernden Kenntnisse und Erfahrungen im konkreten Fall vertretbare Entscheidungen über die diagnostischen sowie therapeutischen Maßnahmen getroffen hat.[522] Eine Pflichtverletzung soll insbesondere dann vorliegen, wenn (i) durch die Tätigkeit des Heilpraktikers eine Behandlung durch einen Facharzt unterblieben ist und dem Behandelnden dadurch ein Schaden entstanden ist[523] und sofern (ii) eine Methode angewendet wird, für deren Wirksamkeit überhaupt keinerlei Anhaltspunkte vorliegen.[524] Dann muss man sich aber auch hier die Frage stellen, wie Wirksamkeit definiert wird, wenn gerade keine fachmedizinischen Standards herangezogen

---

518 *BGH*, NJW 1987, 2291 (2292).

519 BT-Drs. 17/10488, S. 20; BeckOK/*Katzenmeier*, BGB, § 630a Rn. 193.

520 *BGH*, VersR 1991, 469; *Kaiser*, in: *Ratzel/Luxenburger*, Handbuch Medizinrecht, S. 622.

521 *BGH*, VersR 1991, 469.

522 Grundlegend zum ärztlichen Therapiewahlfehler *BGH*, NJW 1987, 2291 (2292).

523 *OLG München*, VersR 1991, 471 ff.

524 *BGH*, VersR 1991, 469.

werden, da derjenige, der sich in die Hände eines Heilpraktikers gibt, ja gerade eine Therapie jenseits der Fachmedizin wünscht.

3.3 Erstes Zwischenergebnis

Schon die Aussage, dass auch ein Heilpraktiker keine Methode anwenden dürfe, für deren Wirksamkeit es keine Anhaltspunkte gibt, mutet widersprüchlich zu dem Gedanken an, dass der Patient eines Heilpraktikers gerade keinen Wert auf die fachmedizinische Wirksamkeit legt und deshalb im Vorfeld der Behandlung darüber gerade nicht aufgeklärt werden muss.[525] Sie verdeutlicht außerdem, welche Schwierigkeiten es bereitet, die Grenze zwischen solchen Behandlungen zu ziehen, die noch erlaubt sind, und solchen, die es nicht mehr sind. Der Streit entscheidet sich an der Definition der „Wirksamkeit jenseits der Fach-/Schulmedizin".

3.4 Unmöglichkeit

Unabhängig von dieser schwierigen Abgrenzung wird ein solcher Behandlungsfehler bisweilen als Therapiewahlfehler unter dem „ganz normalen" Schadensersatz des § 280 BGB behandelt. Die Unmöglichkeit spielte bisher bei Behandlungsverträgen (auch vor Einführung der §§ 630a ff. BGB) keine große Rolle. § 275 Abs. 1 BGB wurde in der Literatur nur dort diskutiert, wo erforderliche personelle oder apparative Mittel fehlen, keine Behandlungsmethoden zur Verfügung stehen oder Maßnahmen einen noch größeren Gesundheitsschaden (als bereits vorhanden) bis hin zum Tode verursachen würden.[526] Becker nutzt das Kriterium der Erfolgsgeeignetheit der Behandlung, um eine neue Leistungsstörungsfallgruppe einzuführen. Ist weder die ausgesuchte Therapie noch die Methode, die zur Diagnosestellung gewählt wurde, geeignet einen Behandlungserfolg zu erzielen, soll Unmöglichkeit vorliegen.[527] Generell sollen Behandlungsverträge nämlich unter der Prämisse einer gewissen Tauglichkeit der Leistungshandlung i.S.d. getroffenen Vereinbarung geschlossen werden, so dass die Unmöglichkeit immer dann zum Zuge komme, wenn die Behandlung keine ernstzunehmende

---

525 Siehe oben, S. 145 f.

526 *Ulsenheimer*, MedR 1994, 425 (427); siehe auch: *Eser*, in: FS Narr (1988), S. 47 (57 f.).

527 *Becker*, MedR 2014, 475 (478).

Chance auf einen Therapieerfolg biete.[528] Ausgeschlossen sei sie daher innerhalb der Schulmedizin und bei Experimental- und Neulandbehandlungen sowie bei allen Behandlungen, für die eine Ersatzpflicht der gesetzlichen Krankenkassen existiert.[529] Becker unterstellt den oben diskutierten Behandlungsfehler also nicht dem § 280 Abs. 1 BGB, sondern dem § 311a BGB und verlagert damit lediglich dieselben Abgrenzungsschwierigkeiten (wie beim „normalen Schadensersatz") bzgl. der erlaubten und nicht erlaubten Behandlungen in einen anderen Leistungsstörungsbereich.

Unabhängig von der bereits angesprochenen Problematik der „Erfolgsgeeignetheit" der Leistung begegnet die Anwendung des Unmöglichkeitsrechts auf diese Art Behandlungsfehler/auf diese Fallgruppe allerdings Kritik. Im (auch hier vertretenen) Grundsatz liegt nämlich dann kein Fall der Unmöglichkeit mit der Rechtsfolge, dass der Vergütungsanspruch ipso iure gemäß § 326 BGB entfällt, vor, wenn und soweit die vertragliche „Behandlungsleistung" so wie versprochen vorgenommen werden kann bzw. vorgenommen worden ist.[530]

Teilweise wird diese Kritik allerdings aufgeweicht und modifiziert. Dann sollen die vom BGH aufgestellten Grundsätze nur innerhalb ganz bestimmter Konstellationen auf Behandlungsverträge zu übertragen sein: „Verspricht der Behandelnde eine Tätigkeit, die physisch möglich ist, bei der es aber umstritten, zweifelhaft oder nachgerade unwahrscheinlich ist, dass sie irgendeinen günstigen Effekt auf die Heilung des Patienten hat – wie es beispielsweise bei esoterischen Therapieangeboten der Fall sein mag – liegt kein Fall der §§ 275, 326 BGB vor. Anders liegt es, wenn sich die konkret vereinbarte Leistungshandlung auf den Gebrauch übernatürlicher Kräfte, Magie oder Parapsychologie bezieht."[531] Oftmals lässt sich bei solchen Behandlungen aber gar nicht genau nachvollziehen, welcher Einsatz genau bezweckt ist, zumal Esoterik bzw. schulmedizinisch nicht verifizierbare Behandlungen auf der einen Seite und parapsychologische Behandlungen auf der anderen Seite nur schwer voneinander abgrenzbar sind. So ist sowohl die Parapsychologie als auch die Esoterik eine Grenzwissenschaft. Die Eso-

---

[528] *Becker*, RW 2013, 123 (131); *ders.*, MedR 2014, 475 (476).

[529] *Becker*, MedR 2014, 475 (476); *ders.*, RW 2013, 123 (126), da sich die Schulmedizin durch ihre methodische Herangehensweise abgrenzt und in den anderen Fällen § 326 Abs. 1 BGB abbedungen ist.

[530] MüKoBGB/*Wagner*, § 630a Rn. 73.

[531] MüKoBGB/*Wagner*, § 630a Rn. 73.

terik wird definiert als eine weltanschauliche Bewegung, die durch Heranziehung okkultistischer, anthroposophischer, metaphysischer u.a. Lehren und Praktiken auf die Selbsterkenntnis und Selbstverwirklichung des Menschen abzielt.[532] Die Parapsychologie wird definiert als Wissenschaft, die versucht, okkulte Vorgänge und übersinnliche/metaphysische Fähigkeiten des Menschen zu erforschen.[533] Schon die jeweilige Begriffsdefinition benutzt teilweise übereinstimmende Beschreibungen, die verdeutlichen, wie eng die beiden Gebiete verbunden sind und dass diese sich teilweise überscheiden. So steht beispielsweise bei der sogenannten Reiki-Behandlung der Einsatz der universellen Energie (Rei) und der individuellen Lebensenergie (Ki) im Vordergrund.[534] Ähnlich stellt sich die Pendelmethode dar, bei der mithilfe eines in der Hand einer angeblich sensiblen Person gehaltenen Pendels Störfelder des Körpers oder Erdstrahlen erkannt werden sollen.[535] Ob man den Einsatz einer solchen nicht nachweisbaren Energie (bei der Reikibehandlung oder Pendeldiagnostik) nun unter den Einsatz übernatürlicher, magischer, parapsychologischer Kräfte subsumiert oder „nur" der Esoterik zuschreibt, bleibt Auslegungssache und nach den Umständen des Einzelfalles zu entscheiden – jedenfalls kann man sich hierüber durchaus streiten. Eine derart umstrittene Einordnung kann aber nicht darüber entscheiden, ob § 275 BGB zur Anwendung gelangt oder nicht. Wo beginnt der Einsatz übernatürlicher Kräfte und wo endet er bzw. wo ist die Grenze überschritten, nach der sich die Anwendbarkeit des § 275 Abs. 1 BGB rechtfertigt? Ein derart „biegsames" Kriterium über derart krasse Rechtsfolgen der Unmöglichkeit entscheiden zu lassen, verbietet sich vor diesem Hintergrund und fördert die Rechtsunsicherheit der Parteien, die sich bei einem derartigen Vertragsschluss immer dem Risiko der Unmöglichkeit der Leistungsvereinbarung aussetzen würden. Überzeugender ist es daher, alleine die äußerliche Vornahme der vereinbarten Handlung zu betrachten, denn wie auch der BGH anerkennt, sollte nach der übereinstimmenden Auffassung der Parteien die äußerliche Vornahme der Handlung unabhängig von ihrer Wirksamkeit genügen, um die Entgeltpflicht des Kunden auszulösen.[536] Hier

---

532 Bedeutungsübersicht „Esoterik" auf Duden online: https://www.duden.de/rechtschreibung/Esoterik, zuletzt abgerufen am 02. Januar 2019.

533 http://www.wortbedeutung.info/Parapsychologie/, zuletzt abgerufen am 02. Januar 2019.

534 Näheres auf: http://www.rei-ki.info/, zuletzt abgerufen am 02. Januar 2019.

535 *Ernst*, DÄBl. 2005, A 3034 (A 3035).

536 BeckOGK/*Lorenz*, BGB, § 275 Rn. 78.

kommt man exakt zu dem gleichen Schluss wie oben:[537] Ist dies schon das Ergebnis der Vertragsauslegung, ist es unnötig, dem Vertrag zunächst einen weitergehenden Inhalt der Leistungspflicht entnehmen zu wollen, um dann in einem zweiten Schritt die Nichterfüllung dieser weitergehenden Leistungspflicht unter Hinweis auf den Parteiwillen doch sanktionslos zu stellen.[538]

3.5 Zweites Zwischenergebnis

Neben der Schwierigkeit der Abgrenzung einer erlaubten und nicht erlaubten Behandlung tritt nun auch noch die Schwierigkeit hinzu, zu bestimmen, wie eine möglicherweise nicht mehr erlaubte Behandlung rechtlich einzuordnen ist. Auch hier ist also zu klären, ob die fehlende Wirksamkeit einer Behandlungsmethode tatsächlich den Weg zum Unmöglichkeitsrecht ebnet.

4. Erfolg und Wirksamkeit im Behandlungsvertrag beim Therapieauswahlfehler

Um diese Schwierigkeiten aufzulösen, muss dort angesetzt werden, wo diese entstehen. Wie erläutert, entzündet sich der Streit bei der Unterscheidung zwischen erlaubter und unerlaubter Behandlung sowie der rechtlichen Einordnung der unerlaubten Behandlung an dem Kriterium der „Wirksamkeit (bzw. dem Vorliegen von Anhaltspunkten für die Wirksamkeit)" der Behandlung. Wie oben bereits erwähnt, meint Wirksamkeit zunächst einmal nichts anderes als Erfolgsherbeiführung (bzw. Erfolgsgeeignetheit i.S.e. potentiell möglichen Erfolgsherbeiführung).[539] Einigkeit besteht darüber, dass ein Erfolg auch im Behandlungsvertrag allerdings nicht geschuldet ist.

§ 630b BGB bestimmt, dass auf das Behandlungsverhältnis die Vorschriften über das Dienstverhältnis anzuwenden sind, soweit nicht im Untertitel „Behandlungsvertrag" etwas anderes bestimmt ist. Nun besagt § 630e BGB, dass eine Aufklärungspflicht insbesondere darüber besteht, ob Eignung und Erfolgsaussichten im Hinblick auf die Diagnose oder die Therapie bestehen. § 630e BGB bringt in dieser Form

---

537 Siehe oben, S. 141 f.

538 Siehe oben, S. 141 f.

539 Siehe auch zur Wortbedeutung/Synonym: https://www.duden.de/rechtschreibung/Wirksamkeit, zuletzt abgerufen am 02. Januar 2019.

also die Erfolgsgeeignetheit(, die normalerweise bei Dienstverträgen unbeachtlich ist[540]) ins Spiel und „bestimmt demnach etwas anderes" zu den allgemeinen Grundsätzen, die für Dienstverträge gelten. Insoweit handelt es sich um eine Besonderheit des Behandlungsvertrages. Eine solche Aufklärungspflicht sagt zwar noch nichts über die geschuldete Leistung im Behandlungsvertrag an sich aus, könnte jedoch im Rahmen der systematischen Auslegung heranzuziehen sein. Dies deckt sich zumindest auch dem ersten Anschein nach mit der richterrechtlich aufgestellten Regel, dass zur Verneinung eines Behandlungsfehlers zumindest Anhaltspunkte für die Wirksamkeit der Behandlung vorhanden sein müssen. Denn ist eine Therapie nur im geringsten Maße erfolgsgeeignet, scheidet ein diesbezüglicher Behandlungsfehler aus.

4.1 Grenze der Unwirksamkeit

Die Frage nach der Erfolgsgeeignetheit oder Wirksamkeit soll sich dann erübrigen, wenn die Behandlung von vorneherein kontraindiziert[541] ist: Selbst wenn der Patient nach einer kontraindizierten Behandlung verlangt, sei dies immer ein Behandlungsfehler,[542] wobei ein Mitverschulden des Patienten nur aufgrund des Wunsches der kontraindizierten Behandlung nicht angenommen werden könne, da ein solcher Wunsch an sich die Kontraindikation nicht aufzuheben vermag.[543]

Liegt nur eine „relative Indikation bzw. keine Indikation"[544] vor, soll das Kriterium der Geeignetheit schon dann erfüllt sein, wenn die Wirksamkeit der Methode zwar nicht statistisch abgesichert ist, von dem Verfahren aber dennoch Vorteile zu erwarten sind, weil es etwa gute Therapieerfolge bei geringen Nebenwirkungen aufweist.[545] Man könnte also andenken, dass Anhaltspunkte für die Wirksamkeit (und damit minimale Erfolgsgeeignetheit) demnach schon dann vorliegen könnten, wenn Positivbeispiele früher behandelter Patienten oder von Patienten anderer Anwender vorliegen. Häufig findet sich die Defini-

540 Siehe oben, S. 116.

541 Siehe hierzu Palandt/*Weidenkaff*, BGB, § 630a Rn. 19.

542 *BGH*, NJW 1978, 1206; *OLG Hamm*, NJW 2001, 3417 (3418); *OLG Düsseldorf*, VersR 2002, 611 (612); *OLG Karlsruhe*, VersR 2004, 244.

543 *BGH*, NJW 1997, 1635 f; *OLG Düsseldorf*, VersR 2002, 611 (612).

544 Siehe hierzu Palandt/*Weidenkaff*, BGB, § 630a Rn. 19.

545 *BGH*, NJW 2007, 2774 (2775).

tion, dass eine Eignung vorliegen soll, wenn unter prognostischen Gesichtspunkten die Wahrscheinlichkeit des Nutzens aus einer ex ante-Position besteht.[546] Becker will die Grenze zur Unwirksamkeit (und damit zur Unmöglichkeit) bei solchen Hypothesen ziehen, die weder empirisch belegt noch direkt prüfbar, jedoch immerhin auf eine prüfbare Theorie zurückführbar sind.[547] Um Experimental- und Neulandbehandlungen nicht jegliche Anwendungsmöglichkeit zu nehmen, sollen diese dem Unmöglichkeitsrecht entzogen werden, wenn sie ausdrücklich als solche vereinbart werden, denn § 326 Abs. 1 BGB sei dispositiv.[548] Die unterste Grenze ziehen wohl solche Vertreter, die die Wirksamkeit erst dann verneinen, wenn die Unwirksamkeit negativ bewiesen ist.[549]

4.2 Stellungnahme

Die Uneinigkeit bzgl. der Festlegung einer wirksamen bzw. erfolgsgeeigneten Behandlung stellt den Rechtsanwender außerhalb von wissenschaftlich nachweisbaren Erfolgen vor enorme Probleme. Orientiert man sich an Positivbeispielen, könnte es sich lediglich um Zufälle handeln. Eine solche Definition wäre mit großen Unsicherheiten behaftet und würde außerdem jeglichen neuen Behandlungen die Anwendungsgrundlage entziehen. An der Wahrscheinlichkeit des Nutzens anzusetzen, hilft hierbei nicht sonderlich weiter und ist damit nicht mehr als eine weitere inhaltsleere, ausfüllungsbedürftige Formel. Auch der Versuch, die Grenze bei einer prüfbaren Theorie zu ziehen, ist unklar, denn was darunter verstanden wird und wann diese vorliegt, ist ebenso ungeklärt.[550] Da eine sichere Aussage über die Wirksamkeit einer Methode schon deshalb ausscheidet, da jeder Organismus anders auf Behandlungen reagiert, dieser also unberechenbar funktioniert, ist auch umgekehrt die absolute Feststellung der Unwirksamkeit nahezu unmöglich, jeden-

---

546 Z.B.: *Müller/Raschke*, NJW 2013, 428 (430); *Becker*, MedR 2014, 475 (479).

547 *Becker*, RW 2013, 123 (145 ff); *ders.*, MedR 2014, 475 (476); ähnlich: *Franz*, Naturheilmittel und Recht, S. 325, der darauf abstellt, dass die Wirksamkeit der Methode plausibel gemacht werden müsse.

548 *Becker*, MedR 2014, 475 (476).

549 *Siebert*, Strafrechtliche Grenzen, S. 79 ff.

550 *Franz*, Naturheilmittel und Recht, S. 326: Abstellen auf intersubjektive Nachvollziehbarkeit; *Schneider*, Neue Behandlungsmethoden, S. 118 f.: Abstellen auf Ansichten der jeweiligen Vertreter der Therapierichtung

falls aber mit grundlegenden Schwierigkeiten und Unsicherheiten verbunden.[551] Die Wirksamkeit vor allem eines schulmedizinisch nicht anerkannten Präparats bemisst sich außerdem nicht alleine danach, dass sich ein physiologischer Nutzen feststellen lässt, sondern kann auch durchaus darin liegen, dass der Patient psychische Unterstützung erfährt.[552] Das Kriterium der Erfolgsgeeignetheit bzw. Wirksamkeit ist daher auch bei der Bestimmung einer Pflichtverletzung im Behandlungsvertrag ungeeignet und trägt mehr zur Rechtsunsicherheit bei. Verstärkt wird dies noch dadurch, dass dort, wo die GKV Erstattungsregeln aufstellen, § 326 Abs. 1 BGB abbedungen sein soll. Dies könnte dazu verleiten, solche Methoden generell als „möglich“ aufzufassen, auch wenn hier nur die Rechtsfolge „verändert“ wird. Es stimmt nämlich nicht, dass die Ersatzpflicht der GKV fast nie unmögliche Leistungen betreffe.[553] Die Schlussfolgerung von der Ersatzpflicht der GKV auf die (zumindest minimale) Erfolgsgeeignetheit der Behandlung ist nicht nur falsch, sondern widerspricht auch dem Sinn und Zweck der von diesen Vertretern aufgestellten Theorie: Tatsächlich argumentieren Kassen bei der Erstattungsfähigkeit nämlich praktisch nie mit guten Daten zur Wirksamkeit von Homöopathika, stattdessen unterstreichen sie die Nachfrage: So verweist die Techniker Krankenkasse auf Kundenbefragungen, die gezeigt hätten, dass "manche Versicherte" sich "sogenannte komplementärmedizinische Angebote" wünschen.[554] Es gibt daneben auch keinen vernünftigen Grund, wieso Anbieter von erstattungsfähigen „unmöglichen“ Methoden gegenüber Anbietern nicht erstattungsfähiger „unmöglicher“ Methoden privilegiert werden sollten. Die befürchteten Nachteile[555] werden dadurch, dass die Anbieter erstattungsfähiger unmöglicher Methoden ihr Honorar beanspruchen können und Anbieter nichterstattungsfähiger unmöglicher Methoden dieses gerade nicht beanspruchen können, nur verstärkt: Menschen verstehen nicht,

---

551 *Schumacher*, Alternativmedizin, S. 92; *Siebert*, Strafrechtliche Grenzen, S. 81; *Franz*, Naturheilmittel und Recht, S. 324 f.

552 *Müller/Raschke*, NJW 2013, 428 (431), a.A.: *Becker*, MedR 2014, 475, (476).

553 *Becker*, RW 2013, 123, (134, 154 f.).

554 *Feldwisch-Drentrup*, Streit um alternative Therapie.

555 Die Nachteile erklärt *Becker*, MedR 2014, 475 (477): Die Verwischung der Grenze zwischen Schul- und Alternativmedizin, die Entstehung des Akerlof-Effektes an informationsasymmetrischen Märkten (Def. s.u. Fn. 570), das Absinken des Verbrauchervertrauens in die Ärzteschaft und die verschwommene Patientensicht auf das Verhältnis zwischen Schul- und Alternativmedizin.

warum sie ihre Brille selber bezahlen müssen – die Kassen aber für Homöopathie bezahlen.[556]

Vielmehr sollte auf das Selbstbestimmungsrecht des Patienten und die Vertragsfreiheit abgestellt werden.

Der „paraärztliche" Behandlungsvertrag hängt (ebenso wie die „klassischen" Behandlungsverträge auf schulmedizinischer Basis) mit dem Rechtsgut Gesundheit bzw. der körperlichen Unversehrtheit zusammen. Beide Rechtsgüter sind disponibel, da es sich bei beiden um Individualrechtsgüter handelt.[557] Selbst wenn man davon ausginge, dass das grundsätzlich nicht disponible Rechtsgut Leben betroffen ist, müsste man hier entsprechend der zivilrechtlichen Regelungen zur Patientenverfügung §§ 1901a-1904 BGB[558] eine Einschränkung dahingehend machen, dass im Rahmen von „medizinischen Behandlungen" doch Verfügungen über das eigene Leben zugelassen werden müssen. Kann der Patient i.R.d. § 1901a BGB festlegen, dass ärztliche Heilbehandlungen oder ärztliche Eingriffe trotz Indikation nicht durchgeführt werden, so muss er erst recht darüber entscheiden dürfen, auch schulmedizinisch nicht anerkannte oder sinnlose Behandlungen zuzulassen. Entscheidend ist, dass jeder Patient, bei dem eine von der Schulmedizin nicht oder noch nicht anerkannte Methode angewendet wird, innerhalb der durch die §§ 138 BGB, 226a StGB a.F. (= § 228 StGB) gezogenen Grenzen eigenverantwortlich entscheiden kann, welchen Behandlungen er sich unterziehen will.[559] Den Meinungen, die das Selbstbestimmungsrecht in diesem Fall einschränken wollen,[560] ist nicht zuzustimmen. Natürlich befindet sich der Patient krankheitsbedingt regelmäßig in einer Schwächesituation und glaubt an die Wirksamkeit der Methode.

---

556 *Feldwisch-Drentrup*, Streit um alternative Therapie.

557 MüKoStGB/*Schlehofer*, Vorb. § 32 Rn. 151.

558 MüKoStGB/*Schlehofer*, Vorb. § 32 Rn. 154.

559 Jüngst *BGH*, NJW 2017, 2685. Siehe auch *BGH*, NJW 1991, 1535 (1537) m.w.N.; *Schumacher*, Alternativmedizin, S. 54, 69.

560 Zusammenfassung siehe *Schumacher*, Alternativmedizin, S. 89 m.w.N.: „Im Unterschied dazu obliegen dem Arzt bei tatsächlichem Ausüben seiner Tätigkeit aber Schutzpflichten zugunsten des Patienten, die sich nicht durch den Hinweis auf das Selbstbestimmungsrecht des Patienten aushebeln lassen. Evident ungeeignetes ärztliches Tätigwerden schädigt die Funktionsfähigkeit und Vertrauenswürdigkeit des Gesundheitswesens; Und letztlich kann auch schon das Einverständnis des Patienten zur Vornahme solch einer offensichtlich ungeeigneten Methode und damit die wahrhaftige Ausübung seines Selbstbestimmungsrechtes zweifelhaft sein."

Ist er jedoch voll geschäftsfähig und überschreitet die Schwächesituation nicht das für § 138 BGB erforderliche Maß, ist die Entscheidung des Patienten zu akzeptieren. Die Wirksamkeit der Einwilligung in eine medizinische Behandlung wird nicht durch die medizinische Vernunft, sondern durch § 226a StGB a.F. (= § 228 StGB) begrenzt, weshalb Eingriffe daher auch ohne unmittelbare medizinische Indikation erlaubt sind.[561] Bedenkt man Beispiele der Wunschmedizin, wie Rippenentfernung zur Bildung einer schmaleren Taille, die Spaltung der Zunge oder die Entfernung des Blinddarms vor einer langen Reise, gilt hierbei nichts anderes, denn vergewissert man sich, welche Risiken mit solchen Eingriffen verbunden sind, kann auch hier eindeutig von einer Kontraindikation gesprochen werden. So liegen etwa bei einer Rippenentfernung lebenswichtige Organe ungeschützt unter der Haut; die hiermit verbundenen Risiken übersteigen den (hier lediglich subjektiven kosmetischen) Nutzen damit um ein Vielfaches. Die Motive hinter solchen Patientenwünschen sind vielfältig und durchaus mit denen vergleichbar, die Patienten hegen, wenn sie sich pseudomedizinisch behandeln lassen wollen – alle glauben am Ende an einen Nutzen. Ob dieser körperlicher oder psychischer Natur ist, spielt hierbei keine Rolle. Erst wenn die Einwilligungsfähigkeit verloren geht, hat dies Auswirkungen auf eine mögliche Pflichtverletzung. Dies darf nicht darüber hinwegtäuschen, dass die Entscheidung für die Wahl einer nicht allgemein anerkannten Therapieform eine sorgfältige und gewissenhafte medizinische Abwägung von Vor- und Nachteilen unter Berücksichtigung aller Umstände des Einzelfalls und des Wohls des konkreten Patienten voraussetzt, so dass auch schulmedizinische Möglichkeiten nicht außer Acht gelassen werden dürfen.[562] Nur auf dieser Grundlage kann das Selbstbestimmungsrecht des Patienten vollumfänglich ausgeschöpft werden. Verfahrensrechtlich hat der BGH jüngst klargestellt, dass die verantwortliche medizinische Abwägung von Vor- und Nachteilen auf der Grundlage eines Gutachtens eines Sachverständigen beurteilt werden müsse, der über die erforderliche umfassende Sachkunde in Theorie und Praxis des jeweiligen Behandlungsfeldes verfügt.[563]

Darüber hinaus verkürzt ein solches Vorgehen über das Kriterium der Wirksamkeit die Privatautonomie. Solange die Parteien eine ge-

561 *Rogall*, NJW 1978, 2344 (2345).

562 Jüngst *BGH* NJW 2017, 2685 f. sowie davor *BGH*, NJW 2006, 2477; *BGH*, NJW 2007, 2767 (2768); *BGH*, NJW 2007, 2774 (2775).

563 *BGH*, NJW 2017, 2685 (2686).

meinsame Vorstellung von der (subjektiven) Werthaltigkeit der erbrachten Leistung haben, darf sich die Rechtsordnung nicht dergestalt einmischen, dass sie den Gegenstand durchsetzbarer Erfüllungsansprüche auf vermeintlich vernünftige Leistungen beschränkt.[564] „Es obliegt nicht der Rechtsprechung, die übereinstimmende Vorstellung der Parteien von der Äquivalenz von Leistung und Gegenleistung dadurch in Frage zu stellen, dass die Leistungserbringung entgegen dem Parteiwillen für unmöglich gehalten wird, nur weil der von den Parteien für möglich gehaltene Weg zur Erzielung des letztlich bezweckten (aber nicht geschuldeten) Erfolges nach dem gegenwärtigen Stand nicht naturwissenschaftlich beweisbar [oder auf eine plausible Theorie zurückführbar oder ähnliche vorgeschlagenen Grenzen übertragbar] ist."[565]

4.3 Lösung über Aufklärungsfehler

Entscheidend ist im Gegensatz zur teilweise schwierig zu bestimmenden Wirksamkeit allerdings die vorangegangene Aufklärung. So entschied das OLG Köln bei einem eindeutig kontraindizierten Eingriff, dass etwas anderes zum angenommenen Behandlungsfehler dann gelten könne, wenn der Behandelnde den Patienten ausdrücklich darauf hingewiesen hätte, dass die in Aussicht genommene Behandlung kontraindiziert sei und auch mit großer Sicherheit nicht nur keine Verbesserung, sondern sogar eine Verschlimmerung der Symptome sowie ferner auch weitere Schäden erwarten lasse.[566] Der Arzt muss auf das Fehlen der Indikation bzw. der Kontraindikation ausdrücklich hinweisen und auch sonst seiner Aufklärungspflicht nachkommen; mehr sollte man aber gegenüber einem grundsätzlich einsichtsfähigen Erwachsenen, der seinen Entschluss dennoch und zudem nicht spontan fasst, nicht verlangen.[567] Die Gefahr bei Außenseitermethoden bzw. parapsychologischen Behandlungen besteht hauptsächlich darin, dass schulmedizinisch nachgewiesen wirksame Behandlungen nicht oder verspätet zugeführt werden.[568] Doch ist es immer noch die Entscheidung eines jeden einzelnen, ob und welche Behandlung er für sich in Anspruch nimmt.

---

564 BeckOGK/*Riehm*, BGB, § 275 Rn. 76.

565 BeckOGK/*Riehm*, BGB, § 275 Rn. 76.

566 *OLG Köln*, NJW-RR 1999, 968; zumindest andeutungsweise: *OLG Düsseldorf*, VersR 2002, 611 (612); MüKoBGB/*Wagner*, § 630e Rn. 24.

567 *Rogall*, NJW 1978, 2344.

568 So auch *Becker*, MedR 2014, 475 (475).

Einzige Voraussetzung ist neben der Geschäftsfähigkeit/Einwilligungsfähigkeit die umfassende Aufklärung in Bezug zur Schulmedizin. Nur so kann der Patient von seinem Selbstbestimmungsrecht in seiner Gänze Gebrauch machen.

4.5 Ergebnis

Die Wirksamkeit bzw. Erfolgsgeeignetheit spielt demnach beim Behandlungsfehler keine Rolle. Der entscheidende Ansatzpunkt bildet die Aufklärungspflicht i.R.d. § 630e BGB. Insofern erübrigt sich auch die Diskussion darüber, die genannten Fälle unter dem Unmöglichkeitsrecht zu behandeln. Durch § 630e BGB wird nochmal klar, dass der Erfolg im Rahmen des Behandlungsvertrages als spezieller Dienstvertrag nur insofern eine Rolle spielt, als über die Aussichten, diesen zu erreichen, aufgeklärt werden muss. Er spielt tatsächlich nur dort eine Rolle, wo das Gesetz ihn ausdrücklich nennt. Ob er tatsächlich erreicht wird, ist unbeachtlich, und auch die Erfolgsgeeignetheit ist für die Behandlung selbst irrelevant, denn wenn die Wirksamkeit einer Methode wissenschaftlich nicht bewiesen ist bzw. die Behandlung kontraindiziert ist, kann sie dennoch Gegenstand eines Behandlungsvertrages sein, wenn nur auf diese Tatsachen hingewiesen wurde. Die Aufklärungspflicht in § 630e BGB über die Erfolgsgeeignetheit statuiert in einem ersten Schritt nur eine solche über das „ob überhaupt" und erst in einem zweiten Schritt – wenn diese vorliegt – über das „wie/in welchem Maße". Auch wenn objektiv naturwissenschaftlich keine Erfolgsaussichten bestehen oder die Behandlung kontraindiziert ist, sind die Parteien trotzdem subjektiv davon ausgegangen, dass die gewählte Methode den Vertragszweck (Beförderung des Erfolges) erfüllt.

Die gewählte Methode hat von den Parteien die Funktion zugeschrieben bekommen, die jeweilige Reaktion im/am Körper zu befördern. Worauf diese Funktionszuschreibung beruht – Glaube oder Naturwissenschaften –, ist ein unbeachtliches Motiv hinter dem Gebrauch des uneingeschränkten Selbstbestimmungsrechtes eines jeden Menschen. Will man den damit verbundenen Problemen entgegentreten, so stellt sich dies als rechtspolitische Aufgabe dar. Die Verwischung der

Grenze zwischen Schul- und Alternativmedizin, die Entstehung des Akerlof-Effektes[569] an informationsasymmetrischen Märkten, das Absinken des Verbrauchervertrauens in die Ärzteschaft und die verschwommene Patientensicht auf das Verhältnis zwischen Schul- und Alternativmedizin,[570] sind weder mit der Anwendung des Unmöglichkeitsrechts noch mit der Subsumierung als Schlechtleistung (Behandlungsfehler) in den Griff zu bekommen. Zur Lösung dieser Probleme ist eine solche Vorgehensweise deshalb nicht geeignet, da zum einen die Zahl der Fälle, die tatsächlich anwaltlich oder gerichtlich relevant und entschieden werden, marginal gering ist. Zum anderen kann die nachträgliche rechtliche Einordnung der Probleme keine Präventionsarbeit leisten. Hier ist der Gesetzgeber gefragt, Verbotsgesetze oder Organisationsregeln aufzustellen. Im Übrigen gilt auch hier, dass Prävention nur durch eine allumfassende Aufklärung erreicht wird. Auch dies stützt es, die Lösung über § 630e BGB zu suchen. Daher darf auch der Grundsatz, dass der Heilpraktiker aus dem Selbstverständnis seines Auftretens den Patienten nicht darüber aufklären muss, dass er nicht nach den Methoden der Schulmedizin verfährt,[571] nicht dazu missbraucht werden, über die Methoden an sich aufzuklären. Hierzu gehört der gesamte Katalog des § 630e Abs. 1 BGB. Dem Heilpraktiker bleibt aufgrund der in § 630e Abs. 1 BGB aufgestellten aufklärungsbedürftigen Punkte (insbesondere über Eignung und Erfolgsaussichten) keine andere Wahl, als dies in Bezug zur Schulmedizin zu tun – nämlich indem er darauf hinweist, dass die Behandlung nach den gängigen naturwissenschaftlichen (= schulmedizinischen) Methoden nicht als erfolgsgeeignet nachgewiesen werden kann. Denn die Schulmedizin bildet für den Laien einen griffigen Anhalts- bzw. Vergleichspunkt/Gegenpol und damit eine Ent-

---

569 *Akerlof*, QJE 84, 488: In seinem Aufsatz „The Market for Lemons" beschreibt Akerlof, dass freie Märkte nicht funktionieren, wenn Käufer und Verkäufer ungleichen Zugang zu Information haben. Am Beispiel des Gebrauchtwagenkaufes zeigt er auf, dass potentielle (uninformierte) Käufer die Qualität der Autos nicht richtig einschätzen können und somit in der Konsequenz am ehesten zum billigsten Angebot greifen. Denn wer über die bessere Qualität teurerer Autos nicht informiert ist, wird nicht bereit sein, den eigentlich angemessenen, höheren Preis für ein solches hochwertigeres Auto zu bezahlen. Folglich geht das Angebot solcher teureren, aber hochwertigeren Autos zurück, und die billigeren Autos verdrängen diese am Markt.

570 *Becker*, MedR 2014, 475 (477).

571 MüKoBGB/*Wagner*, § 630e Rn. 26 a.E.

scheidungsgrundlage, um die angebotene Dienstleistung für sich bewerten zu können. So wird den oben beschriebenen Gefahren zudem präventiv entgegengewirkt.

Kapitel 6: Dienstverträge auf parapsychologischer Grundlage als Dienstverträge sui generis i. S. d. § 311 Abs. 1 BGB in Anlehnung an § 630a ff. BGB

Der Gesetzgeber hat durch die Kodifizierung des Behandlungsvertrages im 8. Titel zwischen der Meinung, die den Behandlungsvertrag bisher als einen contractum sui generis[572], und der herrschenden Meinung[573], die den Behandlungsvertrag schlicht als Dienstvertrag qualifiziert hat, vermittelt.[574] „Einerseits wird durch die Schaffung des eigenen Untertitels „Behandlungsvertrag" dessen Eigenständigkeit dokumentiert, andererseits bleibt durch die Unterstellung unter den Titel „Dienstvertrag und ähnliche Verhältnisse" die Nähe zum Dienstvertrag gewahrt.[575]

Ebenso verhält es sich mit dem Vertrag auf parapsychologischer Grundlage: Dem Grunde nach sind solche Verträge dienstvertraglicher Natur,[576] denn diese entsprechen im Wesentlichen einem geregelten Vertragstyp. Allerdings weisen Verträge auf parapsychologischer Grundlage nur einige, wenn auch wichtige Besonderheiten auf, so dass sich das dispositive Recht primär nach dem zugrundeliegenden normierten Vertragstyp unter Modifizierung hinsichtlich der atypischen Gestaltungsteile bestimmt.[577]

Mit den bisher erarbeiteten Ergebnissen ergeben sich folgende Besonderheiten eines Dienstvertrages auf parapsychologischer Grundlage:

---

572 *Deutsch/Geiger*, Medizinischer Behandlungsvertrag, S. 1049, 1095; *Jung*, Recht auf Gesundheit, S. 162 ff.; *Luig*, in: Vertragsschuldverhältnisse, S. 223 (227); siehe auch schon: Staudinger/*Kober*, BGB (1906), Vor. § 611, IV 1 c).

573 MüKoBGB/*Müller-Glöge*, § 611 Rn. 79 m. w. N.; siehe auch schon: *Rümelin*, Dienstvertrag und Werkvertrag, S. 94; *Kahl*, JW 1930, 1545 (1545); *Hagemeyer*, Ansprüche des Arztes, S. 31; *Schmidt*, Behandlungs-Vertrag, S. 23; *Ebermayer*, Arzt im Recht, S. 72; *Leonhard*, Besonderes Schuldrecht, S. 197; *Oertmann*, BGB, § 611, 1 b).

574 *Franzki*, Behandlungsvertrag, S. 58.

575 *Franzki*, Behandlungsvertrag, S. 58.

576 Siehe oben, S. 116ff.

577 NK-BGB/*Becker*, § 311 Rn. 30 unter Hinweis auf *Canaris*, Feststellung von Lücken im Gesetz, S. 149 ff. und *Larenz*, Methodenlehre, S. 355.

1. Inhaltliche Aufklärung

Das alles bestimmende Motiv, solche Verträge zu schließen, ist der Glaube an das Übernatürliche. Es herrscht Einigkeit darüber, dass die Vertragsfreiheit auch die Eingehung solcher Verträge umfasst: Die Vertragsparteien können „im Rahmen der Vertragsfreiheit und in Anerkennung ihrer Selbstverantwortung wirksam vereinbaren, dass eine Partei sich – gegen Entgelt – dazu verpflichtet, Leistungen zu erbringen, deren Grundlagen und Wirkungen nach den Erkenntnissen der Wissenschaft und Technik nicht erweislich, sondern nur einer inneren Überzeugung, einem dahingehenden Glauben oder einer irrationalen, für Dritte nicht nachvollziehbaren Haltung entsprechen“[578].

Die Betonung der Selbstverantwortung ist vergleichbar mit dem Selbstbestimmungsrecht bei Abschluss eines Behandlungsvertrages (auf parapsychologischer Grundlage). Um selbstverantwortlich, genauso wie selbstbestimmt handeln zu können, muss man die jeweilige Situation in ihrer Gänze überblicken und mögliche Wissensvorsprünge zum Vertragspartner ausgleichen bzw. das Informationsgefälle zwischen Wissenschaft und der in Anspruch zu nehmenden Dienstleistung überwinden. Entscheidet sich der Kunde nach einer allumfassenden Aufklärung über die parapsychologische Dienstleistung gleichwohl dafür, diese in den Grenzen des § 138 BGB in Anspruch zu nehmen, so ist die äußerliche Vornahme der Tätigkeit – und nicht mehr ist im Dienstvertrag geschuldet[579] – möglich. Derjenige, der parapsychologische Dienstleistungen anbietet, muss darauf hinweisen, dass Quelle seiner Leistung etwas Unbewiesenes ist, das sich nur durch den Glauben daran relativieren lässt und mit der herkömmlichen naturwissenschaftlichen Wahrheit nichts zu tun hat. Hierbei ist zu fordern, aber auch ausreichend, dass eine solche Aufklärung einmal vor Vertragsschluss an den zukünftigen Vertragspartner kommuniziert wird.

Die Gesetzesbegründung zum Behandlungsvertrag macht deutlich, dass Art und Weise sowie Umfang und Intensität der Aufklärung in Abhängigkeit vom Eingriff variieren.[580] Auch dieser Gedanke ist auf den Vertrag mit parapsychologischer Grundlage zu übertragen. Man

578 *BGH*, NJW 2011, 756 (758).

579 Siehe oben, S. 127 ff.

580 *Katzenmeier*, NJW 2013, 817 (820) mit Hinweis auf die ständige Rspr.

könnte die Anforderungen an die Aufklärungspflicht – auch in Anlehnung an die Gedanken des BGH – in Abhängigkeit zur geschuldeten Vergütung setzen. Je „billiger" die Dienstleistung – beispielsweise auf dem Jahrmarkt[581] – desto geringer die Anforderungen an die Aufklärung. Hier könnte ein allgemeines Hinweisschild ausreichen bis hin zur völligen Entbehrlichkeit auf Jahrmarktbuden.[582]

Bisher gilt also: Die Regelungen des allgemeinen Dienstvertragsrechts sind grundsätzlich auch auf den Vertrag auf parapsychologischer Grundlage anzuwenden. Besondere vertragliche Pflicht bildet dabei die Aufklärung über das Wesen der parapsychologischen Dienstleistung zur Ausübung der selbstverantwortlichen Entscheidung über die Eingehung eines solchen Vertrages. Die Situation zwischen einem Anbieter einer parapsychologischen Dienstleistung und Kunde ist vergleichbar mit der zwischen Arzt und Patient. Die Dienstberechtigten erbringen eine höchstpersönliche Leistungspflicht, deren Erfolg sie nicht kennen – die Entwicklung der Lebensereignisse ist genauso unberechenbar wie die Reaktionen des menschlichen Organismus.

2. Sonderfall: Erfolgsversprechen

Sollte der Dienstverpflichtete doch einmal einen Erfolg versprechen, bietet sich die folgende Konstruktion an: In Anlehnung an das Arbeitsrecht könnte dies entweder als erfolgsabhängige Vergütungsbedingung[583] angesehen werden, oder die Erklärung wird als Garantievertrag, der mit dem Dienstvertrag verbunden ist, ausgelegt. Entgegen der Meinung des Gesetzgebers beim Behandlungsvertrag, der den Anwendungsbereich der §§ 630a ff. BGB nicht eröffnet sieht, soweit die Parteien im Einzelfall vereinbaren, dass ein Behandlungs- oder medizinischer Erfolg geschuldet ist, sondern die Rechte und Pflichten der Vertragsparteien dann aus den Vorschriften über den Werkvertrag folgern, wird für den Fall der parapsychologischen Verträge weiter an der Dienstvertragstheorie festgehalten.[584]

---

581 Der BGH sieht in der Höhe der Vergütung ein Indiz dafür, ob tatsächlich der Einsatz magischer Kräfte geschuldet ist, oder – bei nur geringen Beträgen – lediglich eine jahrmarktähnliche Unterhaltung, siehe *BGH*, NJW 2011, 756 (757), die unproblematisch sei und der man auch kein „Riegel" vorschieben wolle.

582 Ähnlich bei Standardbehandlungen beim Arzt, wie beispielsweise Blut abnehmen, Durchführung eines Ultraschalls, EKGs, etc.

583 Siehe hierzu *Tillmanns,* Strukturfragen des Dienstvertrages, S. 53 ff.

584 BT-Drs. 17/10488, S. 17.

2.1 Erfolgsabhängige Vergütungsvereinbarung

Auch im Medizinrecht wird teilweise angenommen, dass es sich in diesem Fall um einen atypischen Behandlungsvertrag mit Zusicherung des Behandlungserfolgs und erfolgsabhängiger Vergütungspflicht handelt.[585] Den Parteien eines Tätigkeitsvertrages steht es grundsätzlich frei, auch ohne Erfolgsversprechen im Sinn eines Werkvertrages die Zahlung der Vergütung unter die Bedingung eines Erfolgseintrittes zu stellen.[586] Der Gestaltungsspielraum der Parteien eines freien Dienstvertrages reicht so weit, dass sie die gesamte Zahlung von der Erreichung eines Erfolges abhängig machen können. Üblich sind solche aufschiebenden Bedingungen beispielsweise bei Eheanbahnungsverträgen, die für den Dienstberechtigten wertlos sind, solange sie den Erfolg nicht herbeiführen und auf der anderen Seite der Schuldner auf den Eintritt des Erfolgs nur begrenzt Einfluss hat.[587] Die Vertragsfreiheit geht dabei soweit, dass im Falle eines solchen „Erfolgsversprechens", das dann als aufschiebende Vergütungsbedingung verstanden wird, objektiv gesehen die (insbesondere wirtschaftlichen) Interessen des Dienstverpflichteten völlig hinter denen des Dienstberechtigten zurücktreten. Dieser wäre dann vollkommen abgesichert, indem er erst nach Erfolgseintritt zahlen müsste, also finanziell kein Risiko eingeht, während der Dienstverpflichtete „Zeit und Mühe" investiert, für die er im Erfolgsnichteintritt leer ausgeht. Dies ist angesichts des umstrittenen Feldes der Parapsychologie allerdings durchaus nachvollziehbar, denn schließt ein Kunde einen solchen Vertrag ab, wobei der Anbieter seinen vertragsspezifischen Pflichten (Aufklärung) nachkommt, gleichwohl aber einen Erfolg zusichert, so darf dies nicht dazu führen, die mit der Aufklärung bezweckte selbstkritische Überprüfung des selbstverantwortlichen Vertragsschlusses (und womöglich angefachten Zweifel) wieder zu relativieren. Es ist dann im Gegenteil interessengerecht, dem Dienstschuldner das Zahlungsrisiko bei Ausbleiben des Erfolges aufzubürden, wenn er vorher einen solchen Erfolg zum Vertragsgegenstand macht.

In einem solchen Fall bleibt es also bei einem zweiseitigen atypischen Dienstvertrag auf parapsychologischer Dienstleistung, in dem der

585 *Franzki*, Behandlungsvertrag, S. 62, mit Hinweis auf im Arbeitsrecht zulässige Zielvereinbarungen: siehe dazu *Lischka*, BB 2007, 552 (553).

586 *Tillmanns*, Strukturfragen des Dienstvertrages, S. 80.

587 *Tillmanns*, Strukturfragen des Dienstvertrages, S. 81.

Dienstberechtigte zur Zahlung der Vergütung nur unter der aufschiebenden Bedingung eines Erfolgseintrittes verpflichtet ist und der Dienstverpflichtete lediglich über allgemeine Bestimmungen der §§ 162, 138, 242, 307 BGB geschützt wird.[588]

2.2 Garantievertrag

Beim selbstständigen Garantievertrag verpflichtet sich der Garant dazu, für den Eintritt eines bestimmten Erfolges einzustehen oder die Gefahr eines künftigen Schadens zu übernehmen.[589] Schon früh klangen auch im Medizinrecht Stimmen an, die eine Erklärung, bei der der Arzt ausnahmsweise ausdrücklich einen kosmetischen Erfolg oder eine Linderung garantierte, als ein mit dem ärztlichen Dienstvertrag verbundenen Garantievertrag ansehen wollten.[590] Die Garantie ist als verschuldensunabhängige Erfüllungshaftung ausgestaltet, bei der der Garant auch für alle „nicht typischen Zufälle" haftet.[591] Nach der Rechtsprechung kann der Schuldner für seine eigenen Leistungen durch zusätzliche Vereinbarungen die Gewähr übernehmen, wenn der gewährleistete Erfolg weiter geht als die bloße Vertragsmäßigkeit der Leistungen.[592] Beim parapsychologischen Vertrag würde dies bedeuten, dass der Dienstverpflichtete beispielsweise für den Eintritt eines vorausgesagten Ereignisses auch dann haftet, wenn ein Umstand eintritt, der von keiner Partei zu vertreten ist. Wenn im obigen Beispiel der Partnerrückführung der zurückersehnte Partner stirbt, kann der versprochene Erfolg nie mehr eintreten, der Dienstverpflichtete würde dem Dienstberechtigten dennoch für den ausgebliebenen Erfolg einstehen müssen. Im Garantiefall

---

588 *Tillmanns*, Strukturfragen des Dienstvertrages, S. 81; gedacht v.a. in Fällen der magischen Partnerrückführung oder eines Liebeszaubers: Die Zahlung muss nur geleistet werden, wenn die magische Partnerrückführung oder der Liebeszauber tatsächlich zum gewünschten Erfolg führten.

589 *RG*, RGZ 90, 415 (416); *BGH*, NJW 1958, 1483; *BGH*, NJW 1965, 148 (149); *BGH*, NJW 1967, 1020 f.; *BGH*, NJW 1996, 2569 (2570); *BGH*, NJW 1999, 1542 (1543) m.w.N.; BeckOK/*Rohe*, BGB, § 415 Rn. 48; *Larenz*, SchuldR BT, § 62 III.

590 *Vahlensieck*, in: *Baumbusch/et al.*, Urologische Begutachtung und Dokumentation, S. 307 mit Hinweis auf *Liertz/Paffrath*, Handbuch des Arztrechts.

591 *BGH*, NJW 1985, 2941; NK-BGB/*Langen*, Vor. zu §§ 765 ff. Rn. 14; MükoBGB/*Habersack*, Vor. § 765 Rn 16.

592 *BGH*, NJW 1958, 1483.

richtet sich der Anspruch nach den Grundsätzen des Schadensersatzrechts gemäß §§ 249 ff. BGB.[593]

In einem solchen Falle würde also neben den Dienstvertrag sui generis auf parapsychologischer Grundlage ein weiterer selbstständiger Garantievertrag treten, der inhaltlich auf die Einstandspflicht bzgl. der Hauptleistung aus dem Dienstvertrag gerichtet ist.

2.3 Stellungnahme

Bei der Konstruktion der Garantieübernahme muss der Garant den Begünstigten im Garantiefall so stellen, als ob der garantierte Erfolg eingetreten oder ein Schaden nicht entstanden wäre.[594] In der Praxis der Verträge auf parapsychologischer Grundlage erscheint die Annahme eines selbstständigen Garantievertrages neben dem Dienstvertrag sui generis eher unpassend. Ganz allgemein hat der Garantievertrag seine hauptsächliche Bedeutung im Bereich des Handelsverkehrs und im Dreipersonenverhältnis, z.B. zwischen Schuldner, Gläubiger und einer Bank und ist nur gelegentlich im Zweipersonenverhältnis anzutreffen.[595] Die Garantieforderung ist in erster Linie ein Ausgleichsanspruch, durch den der Begünstigte in seinem Vermögen so gestellt werden soll, als sei der Garantiefall nicht eingetreten.[596] Ein Fall der Garantieübernahme für einen vom Garanten selbst geschuldeten Erfolg liegt typischerweise dann vor, wenn der Garant ein Eigeninteresse an der Erfüllung der Hauptverbindlichkeit hat.[597] Ob beispielsweise die vorausgesagten Ereignisse eintreten oder der Ex-Partner tatsächlich zum Dienstberechtigten zurückkehrt, ist für den Dienstberechtigten ohne eigenes (wirtschaftliches) Interesse. Die vorausgesagten Ereignisse kämen ganz alleine dem Dienstberechtigten zu Gute. Zudem käme zwar bei Nichteintritt des zugesicherten Erfolges die Rückerstattung der gezahlten Beträge der Kunden in Betracht, um diese „schadlos" zu halten. Probleme

---

593 *RG*, RGZ 137, 83 (85); *BGH*, WM 1968, 680 (682); *BGH*, WM 1976, 977 (978); *BGH*, NJW 1985, 2941 (2942); *BGH*, NJW 1999, 1542, 1543 f.; *BGH*, NJW-RR 2001, 1611 (1612); MüKoBGB/*Habersack*, Vor. § 765 Rn. 17; BeckOGK/*Madaus*, BGB, § 765 Rn. 490; Erman/*Herrmann*, BGB, § 765 Rn. 20.

594 *BGH*, NJW 1999, 1542 (1544) m.w.N.

595 *Henssler*, Risiko als Vertragsgegenstand, S. 366.

596 *Henssler*, Risiko als Vertragsgegenstand, S. 365.

597 BeckOK/*Rohe*, BGB, § 415 Rn. 49; nicht als Voraussetzung, sondern nur als widerlegbares Interpretationsindiz siehe *Henssler*, Risiko als Vertragsgegenstand, S. 371.

bereitet allerdings die Bezifferung eines weiteren Schadens bzw. des Schadens bei noch nicht gezahlter Geldschuld. Zudem ist der Eintritt des Garantiefalls als Anspruchsvoraussetzung vom Garantienehmer darzulegen und ggf. zu beweisen, wozu wiederum auf die vertragliche Definition abzustellen ist.[598] Im Regelfall werden sowohl der parapsychologische Dienstleistungsvertrag als auch das Garantieversprechen mündlich erfolgen und der bezweckte Erfolg auch klar oder konkludent zum Ausdruck kommen, jedoch wird der Dienstberechtigte insbesondere wegen der Formfreiheit oft Nachweisschwierigkeiten bekommen.

Besser ist es daher, bei einem Erfolgsversprechen eine erfolgsabhängige Vergütungspflicht anzuerkennen. Dies berücksichtigt auch die Interessen der Parteien ausreichend, denn der den Erfolg versprechende Dienstverpflichtete wird zur Vorleistung gezwungen, dessen Vergütung erst bei Eintritt des Erfolges fällig wird. Im Gegensatz zu Beckers Lösung, der meint, dass der Leistungsschuldner zur Vorleistung gezwungen werden sollte, um Misstrauen und Reflexion hinsichtlich des Leistungserfolges auszulösen,[599] setzt diese Lösung weit früher an: In der Praxis hält auch die Vorleistung viele Kunden nicht vom Vertragsschluss mit parapsychologischen Anbietern ab, denn entscheidend ist für die Kunden oftmals nicht die Menge an Geld für das Angebot, an das sie zu dieser Zeit noch glauben, sondern das „böse Erwachen", wenn der gewünschte und garantierte Erfolg im Nachhinein nicht eintritt.[600] Diese können nach der hier vertretenen erfolgsabhängigen Vergütungspflicht dann mit Recht ihre Bezahlung verweigern und sind nicht in der misslichen Lage, einen Garantiefall nachzuweisen. Bei einer erfolgsabhängigen Vergütung liegt es nämlich am Anbieter, das Erreichen des Erfolges nachzuweisen. Darüber hinaus ist eine solche Konstruktion rechtstechnisch weniger kompliziert und passender als der auf den Handelsverkehr ausgerichtete Garantievertrag.[601]

Ein Werkvertrag kommt dagegen in keinem Falle in Frage, da eine solche Qualifizierung eine exklusive Anwendbarkeit der §§ 631 ff. BGB

---

598 MüKoBGB/*Habersack*, Vor. § 765 Rn. 23.

599 *Becker*, Absurde Verträge, S. 174.

600 Ist der Erfolg nicht garantiert und eine inhaltliche sowie wirtschaftliche Aufklärung erfolgt, ist der gleiche Effekt, den Becker über die Undurchsetzbarkeit der Verbindlichkeit erreichen will, ebenso erreicht, s.a. inhaltliche und wirtschaftliche Aufklärung.

601 *RG*, JW 1921, 229 – Wechselkurs; *BGH*, MDR 1976, 1002 – Wertpapiere im Anlagevermögen einer AG; MüKoBGB/*Habersack*, Vor. § 765 Rn. 41.

und den gleichzeitigen Ausschluss der für diesen atypischen Dienstvertrag aufgestellten Regeln bedeuten würde. Einziges Motiv, das Werkvertragsrecht zur Anwendung kommen zu lassen, ist ohnehin nur die erfolgsabhängige Vergütung, die mit der hier favorisierten Lösung ebenso herbeigeführt werden kann. Bezeichnet man den Vertrag dagegen weiterhin als atypischen Dienstvertrag, wird auch die Einheitlichkeit des (parapsychologischen) Rechtsverkehrs gewahrt, zumal sich die Tätigkeiten wertungsgemäß nicht von solchen Dienstverträgen unterscheiden, bei denen kein „Erfolg versprochen" wurde. Daneben wird, wie schon angedeutet, auch Missverständnissen vorgebeugt, welche Rechte und Pflichten (Aufklärung, etc.) den Vertragsparteien abhängig vom Vertragstyp auferliegen.

3. Wirtschaftliche Aufklärung und Einwilligung/Bestätigung

Neben der inhaltlichen Aufklärung spielt auch die wirtschaftliche Aufklärung eine wesentliche Rolle. Beide sind eng miteinander verbunden und tragen zur eigenverantwortlichen Entscheidung über die Eingehung eines parapsychologischen Dienstvertrages gleichermaßen bei. Ähnlich wie in § 630c Abs. 3 BGB geregelt, wo der Arzt nicht nur den Hinweis schuldet, dass die Behandlungskosten nicht übernommen werden, sondern überdies Angaben zur Höhe der zu erwartenden Kosten machen muss,[602] schuldet auch der parapsychologische Anbieter transparente Angaben über die Höhe der zu erwartenden Kosten für seine Dienstleistungen. In Abhängigkeit davon, wie der Kunde die Dienstleistung in Anspruch nimmt, muss auch die Aufklärung hierüber erfolgen. Nimmt der Kunde beispielsweise eine telefonische Beratung in Anspruch, muss vor jedem Telefonat auf die Abrechnungsweise und die davon abhängigen Kosten hingewiesen werden. Verlangt der Anbieter beispielsweise 0,99 EUR die Minute, muss diese Ansage der Abrechnungsphase vorgeschaltet sein und der Kunde sein Einverständnis durch z.B. Betätigen einer Taste geben – erst dann darf der Dienstleister mit der Abrechnung beginnen. In Anlehnung hieran könnte die elektronische Beratung nach der Aufklärung über die Preise mit dem Anklicken eines „Einverständnis-Buttons" funktionieren. Ähnlich verhält es sich auch bei der persönlichen Beratung. Hier muss der Dienstleister dem Kunden eine Preisübersicht gut leserlich zugänglich und eine Art

[602] *Katzenmeier*, NJW 2013, 817 (819).

Kostenvoranschlag für die von dem Kunden gewünschten Leistungen erstellen. Dies kann in Form von Preistafeln oder auf Informationsblättern geschehen. Auch hier muss der Kunde die Information mit seiner Unterschrift bestätigen. Geht es um die vom BGH genannte „Jahrmarktunterhaltung" mit geringen Preisen, reicht – in Anlehnung an die ebenfalls geringeren Anforderungen an die inhaltliche Aufklärung – die konkludente Bestätigung durch die Inanspruchnahme der Dienstleistung.

Grund für die wirtschaftliche Informationspflicht ist der Wissensvorsprung des Dienstverpflichteten aus seinem regelmäßigen Tätigwerden.[603] Er kennt seine Preise und den üblichen Arbeitsaufwand, während die Dienstberechtigten oft den Überblick über die anfallenden Kosten als auch über die investierte Zeit verlieren. Dies zeigt in eindrucksvoller Weise der vom BGH entschiedene Fall: Hier nahm der Kunde die Dienstleistungen mehr als ein Jahr, teilweise bis zu 10 bis 15 Mal täglich, in Anspruch und häufte dadurch einen Betrag von mehr als 35.000 EUR an. Zwar soll es auch hier eine Honorarvereinbarung gegeben haben, die alle Preise auswies,[604] doch fehlte es an der diesbezüglichen Transparenz: Die Dienstverpflichtete gab per E-Mail zu verstehen, dass die Beratungen zunächst kostenlos und erst danach gegen Entgelt erfolgen. In einer behaupteten Honorarvereinbarung, deren Form zudem völlig unklar ist, sollen für das erste Kartenlegen 150 EUR, für jedes weitere 100 EUR, für Coachings 100 EUR für die ersten 30 Minuten und für alle weiteren 15 Minuten 50 EUR gezahlt worden sein, wobei auch Rabatte gewährt worden seien.[605] Dagegen hätte die Dienstverpflichtete den Kunde entweder vor jedem Telefonat auf den fällig werdenden Preis aufmerksam machen müssen oder eine schriftliche Honorarvereinbarung mit ihm treffen müssen, auf deren Basis sich der Kunde die jeweilige Beratung dann am Telefon hätte aussuchen können.

Die wirtschaftliche Informationspflicht dient damit zum einen dem Schutz, aber auch der Selbstreflexion des Kunden.

---

603 So auch für den Behandlungsvertrag, siehe *Katzenmeier*, NJW 2013, 817 (819).

604 *LG Stuttgart*, BeckRS 2011, 02411, allerdings wird dies im Tatbestand nur im streitigen Klägervortrag erwähnt und insoweit in den Entscheidungsgründen aufgrund der Entbehrlichkeit innerhalb der dort vertretenen Lösung nicht weiter entschieden.

605 *OLG Stuttgart*, 08. April 2010 – Az. 7 U 191/09 (juris Rn. 2), das die streitige Behauptung der Klägerin ebenfalls nicht als feststehend einordnet.

4. Rechtsfolgen bei nicht ordnungsgemäßer inhaltlicher und wirtschaftlicher Aufklärung

Verstößt der Dienstverpflichtete gegen die inhaltliche oder wirtschaftliche Aufklärungspflicht, kann der Dienstverpflichtete mit dieser Pflichtverletzung gegen den Honoraranspruch des Dienstberechtigten aufrechnen.[606] Bei bereits gezahlten Honoraren berechtigen diese Pflichtverletzungen den Dienstberechtigten dann zum Schadensersatz in Höhe der getätigten Zahlung.

5. Klagbarkeit und Vollstreckbarkeit nach § 888 Abs. 3 ZPO

Der in der Literatur anklingenden Tendenz, solche Verträge als unvollkommene Verbindlichkeiten zu behandeln,[607] ist nach der hier vertretenen Meinung nicht zuzustimmen.

5.1 Notwendigkeit der Klagbarkeit

Entgegen der Auffassung, dass solche Verträge nicht dem eigentlich rechtlichen Bereich angehören,[608] besteht durchaus ein Bedürfnis, die hieraus entstehenden Verbindlichkeiten klagbar machen zu können. Eine Distanzierung der Rechtsordnung ist schon deshalb nicht legitim, da solche Verträge, wie gesehen, nicht offensichtlich unmöglich sind.[609] Dass eine solche Lösung überdies nur in einigen Spezialfällen zu vermeintlich interessengerechten Lösungen führt, zeigt sich in den Ausnahmen, die Becker machen möchte: Je nachdem, ob der Leistungsschuldner oder der Leistungsgläubiger in dem zu entscheidenden Fall schutzwürdiger ist, soll entweder die gesetzliche Unmöglichkeitslösung oder die Lösung des BGH zum Zuge kommen, in allen anderen Fällen greife die Rechtsfortbildung extra legem unter Anlehnung an die §§ 762 f. BGB.[610] In der hier vorgeschlagenen Lösung erfolgt ein Interessen-

---

606 In Anlehnung an den Informationspflichtverstoß im Behandlungsvertrag, siehe BT-Drs. 17/10488, S. 22; *BGH*, NJW 2000, 3429 (3432).

607 Als erstes: *Arp*, Anfängliche Unmöglichkeit, S. 214 f.; dann ausführlich: *Becker*, Absurde Verträge, S. 152 ff.

608 *Arp*, Anfängliche Unmöglichkeit, S. 215.

609 So aber *Becker*, Absurde Verträge, S. 157.

610 *Becker*, Absurde Verträge, S. 169.

ausgleich schon mit Vertragsschluss und den damit zusammenhängenden Rechten und Pflichten der jeweiligen Partei. Gründe für die Ausgestaltung aleatorischer Verträge als unvollkommene Verbindlichkeiten liegen vor allem darin, dass das moderne Recht mit seinem Abstellen auf soziale Werte und seiner zweckrationalen Auffassung solchen Verträgen eher gleichgültig gegenübersteht und sie weder grundsätzlich verbieten noch sie durch die Gewährung von rechtlichem Schutz fördern will.[611] Dies ist im Feld der Parapsychologie jedoch ganz anders: An der Universität Freiburg i. Br. existierte von 1954 bis 1998 eine für Prof. Hans Bender (1907-1991) eingerichtete Professur für Grenzgebiete der Psychologie, die 1967 in ein Ordinariat für Psychologie und Grenzgebiete der Psychologie (zusammen mit gleichnamiger Abteilung) am Psychologischen Institut umgewandelt wurde.[612] Zwischen 1978 und 1998 war es an der Universität Freiburg sogar möglich, "Grenzgebiete der Psychologie / Parapsychologie" als freiwilliges Zusatzfach zu studieren und eine Prüfung abzulegen.

Auch heute werden in Freiburg und an anderen deutschen (und ausländischen) Universitäten Themen der Parapsychologie mitunter in Vorlesungen und Seminaren zumeist sozial- oder kulturwissenschaftlicher Fächer (z.B. Psychologie, Soziologie, Volkskunde, Ethnologie, Religions-, Geschichts- oder Literaturwissenschaft) behandelt.[613] Außerdem finden jedes Jahr regelmäßig internationale Fachkonferenzen zur parapsychologischen und anomalistischen Forschung statt, die von großen, auch internationalen Organisationen durchgeführt werden.[614] Zum Teil treten schon heutzutage für aleatorische Verträge selbst Entwicklungen zu Tage, die innerhalb dieses Vertragstyps zahlreiche Sonder- bzw. Ausnahmeregelungen der (Rechtsfolgen von) unvollkommenen Schuldverhältnisse(n) schaffen: durch die wirtschaftlich immer größere Bedeutung solcher Verträge hat der Gesetzgeber in Art. 1 Finanzmarktrichtlinie-Umsetzungsgesetz den Begriff des Finanztermingeschäftes ausgeweitet und ein solches gem. § 37e WpHG dem Anwendungsbe-

611 Staudinger/*Engel*, BGB, Vor. § 762 Rn. 4a.

612 http://www.igpp.de/biblio/ppstud.htm, zuletzt abgerufen am 02. Januar 2019.

613 http://www.parapsych.org/PDF/Parapsychology-Education-Opportunities.pdf, zuletzt abgerufen am 02. Januar 2019.

614 http://www.igpp.de/biblio/wgfpverzeichnis.htm, zuletzt abgerufen am 02. Januar 2019; siehe auch international: http://www.parapsych.org/, zuletzt abgerufen am 02. Januar 2019; http://www.spr.ac.uk, zuletzt abgerufen am 02. Januar 2019; http://www.scientificexploration.org/, zuletzt abgerufen am 02. Januar 2019.

reich des § 762 BGB entzogen. Die neuere Rechtsprechung wendet sogar § 763 BGB auf staatlich genehmigte Spiele und Wetten analog an.[615] Hierdurch fallen zahlreiche aleatorische Verträge selbst nicht mehr unter die zurückgesetzte Rechtswirksamkeit des § 762 BGB. Eine Anwendung der Rechtsfolgen unvollkommener Verträge im Bereich der Parapsychologie ist daher erst Recht nicht geboten.

5.2 Vollstreckbarkeitsausschluss nach § 888 Abs. 3 ZPO

Zudem wird ausreichender Schutz vor der vermeintlichen Überforderung staatlicher Gerichte mit der Behandlung absurder Sachverhalte auch über § 888 Abs. 3 ZPO erreicht. Gem. § 888 Abs. 3 ZPO ist die Durchführung der Zwangsvollstreckung bei unvertretbaren Handlungen durch Zwangsgeld oder Zwangshaft im Falle der Verurteilung zur Leistung von Diensten aus einem Dienstvertrag nicht möglich. Dass es sich bei Verträgen auf parapsychologischer Grundlage um Dienstverträge (sui generis) handelt, wurde bereits ausführlich erörtert. Des Weiteren müsste die Dienstleistung auch eine unvertretbare Handlung sein, die nicht durch einen Dritten vorgenommen werden kann. Die Unvertretbarkeit ist wiederum an der rechtlichen und wirtschaftlichen Bedeutung der Handlung für den Gläubiger zu messen, für den es maßgeblich auf die Vornahme gerade durch den Schuldner in Person ankommen muss.[616] Die Vornahme der Handlung durch einen Dritten kann aus tatsächlichen oder rechtlichen Gründen ausgeschlossen sein oder auch lediglich als aus wirtschaftlichen Gründen ungleichwertig erscheinen. Insbesondere ist die Vornahme der Dienstleistung durch einen anderen Dritten dann ausgeschlossen, wenn es für die Handlung gerade auf bestimmte Kenntnisse des Schuldners ankommt.[617] So ist die Unvertretbarkeit für höhere Dienste, z.B. die Beauftragung eines Rechtsanwalts, eines Arztes, eines Architekten oder künstlerische und wissenschaftliche Leistungen,[618] allgemein anerkannt. Unvertretbare Handlungen sind zu allermeist handlungsbezogen (und nicht erfolgsbezogen), wobei es dem Dienstleistungsgläubiger zumeist auf die besonderen Kenntnisse

---

615 *RG*, RGZ 93, 348 (349 f.); *BGH*, NJW 1974, 1821; *BGH*, NJW 1999, 54 (55); *BGH*, NJW 2008, 2026; für Sportwetten: *OLG Hamm*, NJW-RR 1997, 1007 (1008); *LG Bonn*, 08. Oktober 2007 – Az. 13 O 479/06 (juris Rn. 17).

616 MüKoZPO/*Gruber*, § 888 Rn. 2.

617 *Gaul/Schilken/Becker-Eberhard*, Zwangsvollstreckungsrecht, § 71 Rn. 11.

618 *OLG Frankfurt am Main*, 20. Dezember 1912, OLGE 29, 251.

und Fertigkeiten des Dienstleistungsschuldners ankommt, so dass die Person des Leistenden von maßgeblicher Bedeutung ist.[619] Nichts anderes gilt auch für den Bereich der Parapsychologie, auch wenn diese nicht als Wissenschaft qualifiziert werden mag. Denn wie bereits aufgezeigt, sucht der Leistungsgläubiger den Dienstschuldner gerade aus einem individuellen Grund auf, da er nämlich an dessen parapsychologische Fähigkeiten glaubt. Auch hier ist die Handlung also eindeutig personenbezogen. Ist die Leistung an sich folglich nicht vollstreckbar, nützt dem Dienstschuldner auch kein entsprechender Titel aus einem Leistungsurteil. In der Praxis wird der Dienstberechtigte seinen Anspruch daher über § 255 ZPO durchzusetzen versuchen oder gleich auf Leistung des Interesses gem. § 893 ZPO klagen. § 888 Abs. 3 ZPO darf allerdings – wie schon erwähnt – nicht dazu verleiten, die (Nach-)Erfüllungspflicht des Dienstleistungsschuldners als irrelevant abzutun oder einer Leistungsklage das Rechtsschutzinteresse zu versagen, denn sie kann als Grundlage für einen Schadensersatzanspruch (wegen Nichterfüllung) dienen.[620] Der Lösungsweg über § 888 Abs. 3 ZPO erscheint nicht zuletzt deshalb einen interessengerechten Ausgleich zu schaffen. Zudem vergisst der Jurist allzu leicht, dass Pflichten im Regelfall freiwillig erfüllt werden[621] und sich, wie im ersten Teil dieser Arbeit gesehen, nur ein verschwindend geringer Teil dieses boomenden Marktes vor Gericht trifft.

5.3 Rechtspolitisches Aufgabenfeld

Ob der Staat darüber hinaus für die Durchsetzung skurriler Leistungen seine Institute zur Verfügung stellen soll, ist ganz davon abgesehen eine unabhängige rechtspolitische Frage:[622] Sogar „daran, dass keine Verträge abgeschlossen werden über Leistungen, die nicht bewirkt werden können,[623] ist der Staat als solcher mit keinem einzigem seiner Interessen auch nur im Entferntesten beteiligt."[624] Dass einige nicht an die Unerbringbarkeit einer solchen Leistung glauben, kann nicht der Maßstab

[619] HK/*Kießling*, ZPO, § 888 Rn. 7.

[620] HK/*Kießling*, ZPO, § 888 Rn. 7.

[621] *Tillmanns*, Strukturfragen des Dienstvertrages, S. 349.

[622] *Schermaier*, JZ 2011, 633 (637).

[623] Also sogar für solche, die parapsychologische Dienstleistungen generell für objektiv unmöglich halten.

[624] *Titze*, Unmöglichkeit der Leistung, S. 240.

sein, an dem sich entscheidet, ob die Gerichte ein bestimmtes Erfüllungsinteresse schützen.[625] Die Angst davor, dass Zivilprozesse zu Tribunalen über okkultistische, astrologische oder esoterische Standards denaturieren,[626] ist demnach unbegründet. Demnach gilt weiterhin, dass die frei von Täuschung oder unlauterer Willensbeeinflussung zustande gekommene Zahlung von Honoraren für parapsychologische Dienstleistungen rechtsbeständig sein muss und derjenige, der meint, falsche Entscheidungen rückgängig machen zu müssen, auf die Hilfe des Rechts nicht zu hoffen braucht.[627]

6. Rechtsfortbildung praeter legem

Die letzte Frage, die sich in diesem Zusammenhang stellt, ist die nach der Erforderlichkeit einer gesetzlichen Festschreibung dieser Rechtssätze im BGB. Alternativ könnte sich die Anwendung der oben beschriebenen Grundsätze durch die juristische Methodenlehre auch ohne Kodifikation durchsetzen lassen. In letzterem Fall kommt den Gerichten eine bedeutende Rolle zu, deren Aufgabe die Feststellung und Schließung von Gesetzeslücken durch Rechtsfortbildung praeter legem ist. Hier gilt der Grundsatz: „Wenn es nicht notwendig ist ein Gesetz zu machen, dann ist es notwendig kein Gesetz zu machen“.[628]

Voraussetzung ist zunächst, dass der Richter nicht unzulässig in die Kompetenz des demokratisch legitimierten Gesetzgebers eingreift,[629] denn während der mögliche Wortsinn-Grenze jeder Auslegung, ist der Wille des Gesetzgebers Grenze jeder Rechtsfortbildung.[630] Bei parapsychologischen Vertragsverhältnissen hat der Gesetzgeber aber gerade keine eindeutige Entscheidung getroffen. Dies geht schon aus der Gesetzesbegründung zu § 311a BGB hervor, wonach Fälle des Versprechens einer Leistung, die nur der Aberglaube für möglich halten kann, häufig nach § 138 BGB sittenwidrig sein dürften.[631] Dass solche Verträge nur selten und gerade nicht häufig wegen Sittenwidrigkeit nichtig sind, wurde im ersten Teil dieser Arbeit eingehend erörtert. Der Frage,

---

[625] *Schermaier*, JZ 2011, 633 (637).
[626] *Windel*, ZGS 2011, 218 (221).
[627] *Arp*, Anfängliche Unmöglichkeit, S. 215.
[628] Zitat nach *Charles Baron de Montesquieu* (1689 – 1755); vgl. *Thierse*, NVwZ 2005, 153 (154).
[629] *BVerfG*, NJW 2009, 1469 (1477).
[630] *Krüper*, Grundlagen des Rechts, § 9 Rn. 38.
[631] BT-Drks. 14/6040, S. 164.

ob der neu geschaffene § 311a BGB zur Behandlung nicht sittenwidriger Verträge auf parapsychologischer Grundlage geeignet sei, hat der Gesetzgeber in seinen Ausführungen gerade nicht beantwortet.

Verfassungsmäßig ist die Rechtsfortbildung außerdem dann, wenn sie den Anwendungsbereich einer Norm auf einen Fall erstreckt, der von ihrem Wortlaut nicht erfasst wird, wobei die Rechtsfortbildung alleine aus den Wertungen des Gesetzes entnimmt, ob eine Lücke besteht und in welcher Weise sie geschlossen werden soll.[632]

Eine solche gesetzesimmanente Rechtsfortbildung[633] ist in ihren Grenzen also ein zulässiges und wertvolles Instrument der Judikative, die sich quasi als denkender Gehorsam auszeichnet.[634] Es liegt auch auf der Hand, dass der Richter von Zeit zu Zeit mit Fällen bzw. Problemlagen befasst ist, die vom Gesetz nicht eindeutig bzw. nicht gänzlich erfasst sind und somit nur unvollständig gelöst werden können. Dass dies insbesondere bei Verträgen auf parapsychologischer Grundlage der Fall ist, zeigt sich nicht nur daran, dass die Annahme des Gesetzgebers bzgl. § 138 BGB – wie im zweiten Kapitel gezeigt – falsch war, sondern auch anhand der ausführlichen Darstellung der sich durch die Anwendung des Unmöglichkeitsrechts anschließenden Folgeprobleme. Steht der Richter nun vor einem solchen Problem, darf er sich nicht nur auf den Gesetzesvollzug beschränken, sondern muss die zur Verfügung stehenden schon kodifizierten Regelungen interpretieren sowie allgemeine Rechtsgrundsätze heranziehen und in jedem Einzelfall zu einer gerechten Lösung summieren.[635] Schaffen die Gerichte in der Folgezeit durch immer wieder bestätigende Rechtsprechung entsprechende Rechtssätze, entwickelt sich hieraus dann Richterrecht.

Weitere Voraussetzung für das legale Bestehen eines diesbezüglichen Richterrechtes ist der Ausschluss einer Ersatzgesetzgebung durch eine überproportional breite Rechtsfortbildung.[636] Da die hier vorgeschlagene Lösung allerdings weitgehend an bereits kodifizierte Normen des Dienstvertrags- sowie Behandlungsvertragsrechts angelehnt ist, sich hierunter subsumieren lässt und sich die Rechtsfortbildung auf den abgegrenzten Bereich der (inhaltlichen und wirtschaftlichen) Aufklärung und Einwilligung beschränkt, ist dies nicht als „Äußerung unzulässiger

---

632 *BVerfG*, NJW 1990, 1593 (1594).

633 *Larenz/Canaris*, Methodenlehre, S. 187.

634 *Heck*, AcP 1914, 1 (20).

635 *Rüthers*, JuS 2011, 865 (868); *Katzenmeier*, Arzthaftung, S. 77; ein solches Vorgehen kann sich bis zur Rechtsschöpfung steigern.

636 *Kloepfer*, NJW 1985, 2497 (2500).

richterlicher Eigenmacht, durch die der erkennbare Wille des Gesetzgebers beiseitegeschoben und durch eine autark getroffene richterliche Abwägung der Interessen ersetzt wird"[637], einzustufen.

Die Durchsetzung des vorgeschlagenen Lösungsansatzes durch eine Rechtsfortbildung praeter legem bewegt sich nicht nur innerhalb der diesbezüglich rechtlichen Grenzen, sondern stellt auch die eleganteste Wahl dar, Rechtsprobleme auf parapsychologischer Grundlage systemgetreu und umfassend zu lösen.

---

637 *BVerfG*, NJW 1990, 1593 (1594).

Kapitel 7: Ergebnis und Zusammenfassung

Die bisher bei Rechtsproblemen einer Leistungserbringung auf parapsychologischer Grundlage angewandten Normen stellen keine geeigneten Werkzeuge dar. Diese lösen die Probleme nicht, sondern verursachen im Gegenteil zahlreiche dogmatische und rechtstechnische Folgeproblemen.

1. Sittenwidrigkeit als Ausnahme statt Regel

§ 138 BGB ist bei Verträgen auf parapsychologischer Grundlage nur sehr selten einschlägig. Insbesondere die vom BGH aufgestellte These, dass an § 138 Abs. 1 BGB keine allzu hohen Anforderungen zu stellen sind, wenn es um parapsychologische Verträge geht, trägt nicht. Es ist nicht die Aufgabe der Rechtsordnung, „unsinnigen" Verträgen ihre Geltung zu entziehen – zumal schon die Einstufung eines Vertrages als unsinnig im Lichte der Privatautonomie als Grundpfeiler des deutschen Rechtssystems anmaßend wirkt, solange der Gesetzgeber keine Notwendigkeit sieht, diesbezügliche Regelungen zu erlassen. Im Gegensatz zur Justiz wäre die legislative Gewalt nämlich als einzige befugt und zuständig, hier rechtspolitische Entscheidungen zu treffen. Dass sie dies bisher nicht getan hat, spricht nur noch mehr dafür, solche Verträge im Regelfall als bindend anzusehen. Auch ansonsten bleibt es dabei, dass bei Verträgen auf parapsychologischer Grundlage § 138 BGB die gleichen hohen Maßstäbe zu seiner Bejahung verlangt, wie im Gesetz angelegt und durch die Rechtsprechung in den verschiedenen Kategorien konkretisiert. § 138 BGB ist also keine Generalklausel zur Lösung solcher Verträge auf parapsychologischer Grundlage, sondern systemgetreu nur dann einschlägig, wenn seine hohen Hürden, die in solchen Fällen gerade nicht grundlos abgesenkt werden dürfen, ausnahmsweise tatsächlich einmal überschritten sind.

2. Unmöglichkeitsrecht als unpassende Notlösung

Neben § 138 BGB spielt das Unmöglichkeitsrecht zur Behandlung parapsychologischer Verträge in der Rechtspraxis bisher die größte Rolle. Gleichzeitig birgt die Anwendung des Unmöglichkeitsrechts hier allerdings auch die größten Probleme. Im Ergebnis ergeben sich daher folgende Argumente, die gegen die Anwendung des Unmöglichkeitsrechts sprechen:

- Die Anknüpfung der Unmöglichkeit an die naturwissenschaftliche Unbeweisbarkeit parapsychologischer Leistungen führt dazu, die Grenze zwischen Prozess- und materiellem Recht zu verwischen und das materielle Recht systemwidrig vom Prozessrecht abhängig zu machen.
- Die Übertragung strafrechtlicher Argumente auf das Zivilrecht (zur Begründung des Unmöglichkeitsrechts) ist für die Ermittlung der im Zivilrecht in Rede stehenden Interessen der Parteien untauglich.
- Die Herausnahme „jahrmarktähnlicher Unterhaltung" aus der vorgeschlagenen Unmöglichkeits-Lösung entbehrt jeglicher rechtlichen Grundlage und führt zu einer unerlaubten „Ersatzgesetzgebung".
- Das Bestehenbleiben des Gegenleistungsanspruchs des Leistungsschuldners und die Reduktion des Schadensersatzanspruches des Leistungsgläubigers auf Null widerspricht der gesetzgeberischen Wertung des Unmöglichkeitsrechtes und überdehnt die Grenzen der Auslegung nach §§ 133, 157 BGB:
  - ➢ Im Dienst- und Werkvertragsrecht löst eine Aliudleistung (anstelle der unmöglichen Leistung) niemals Zahlungsansprüche aus.
  - ➢ Sobald der Leistungsgläubiger in Vorkasse geht, werden seine Interessen vollständig und ungerechtfertigt vernachlässigt, da der bezahlte Leistungsschuldner keine Leistung mehr erbringen müsste und darüber hinaus keine Rückzahlungspflicht hätte.

Aber nicht nur abstrakt ist das Unmöglichkeitsrecht nicht geeignet, parapsychologische Verträge zu lösen. Auch nach der konkreten rechtlichen Einordnung solcher Verträge bleibt für das Unmöglichkeitsrecht kaum noch Raum. Der Vertrag auf parapsychologischer Grundlage ist grundsätzlich als Dienstvertrag (und gerade nicht als Werkvertrag) einzuordnen ist:

- Dies zeigt sich positiv daran, dass die Bezahlung parapsychologischer Leistungen i.d.R. nicht unter der Bedingung des Eintrittes eines mit der Tätigkeit verbundenen Erfolges steht und die fehlende Erfolgszusage durch Steuerungs- und jederzeitige Kündigungsrechte des Leistungsgläubigers kompensiert wird. Denn insbesondere die Rechtsfolgen des Dienstvertrages tragen den Interessen der Parteien viel mehr Rechnung als die des Werkvertrages.

- Negativ ist der Werkvertrag schon deshalb ausgeschlossen, da der hier geforderte Erfolg in irgendeiner Weise kausal vom Werkunternehmer herbeigeführt werden müsste. Die kausale Herbeiführung eines Erfolges durch parapsychologische Tätigkeiten ist aber gerade nach heutiger Erkenntnis ausgeschlossen. Die naturwissenschaftliche Unbeweisbarkeit, die vom BGH zur Begründung objektiver Unmöglichkeit herangezogen wird, trägt viel mehr bei der Einordung des einschlägigen Vertragstyps.

Eine Dienstleistung kann grundsätzlich nur dann objektiv unmöglich sein, wenn keine Erfüllung i.S.d. § 362 BGB eingetreten ist. Der Dienstleister hat seine Leistungspflicht allerdings immer und schon dann erfüllt, wenn er die parapsychologische Tätigkeit äußerlich vornimmt. Objektiv unmöglich ist eine solche parapsychologische Dienstleistung daher nur in seltenen Ausnahmefällen, z.B. wenn der Dienstleistungsschuldner physisch an der Vornahme der Dienstleistung gehindert ist.

Insgesamt ergibt sich am Ende des vierten Kapitels damit Folgendes: Sowohl die Sittenwidrigkeit nach § 138 BGB als auch das Unmöglichkeitsrecht sind nur in seltenen bzw. Ausnahmefällen geeignet, um die Rechtsprobleme parapsychologischer Verträge zu lösen. Aus dem Vergleich des Vertrages auf parapsychologischer Grundlage mit einem ihm sehr verwandten Vertragstyp – dem Behandlungsvertrag nach § 630a BGB – ergibt sich, dass die Grundsätze der wirtschaftlichen und inhaltlichen Aufklärung geeignet erscheinen, auch den Vertrag auf parapsychologischer Grundlage zu regeln.

3. Dienstvertrag sui generis i.S.d. § 311 Abs. 1 BGB als Rechtsfortbildung praeter legem

Der Vertrag auf parapsychologischer Grundlage ist zwar dem Grunde nach ein Dienstvertrag, hat aber – wie aufgezeigt – einige dem Behandlungsvertrag ähnelnde Besonderheiten. Er ist daher als Dienstvertrag sui generis i.S.d. § 311 Abs. 1 BGB zu qualifizieren – ähnlich wie es der Behandlungsvertrag vor seiner gesetzlichen Kodifikation im Jahr 2013 auch war. Neben der strukturellen Vergleichbarkeit sind es aber vor allem auch die der Natur des parapsychologischen Vertrages entspringenden Leistungspflichten, die die meiste Ähnlichkeit mit solchen des Behandlungsvertrages gem. § 630a BGB haben. Zu den vertragstypischen Pflichten des Vertrages auf parapsychologischer Grundlage gehört – ebenso wie beim Behandlungsvertrag – neben der inhaltlichen auch die wirtschaftliche Aufklärung.

Die Durchsetzung dieser im vorherigen Kapitel ausführlich vorgeschlagenen Lösungsansätze können und sollen idealerweise durch die Gerichte gewährleistet werden. Will der Gesetzgeber dieses Feld darüberhinausgehend begrenzen oder in eine (andere) bestimmte Richtung drängen, muss er rechtspolitisch tätig werden.

Literaturverzeichnis

A

Akerlof, George: The market for 'lemons': quality uncertainty and the market mechanism. The Quarterly Journal of Economics, Vol. 84, Nr. 3, S. 488-500; zitiert: *Akerlof*, QJE 84, 488.

Apotheken Umschau: Studie aus 2008, erhoben von GfK, abrufbar unter *Statista*: Glauben Sie, dass man das Schicksal durch spezielle Handlungen beeinflussen kann? https://de.statista.com/statistik/daten/studie/605/umfrage/beeinflussung-des-schicksals-durch-spezielle-handlungen/ - zuletzt abgerufen am 02. Januar 2019; zitiert: *Apotheken Umschau*, Studie aus 2008, in: *Statista,* Glauben Sie, dass man das Schicksal durch spezielle Handlungen beeinflussen kann?.

Arp, Thorsten: Anfängliche Unmöglichkeit: zum Verständnis von § 306 BGB. Paderborn 1988; zitiert: *Arp*, Anfängliche Unmöglichkeit.

B

Bamberger, Heinz Georg/*Roth*: Kommentar zum Bürgerlichen Gesetzbuch, Band 1: §§ 1-610, CISG. 3. Auflage, München 2012; zitiert: Bamberger/Roth/*Bearbeiter*, BGB.

Bartels, Florian: Ein Blick in die Zukunft und der Blick ins Gesetz: Der BGH und die Hellseherei. ZJS 2011, S. 106-111; zitiert: *Bartels*, ZJS 2011, 106.

- Über die magische Macht der Karten und gegen die vom BGH aus dem Hut gezauberte Rechtsfigur der "bewusst sinnlosen, aber zu entgeltenden Leistung". ZGS 2011, S. 355-362; zitiert: *Bartels*, ZGS 2011, 355.

Baumbusch, Friedrich/*Schindler*, E./*Schultheis*, Theodor/*Vahlensieck*, Winfried: Die Urologische Begutachtung und Dokumentation, The Urologist's

Expert Opinion and Documentation, L'Expertise et Documentation en Urologie. Berlin/Göttingen/Heidelberg 1965; zitiert: *Bearbeiter*, in: *Baumbusch/et al.*, Urologische Begutachtung und Dokumentation.

beck-online.GROSSKOMMENTAR BGB (herausgegeben von Beate Gsell, Wolfgang Krüger, Stephan Lorenz und Christoph Reymann) München 2018 (Stand: 01.03.2018); zitiert: BeckOGK/*Bearbeiter*, BGB.

Beck'scher Online-Kommentar BGB (herausgegeben von Heinz Georg Bamberger, Hebert Roth, Wolfang Hau und Roman Poseck) 45. Auflage, München 2018 (Stand: 01.03.2018); zitiert: BeckOK/*Bearbeiter*, BGB.

Beck'scher Online-Kommentar ZPO (herausgegeben von Volkert Vorwerk und Christian Wolf) 28. Auflage, München 2018 (Stand: 01.03.2018); ztiert: BeckOK/*Bearbeiter*, ZPO.

Becker, Maximilian: Absurde Verträge, Studien zum Privatrecht Bd. 27. Tübingen 2013; zitiert: *Becker*, Absurde Verträge.

- Die Erfolgsgeeignetheit in der vertraglichen Arzthaftung - Zugleich ein Beitrag zur Grenze der Therapiefreiheit -. MedR 2014, S. 475-482; zitiert: *Becker*, MedR 2014, 475.
- Unmöglichkeit im Medizinrecht. RW 2013, S. 123-165; zitiert: *Becker*, RW 2013, 123.

Bender, Rolf: Probleme des Konsumentenkredits. NJW 1980, S. 1129-1136; zitiert: *Bender*, NJW 1980, 1129.

Beuthien, Volker: Zweckerreichung und Zweckstörung im Schuldverhältnis. Tübingen 1969; zitiert: *Beuthien*, Zweckerreichung und Zweckstörung im Schuldverhältnis.

Bork, Reinhard: Allgemeiner Teil des Bürgerlichen Gesetzbuchs. 4. Auflage, Tübingen 2016; zitiert: *Bork*, BGB AT.

Brockhaus-Enzyklopädie: in 30 Bänden, Band 1: A – Anat (herausgegeben von der Bibliographischen Institut & F.A. Brockhaus AG) 21. Auflage, Mannheim 2006; zitiert: *Brockhaus-Enzyklopädie*, Bd. 1.

- Band 21: Paral – Pos (herausgegeben von der Bibliographischen Institut & F.A. Brockhaus AG) 21. Auflage, Mannheim 2006; zitiert: *Brockhaus-Enzyklopädie*, Bd. 21.

Bruns, Rudolf: Das Synallagma des Dienstvertrags. AcP 178 (1978), S. 34-44; zitiert: *Bruns*, AcP 1978, 34.

C

Canaris, Claus-Wilhelm: Das allgemeine Leistungsstörungsrecht im Schuldrechtsmodernisierungsgesetz. ZRP 2001, S. 329-336; zitiert: *Canaris*, ZRP 2001, 329.

- Die Neuregelung des Leistungsstörungs- und des Kaufrechts - Grundstrukturen und Problemschwerpunkte -, in: Karlsruher Forum 2002 – Schuldrechtsmodernisierung (herausgegeben von Egon Lorenz) Karlsruhe 2003, S. 5-100; zitiert: *Canaris*, in: Karlsruher Forum 2002, 5.
- Die Feststellung von Lücken im Gesetz: Eine methodologische Studie über Voraussetzungen und Grenzen der richterlichen Rechtsfortbildung praeter legem. 2. Auflage, Berlin 1983; zitiert: *Canaris*, Feststellung von Lücken im Gesetz.
- Schadensersatz wegen Pflichtverletzung, anfängliche Unmöglichkeit und Aufwendungsersatz im Entwurf des Schuldrechtsmodernisierungsgesetzes. DB 2001, S. 1815-1821; zitiert: *Canaris*, DB 2001, 1815.
- Sondertagung Schuldrechtsmodernisierung, Die Reform des Rechts der Leistungsstörungen. JZ 2001, S. 499-528; zitiert: *Canaris*, JZ 2001, 499.
- Wandlungen des Schuldvertragsrechts - Tendenzen zu seiner "Materialisierung", AcP 200 (2000), S. 273-364; zitiert: *Canaris*, AcP 2000, 273.

Conring, Feyko/*Palzer*, Christoph: Anfängerhausarbeit im Zivilrecht: Übersinnliche Kräfte und trotzdem nichts als Ärger. ZJS 2013, S. 57-66; zitiert: *Conring/Palzer*, ZJS 2013, 57.

D

Dauner-Lieb, Barbara/*Konzen*, Horst/*Schmidt*, Karsten: Das neue Schuldrecht in der Praxis: Akzente, Brennpunkte, Ausblick. Köln 2003; zitiert: *Bearbeiter*, in: *Dauner-Lieb/Konzen/Schmidt*, Das neue Schuldrecht.

Deubner, Karl: Aktuelles Zivilprozessrecht. JuS 2011, S. 222-225; zitiert: *Deubner*, JuS 2011, 222.

Deutsch, Erwin/*Geiger*, Michael: Medizinischer Behandlungsvertrag. Empfiehlt sich eine besondere Regelung der zivilrechtlichen Beziehung zwischen dem Patienten und dem Arzt im BGB?, in: Gutachten und Vorschläge zur Überarbeitung des Schuldrechts, Bd. 2 (herausgegeben vom Bundesminister der Justiz) Köln 1981, S. 1049-1115; zitiert: *Deutsch/Geiger*, Medizinischer Behandlungsvertrag.

Dörner, Heinrich/*Staudinger*, Ansgar, Nomos – Erläuterungen zum deutschen Bundesrecht, Einführung zum Gesetz zur Modernisierung des Schuldrechts. Baden-Baden 2001 (Stand: 26.01.2001); zitiert: *Dörner/Staudinger*, Erläuterungen SchRModG.

E

Ebermayer, Ludwig: Der Arzt im Recht: rechtliches Handbuch für Ärzte. Leipzig 1930; zitiert: *Ebermayer*, Arzt im Recht.

Ehmann, Horst/*Kley*, Britta: Unmöglichkeitslehre. JuS 1998, S. 481-491; zitiert: *Ehmann/Kley*, JuS 1998, 481.

Emmerich, Volker: Das Recht der Leistungsstörungen, JuS Schriftenreihe Bd. 66. 6. Auflage, München 2005; zitiert: *Emmerich*, Recht der Leistungsstörungen.

Enneccerus, Ludwig/*Lehmann*, Heinrich: Recht der Schuldverhältnisse. 15. Auflage, Marburg 1958; zitiert: *Enneccerus/Lehmann*, Recht der Schuldverhältnisse.

Erman Kommentar zum Bürgerlichen Gesetzbuch. Band 1 (herausgegeben von Peter Westermann, Barbara Grunewald und Georg Maier-Reimer) 15. Auflage, Köln 2017; zitiert: Erman/*Bearbeiter*, BGB.

Ernst, Edzard: Komplementärmedizinische Diagnoseverfahren, DÄBl. 2005, S. A 3034-A 3037; zitiert: *Ernst*, DÄBl. 2005, A 3034.

Eser, Albin: Ziel und Grenzen der Intensivpädiatrie aus rechtlicher Sicht, in: Arzt- und Kassenarztrecht im Wandel, Festschrift für Prof. Dr. iur. Helmut Narr zum 60. Geburtstag (herausgegeben von Hans Kamps und Adolf Laufs) Berlin/Heidelberg 1988, S. 47-64; zitiert: *Eser*, in: FS Narr (1988), S. 47.

Esser, Josef/*Weyers*, Leo: Schuldrecht Band 2 - Besonderer Teil: Teilband 1. Die Verträge. 5. Auflage, Heidelberg 1977; zitiert: *Esser/Weyers*, Schuldrecht Bd. 2/1.

F

Faust, Florian: Anmerkung zum Urteil des BGH vom 13.01.2011: Zivilrecht: Pflicht zur Entlohnung einer Kartenlegerin. Vertragliche Risikoübernahme durch den Gläubiger. JuS 2011, S. 359-361; zitiert: *Faust*, JuS 2011, 359.

Feldwisch-Drentrup, Hinnerk: Streit um alternative Therapie. Sollten Kassen für Homöopathie bezahlen? https://www.n-tv.de/wissen/Sollten-Kassen-fuer-Homoeopathie-bezahlen-article20184998.html – zuletzt abgerufen am 02. Januar 2019; zitiert: *Feldwisch-Drentrup*, Streit um alternative Therapie.

Flume, Werner: Allgemeiner Teil des Bürgerlichen Rechts. 2. Band: Das Rechtsgeschäft. 4. Auflage, Berlin/Heidelberg 1992; zitiert: *Flume*, AT des BGB Bd. 2.

- Rechtsgeschäft und Privatautonomie, in: Hundert Jahre deutsches Rechtsleben, Festschrift zum hundertjährigen Bestehen des

Deutschen Juristentages 1860-1960, Bd. 1 (herausgegeben von Ernst von Caemmerer, Ernst Friesenhahn und Richard Lange) Karlsruhe 1960, S. 135-238; zitiert: *Flume*: in FS Hundert Jahre Deutsches Rechtsleben (1960), S. 135.

Forsa: Umfrage aus 2015 im Auftrag der Gothaer Versicherung zum Thema „Aberglaube", abrufbar unter https://www.gothaer.de/ueber-uns/presse/publikationen/studien/befragung-aberglaube.htm - zuletzt abgerufen am 02. Januar 2019; zitiert: *Forsa* (2015), Repräsentative Umfrage „Aberglaube".

Franz, Kurt: Naturheilmittel und Recht (herausgegeben von Erwin Deutsch, Wolfgang Gitter und Meinhard Heinze) Köln/Berlin/Bonn/München 1992; zitiert: *Franz*, Naturheilmittel und Recht.

Franzki, Dominik: Der Behandlungsvertrag, Ein neuer Vertragstypus im Bürgerlichen Gesetzbuch, Göttinger Schriften zum Medizinrecht, Band 19. Göttingen 2014; zitiert: *Franzki*, Behandlungsvertrag.

G

Gaul, Hans Friedhelm/*Schilken,* Eberhard/*Becker-Eberhard,* Ekkehard: Zwangsvollstreckungsrecht. 12. Auflage, München 2010; zitiert: *Gaul/Schilken/Becker-Eberhard*, Zwangsvollstreckungsrecht.

Gernhuber, Joachim: Die Erfüllung und ihre Surrogate sowie das Erlöschen der Schuldverhältnisse aus anderen Gründen, 2. Auflage, Tübingen 1994; zitiert: *Gernhuber*, Erfüllung und ihre Surrogate.

Gesellensetter, Katrin: Prozesse um Schamanen und Wahrsager. Schwarze Magie an deutschen Gerichten. https://www.focus.de/finanzen/recht/tid-20627/prozesse-um-schamanen-und-wahrsager-schwarze-magie-an-deutschen-gerichten_aid_577930.html - zuletzt abgerufen am 02. Januar 2019; zitiert: *Gesellensetter*, Prozesse um Schamanen und Wahrsager.

Gollan, Anja: Kartenlegen vor Gericht - Das Urteil des Bundesgerichtshofs zur Wahrsagerei. http://sekten-info-nrw.de/index.php?option=com_content&task=view&id=202 – zuletzt abgerufen am 02. Januar 2019; zitiert: *Gollan*, Kartenlegen vor Gericht.

Grunewald, Barbara: Vorschläge für eine Neuregelung der anfänglichen Unmöglichkeit und des anfänglichen Unvermögens. JZ 2001, S. 433-436; zitiert: *Grunewald*, JZ 2001, 433.

H

Hackl, Karl: Äquivalenzstörung und Sittenwidrigkeit. BB 1977, 1412-1415; zitiert: *Hackl*, BB 1977, 1412.

Hagemeyer, Fritz: Die Ansprüche des Arztes, Marburg 1933; zitiert: *Hagemeyer*, Ansprüche des Arztes.

Heck, Philipp: Gesetzesauslegung und Interessenjurisprudenz. AcP 112 (1914), S. 1-318; zitiert: *Heck*, AcP 1914, 1.

- Grundriß des Schuldrechts. 2. Auflage, Aalen 1994; zitiert: *Heck*, SchuldR.

Heidel, Thomas/*Hüßtege*, Rainer/*Mansel*, Heinz-Peter/*Noack*, Ulrich: Bürgerliches Gesetzbuch – BGB. Band 1: Allgemeiner Teil. EGBGB. 3. Auflage, Bade-Baden 2016; zitiert: HHMN/*Bearbeiter*, BGB.

Henssler, Martin: Risiko als Vertragsgegenstand, Jus Privatum, Bd. 6. Tübingen 1994; zitiert: *Henssler*, Risiko als Vertragsgegenstand.

Himmelschein, Jury: Erfüllungszwang und Lehre von den positiven Vertragsverletzungen. AcP 135 (1932), S. 255 – 327; zitiert: *Himmelschein*, AcP 1932, 255.

Honsell, Heinrich: Die Rückabwicklung sittenwidriger oder verbotener Geschäfte. Eine rechtsgeschichtliche und rechtsvergleichende Untersuchung zu § 817 BGB. München 1974; zitiert: *Honsell*, Rückabwicklung sittenwidriger oder verbotener Geschäfte.

Huber, Peter/*Faust*, Florian: Schuldrechtsmodernisierung, Einführung in das neue Recht. München 2002; zitiert: *Bearbeiter*, in: *Huber/Faust*, SchuldRMod.

I

Institut für Demoskopie Allensbach: Allensbacher Berichte 2005 / Nr. 7. Gute und ungute Vorzeichen. Aberglaube existiert weiter", abrufbar unter https://www.ifd-allensbach.de/uploads/tx_reportsndocs/prd_0507.pdf - zuletzt abgerufen am 02. Januar 2019; zitiert: *Institut für Demoskopie Allensbach* (2005): Allensbacher Berichte 2005 / Nr. 7, Gute und ungute Vorzeichen – Aberglaube existiert weiter.

J

Jauernig Kommentar zum Bürgerliche Gesetzbuch (herausgegeben von Rolf Stürmer) 17. Auflage, München 2018 zitiert: Jauernig/*Bearbeiter*, BGB.

Ji, Hailong: Haftungsfragen im freien Dienstvertrag. Göttingen 2007; zitiert: *Ji*, Haftungsfragen im freien Dienstvertrag.

Jung, Eberhard: Das Recht auf Gesundheit: Versuch einer Grundlegung des Gesundheitsrechts der Bundesrepublik Deutschland. München 1982; zitiert: *Jung*, Recht auf Gesundheit.

Junker, Abbo: Grundkurs Arbeitsrecht. 17. Auflage, München 2018; zitiert: *Junker*, Grundkurs Arbeitsrecht.

K

Kahl, Wilhelm: Der Arzt im Recht. JW 1930, S. 1545-1549; zitiert: *Kahl*, JW 1930, 1545.

Katzenmeier, Christian: Arzthaftung. Tübingen 2002; zitiert: *Katzenmeier*, Arzthaftung.

- Der Behandlungsvertrag – Neuer Vertragstypus im BGB. NJW 2013, S. 817-823; zitiert: *Katzenmeier*, NJW 2013, 817.

Kloepfer, Michael: Arbeitsgesetzgebung und Wesentlichkeitstheorie. Zur Verfassungspflicht einer Gesetzgebung insbesondere im Arbeitskampfrecht. NJW 1985, S. 2497-2505; zitiert: *Kloepfer*, NJW 1985, 2497.

Krüper, Julian: Grundlagen des Rechts. 3. Auflage, Baden-Baden 2016; zitiert: *Krüper*, Grundlagen des Rechts.

L

Larenz, Karl: Lehrbuch des Schuldrechts Band I: Allgemeiner Teil. 14. Auflage, München 1987; zitiert: *Larenz*, SchuldR AT.

- Lehrbuch des Schuldrechts Band II: Besonderer Teil. 13. Auflage, München 1994; zitiert: *Larenz*, SchuldR BT.
- Methodenlehre der Rechtswissenschaft. 6. Auflage, Berlin/Heidelberg 1991; zitiert: *Larenz*, Methodenlehre.
- Geschäftsgrundlage und Vertragserfüllung: die Bedeutung „Veränderter Umstände" im Zivilrecht. 2. Auflage, München 1957; zitiert: *Larenz*, Geschäftsgrundlage und Vertragserfüllung.

Larenz, Karl/*Canaris*, Claus-Wilhelm: Methodenlehre der Rechtswissenschaft. 3. Auflage, Berlin 1995; zitiert: *Larenz/Canaris*, Methodenlehre.

Larenz, Karl/*Wolf*, Manfred: Allgemeiner Teil des Bürgerlichen Rechts. 8. Auflage, München 1997; zitiert: Larenz/*Wolf*, BGB AT.

Leonhard, Franz: Das Schuldrecht des BGB, Band 2: Besonderes Schuldrecht des BGB. München 1931; zitiert: *Leonhard*, Besonderes Schuldrecht.

Liertz, Werner/ *Paffrath*, Hans: Handbuch des Arztrechts. Düsseldorf 1938; zitiert: *Liertz/Paffrath*, Handbuch des Arztrechts.

Lischka, Sabine: Führen und Entlohnen mit Zielvereinbarungen. Rechte und Pflichten des Arbeitgebers. BB 2007, S. 552-556; zitiert: *Lischka*, BB 2007, 552.

Lobinger, Thomas: Die Grenzen rechtsgeschäftlicher Leistungspflichten. Zugleich ein Beitrag zur Korrekturbedürftigkeit der §§ 275, 311a, 313 BGB n.F. Tübingen 2004; zitiert: *Lobinger*, Grenzen rechtsgeschäftlicher Leistungspflichten.

Looschelders, Dirk: Der Bezugspunkt des Vertretenmüssens bei Schadensersatzansprüchen wegen Mangelhaftigkeit der Kaufsache, in: Festschrift für Claus-Wilhelm Canaris zum 70. Geburtstag (herausgegeben von Andreas Heldrich, Ingo Koller, Jürgen Prölss et al.) München 2007, S. 737-757; zitiert: *Looschelders*, in: FS Canaris (2007), S. 737.

- Schuldrecht Allgemeiner Teil. 15. Auflage, München 2017; zitiert: *Looschelders*, SchuldR AT.
- Anmerkung zum Urteil des BGH vom 13.01.2011: Objektive Unmöglichkeit und Vergütungsanspruch bei abergläubischen Verträgen. JA 2011, S. 385-386; zitiert: *Looschelders*, JA 2011, 385.

Luig, Klaus: Der Arztvertrag, in: Vertragsschuldverhältnisse (ohne Kaufrecht). Vahlens Rechtsbücher, Reihe Zivilrecht, Bd. 3 (herausgegeben von Wolfgang Gitter, Diether Huhn, Siegbert Lammel et al.) München 1974, S. 223-257; zitiert: *Luig*, in: Vertragsschuldverhältnisse, S. 223.

M

Majer, Christian Friedrich: Sittenwidrigkeit und Äquivalenzstörungen – das wucherähnliche Geschäft. DNotZ 2013, S. 644-657; zitiert: *Majer*, DNotZ 2013, 644.

Maunz, Theodor/*Dürig*, Günter: Loseblattkommentar zum Grundgesetz. 81. Auflage, München 2017 (Stand: 09/2017); zitiert: *Bearbeiter*, in: *Maunz/Dürig*, GG.

Medicus, Dieter/ *Lorenz*, Stephan: Schuldrecht I, Allgemeiner Teil. 21. Auflage, München 2015; zitiert: *Medicus/Lorenz*, SchuldR AT.

Medicus, Dieter/ *Petersen*, Jens: Allgemeiner Teil des BGB. 11. Auflage, Heidelberg 2016; zitiert: *Medicus/Petersen*, BGB AT.

Mestmäcker, Ernst-Joachim: Über das Verhältnis des Rechts der Wettbewerbsbeschränkungen zum Privatrecht. AcP 168 (1968), S. 235-262; zitiert: *Mestmäcker*, AcP 1968, 235.

Meyers enzyklopädisches Lexikon: in 25 Bänden mit Nachtragsband (Band 26) und Weltatlas (Band 27); mit 100 signierten Sonderbeiträgen, Band 1: A - Alu (herausgegeben vom Bibliographischen Institut Mannheim), 9. Auflage, Mannheim 1979; zitiert: *Meyers enzyklopädisches Lexikon*, Bd. 1.

- Band 18: Ot – Pold (herausgegeben vom Bibliographischen Institut Mannheim), 9. Auflage, Mannheim 1980; zitiert: *Meyers enzyklopädisches Lexikon*, Bd. 18.

Migsch, Erwin: Die sogenannte Pflichtschenkung. AcP 173 (1973), S. 46-70; zitiert: *Migsch*, AcP 1973, 46.

Mittelstädt, Morten: Die Auslegung empfangsbedürftiger Willenserklärungen. Tübingen 2016; zitiert: *Mittelstädt*, Auslegung empfangsbedürftiger Willenserklärungen.

Molitor, Erich: Das Wesen des Arbeitsvertrages. Eine Untersuchung über die Begriffe des Dienst- und Werkvertrages sowie des Vertrags über abhängige Arbeit. Leipzig/Erlangen 1925; zitiert: *Molitor*, Wesen des Arbeitsvertrages.

Mugdan, Benno: Die gesamten Materialien zum Bürgerlichen Gesetzbuch für das Deutsche Reich, Band 1: Einführungsgesetz und Allgemeiner Teil. Berlin 1899; zitiert: *Mugdan*, Materialien Bd. I.

- Band 2: Recht der Schuldverhältnisse. Berlin 1899; zitiert: *Mugdan*, Materialien Bd. II.

Mutschler, Helge: Die zivilrechtliche Einordnung des Steuerberatungsvertrags als Dienst- oder Werkvertrag. DStR 2007, S. 550-554; zitiert: *Mutschler*, DStR 2007, 550.

Müller, Sebastian/ *Raschke*, Andreas: Homöopathie durch Ärzte und die Einhaltung des medizinischen Standards. NJW 2013, S. 428-432; zitiert: *Müller/Raschke*, NJW 2013, 428.

Münchener Kommentar zum Bürgerlichen Gesetzbuch: BGB. Band 1: Allgemeiner Teil §§ 1-240, ProstG, AGG (herausgegeben von Franz Jürgen Säcker) 7. Auflage, München 2015; zitiert: MüKoBGB/*Bearbeiter*.

- Band 2: Schuldrecht – Allgemeiner Teil (herausgegeben von Wolfgang Krüger) 7. Auflage, München 2016; zitiert: MüKoBGB/*Bearbeiter*.
- Band 4: Schuldrecht, Besonderer Teil II (herausgegeben von Martin Henssler und Wolfgang Krüger) 7. Auflage, München 2016; zitiert: MüKoBGB/*Bearbeiter*.
- Band 5/1: Schuldrecht - Besonderer Teil III/1 §§ 631-651 (herausgegeben von Martin Henssler) 7. Auflage, München 2018; zitiert: MüKoBGB/*Bearbeiter*.

- Band 6: Schuldrecht - Besonderer Teil IV, §§ 705-853, Partnerschaftsgesellschaftsgesetz, Produkthaftungsgesetz (herausgegeben von Mathias Habersack) 7. Auflage, München 2017; zitiert: MüKoBGB/*Bearbeiter*.

Münchener Kommentar zum Strafgesetzbuch: StGB. Band 1: §§ 1-37 (herausgegeben von Wolfgang Joecks und Klaus Miebach) 3. Auflage, München 2017; zitiert: MüKoStGB/*Bearbeiter*.

Münchener Kommentar zur Zivilprozessordnung. ZPO. Band 2: §§ 355-945b (herausgegeben von Wolfgang Krüger und Thomas Rauscher) 5. Auflage, München 2016; zitiert: MüKoZPO/*Bearbeiter*.

N

Nassall, Wendt: Anmerkung zum Urteil des BGH vom 13.01.2011: Magie im Recht. jurisPR-BGHZivilR 5/2011 Anm. 1; zitiert: *Nasall*, jurisPR-BGHZivilR 5/2011, Anm. 1.

Nomos Kommentar zum Bürgerlichen Gesetzbuch, Band 2/1 und 2/2: Schuldrecht (herausgegeben von Barbara Dauner-Lieb und Werner Langen) 3. Auflage, Baden-Baden 2016; zitiert: NK-BGB/*Bearbeiter*.

O

Oertmann, Paul: Kommentar zum Bürgerlichen Gesetzbuch und seinen Nebengesetzen. Buch 2: Recht der Schuldverhältnisse. Abt. 2. §§ 433 – 853. 5. Auflage, Berlin 1929; zitiert: *Oertmann*, BGB.

P

Paal, Boris/*Wilkat*, Anja: Anfängerklausur - Zivilrecht: Allgemeines Schuldrecht - Honorar für Hokuspokus? JuS 2013, S. 223-229; zitiert: *Paal*/*Wilkat*, JuS 2013, 223.

Palandt, Kommentar zum Bürgerlichen Gesetzbuch (bearbeitet von Gerd Brudermüller, Jürgen Ellenberger, Isabell Götz et al.) 77. Auflage, München 2018; zitiert: Palandt/*Bearbeiter*, BGB.

Pfeiffer, Thomas: Anmerkung zum Urteil des BGH vom 13.01.2011: Gegenleistungsanspruch bei objektiver Unmöglichkeit. LMK 2011, 314413; zitiert: *Pfeiffer*, LMK 2011, 314413.

Prütting, Hanns: Magische Kräfte als Vertragsleistung. Kein Zahlungsanspruch für das Geschäft mit der Hoffnung. https://www.lto.de/recht/hintergruende/h/magische-kraefte-als-vertragsleistung-kein-zahlungsanspruch-fuer-das-geschaeft-mit-der-hoffnung/ - zuletzt abgerufen am 02. Januar 2019; zitiert: *Prütting*, Magische Kräfte als Vertragsleistung.

Prütting, Hanns/*Wegen*, Gerhard/*Weinreich*, Gerd: Kommentar zum Bürgerlichen Gesetzbuch. 13. Auflage, München 2018; zitiert: *Bearbeiter*, in: *Prütting/Wegen/Weinreich*, BGB.

Q

R

Rabel, Ernst: Zur Lehre von der Unmöglichkeit der Leistung nach österreichischem Recht, in: Festschrift zur Jahrhundertfeier des Allgemeinen Bürgerlichen Gesetzbuches, Bd. II (herausgegeben von der Wiener Juristischen Gesellschaft) Wien 1911, S. 821-846; zitiert: *Rabel*, in: FS Jahrhundertfeier ABGB (1911), S. 821.

Ratzel, Rudolf/*Luxenburger*, Bernd: Handbuch Medizinrecht, Heidelberg 2008; zitiert: *Bearbeiter*, in: *Ratzel/Luxenburger*, Handbuch Medizinrecht.

Rawert, Peter: Scot, Decremps und Hoffmann. Drei Juristen und ihre Zauberbücher, in: Gedächtnisschrift für Jürgen Sonnenschein. 22. Januar 1938 bis 6. Dezember 2000 (herausgegeben von Joachim Jickeli, Peter Kreutz und Dieter Reuter) Berlin 2003, S. 845-860; zitiert: *Rawert*, in: GS Sonnenschein (2003), S. 845.

Reader's Digest: Studie aus 2012, erhoben von TNS Infratest, abrufbar unter *Statista*: Glauben Sie, dass unser Sternzeichen unser Leben bestimmt? https://de.statista.com/statistik/daten/studie/219140/umfrage/glaube-an-horoskope/ - zuletzt abgerufen am 02. Januar 2019; zitiert: *Reader's Digest* Studie aus 2012, in: *Statista,* Glauben Sie, dass unser Sternzeichen unser Leben bestimmt?.

Reimer, Christian/*Rüger*, Ulrich: Psychodynamische Psychotherapien. Lehrbuch der tiefenpsychologisch fundierten Psychotherapieverfahren. 3. Auflage, Heidelberg 2006; zitiert: *Reimer/Rüger*, Psychodynamische Psychotherapien.

Reischl, Klaus: Grundfälle zum neuen Schuldrecht. JuS 2003, S. 250-257; zitiert: *Reischl*, JuS 2003, 250.

Reuter, Dieter/*Martinek* Michael: Ungerechtfertigte Bereicherung. Tübingen 1983; zitiert: *Reuter/Martinek*, Ungerechtfertigte Bereicherung Bd. I.

Richardi, Reinhard: Leistungsstörungen und Haftung im Arbeitsverhältnis nach dem Schuldrechtsmodernisierungsgesetz. NZA 2002, S. 1004-1012; zitiert: *Richardi*, NZA 2002, 1004.

Rogall, Klaus: Anmerkung zum Urteil des BGH vom 22.02.1978: Unwirksame Einwilligung zu einer umfassenden Zahnextraktion. NJW 1978, S. 2344-2345; zitiert: *Rogall*, NJW 1978, 2344.

Roth, Herbert: Anmerkung zum Urteil des BGH vom 16.07.2002: Die Einordnung von Forschungs- und Entwicklungsleistungen. JZ 2003, S. 371-372; zitiert: *Roth*, JZ 2003, 371.

Rümelin, Gustav: Dienstvertrag und Werkvertrag. Tübingen 1905; zitiert: *Rümelin*, Dienstvertrag und Werkvertrag.

Rüthers, Bernd: Wozu auch noch Methodenlehre? Die Grundlagenlücken im Jurastudium. JuS 2011, S. 865-870; zitiert: *Rüthers*, JuS 2011, 865.

S

Saenger, Ingo: Handkommentar zur Zivilprozessordnung. 7. Auflage, Münster 2017; zitiert: HK/*Bearbeiter*, ZPO.

Savigny, Friedrich Carl von: Das Obligationenrecht als Theil des heutigen Römischen Rechts, Band 1. Berlin 1851; zitiert: *v. Savigny*, Obligationenrecht, Bd. 1.

Schermaier, Martin: Anmerkung zum Urteil des BGH vom 13.01.2011: Zur Frage der objektiven Unmöglichkeit einer Leistung, die unter Einsatz übernatürlicher Kräfte erbracht werden soll. JZ 2011, S. 633-637; zitiert: *Schermaier*, JZ 2011, 633.

Scherner, Karl-Otto: Qualifizierte Teilnichterfüllung als Vollunmöglichkeit. JZ 1971, S. 533-537; zitiert: *Scherner*, JZ 1971, 533.

Schiemann, Gottfried: Der freie Dienstvertrag. JuS 1983, S. 649-659; zitiert: *Schiemann*, JuS 1983, 649.

Schlechtriem, Peter: Die Unmöglichkeit - ein Wiedergänger, in: Festschrift für Hans Jürgen Sonnenberger zum 70. Geburtstag (herausgegeben von Michael Coester, Dieter Martiny und Karl August Prinz von Sachsen Gessaphe) München 2004, S. 125-133; zitiert: *Schlechtriem*, in: FS Sonneberger (2004), S. 125.

Schmidt, Heinz: Der Behandlungs-Vertrag zwischen Arzt und Patienten unter besonderer Berücksichtigung der Verträge mit nichtapprobierten, sog. Heilkundigen. Eisenach 1928; zitiert: *Schmidt*, Behandlungs-Vertrag.

Schneider, Lena: Neue Behandlungsmethoden im Arzthaftungsrecht. Behandlungsfehler - Aufklärungsfehler – Versicherung. Berlin/Heidelberg 2010; zitiert: *Schneider*, Neue Behandlungsmethoden.

Schumacher, Katrin: Alternativmedizin, Arzthaftungsrechtliche, arzneimittelrechtliche und sozialrechtliche Grenzen ärztlicher Therapiefreiheit. Berlin/Heidelberg 2017; zitiert: *Schumacher*, Alternativmedizin.

Schuldzinski, Wolfgang: Individuelle Gesundheitsleistungen - Markt ohne Regeln? VuR 2007, S. 428-432; zitiert: *Schuldzinski*, VuR 2007, 428.

Schulze, Reiner/*Dörner*, Heinrich/*Ebert*, Ina et al.: Handkommentar zum Bürgerlichen Gesetzbuch. 9. Auflage, Baden-Baden 2016; zitiert: HK-BGB/*Bearbeiter*.

Schwab, Martin/*Witt*, Carl-Heinz: Examenswissen zum neuen Schuldrecht. 2. Auflage, München 2003; zitiert: *Bearbeiter*, in: *Schwab/Witt*, Examenswissen zum neuen Schuldrecht.

Schwarze, Roland: Das Recht der Leistungsstörungen. 2. Auflage, Berlin/Boston 2017; zitiert: *Schwarze*, Recht der Leistungsstörungen.

- Unmöglichkeit, Unvermögen und ähnliche Leistungshindernisse im neuen Leistungsstörungsrecht. Jura 2002, S. 73-83; zitiert: *Schwarze*, Jura 2002, 73.

Shell: Shell Jugendstudie 2006, Studie aus 2006, erhoben von TNS Infratest, abrufbar unter *Statista*: Glauben Sie, dass unerklärliche Phänomene, wie Hellseherei oder Telepathie, Einfluss auf Ihr Leben haben? https://de.statista.com/statistik/daten/studie/177284/umfrage/unerklaerliche-phaenomene-haben-einfluss-auf-eigenes-leben/ - zuletzt abgerufen am 02. Januar 2019; zitiert: *Shell*, Shell Jugendstudie 2006, in: *Statista*, Glauben Sie, dass unerklärliche Phänomene, wie Hellseherei oder Telepathie, Einfluss auf Ihr Leben haben?.

Siebert, Arvid: Strafrechtliche Grenzen ärztlicher Therapiefreiheit. Berlin 1983; zitiert: *Siebert*, Strafrechtliche Grenzen.

Sinzheimer, Hugo: Grundzüge des Arbeitsrechts. 2.Jena 1927; zitiert: *Sinzheimer*, Grundzüge des Arbeitsrechts.

Soergel Kommentar Bürgerliches Gesetzbuch mit Einführungsgesetz und Nebengesetzen: BGB. Band 2: Allgemeiner Teil 2. §§ 104-240 BGB (bearbeitet von Siebert Wolfgang) 13. Auflage, Stuttgart 1999; zitiert: Soergel/*Bearbeiter*, BGB.

Söllner, Alfred: Einseitige Leistungsbestimmung im Arbeitsverhältnis. Berlin 1966; zitiert: *Söllner*, Einseitige Leistungsbestimmung.

Spickhoff, Andreas: Beck'scher Kurz-Kommentar zum Medizinrecht. 3. Auflage, München 2018; zitiert: Spickhoff/*Bearbeiter*, Medizinrecht.

Staudingers Kommentar zum Bürgerlichen Gesetzbuch, Buch 1: Allgemeiner Teil. §§ 90-124; §§ 130-133 (Sachen und Tiere, Geschäftsfähigkeit, Willenserklärung) (herausgegeben von Norbert Habermann, Joachim Jickeli, Hans-Georg Knothe et al.) Berlin 2017; zitiert: Staudinger/*Bearbeiter*, BGB.

- Buch 1: Allgemeiner Teil §§ 134-138; ProstG (Allgemeiner Teil 4a – Gesetzliches Verbot und Sittenwidrigkeit) (herausgegeben von Volker Rieble) 16. Auflage, Berlin 2017; zitiert: Staudinger/*Bearbeiter*, BGB.

- Buch 2: Recht der Schuldverhältnisse. §§ 311, 311a-c (Vertragsschluss) (herausgegeben von Heinz-Peter Mansel und Cornelia Feldmann) 17. Auflage, Berlin 2017; zitiert: Staudinger/*Bearbeiter*, BGB.
- Buch 2: Recht der Schuldverhältnisse. §§ 315-326 (Leistungsstörungsrecht 2) (herausgegeben von Manfred Löwisch, Volker Rieble, Hansjörg Otto und Roland Schwarze) Berlin 2015; zitiert: Staudinger/*Bearbeiter*, BGB.
- Buch 2: Recht der Schuldverhältnisse. §§ 362-396 (Erfüllung, Hinterlegung, Aufrechnung) (herausgegeben von Manfred Löwisch, Dirk Olzen und Karl-Heinz Gursky) Berlin 2016; zitiert: Staudinger/*Bearbeiter*, BGB.
- Buch 2: Recht der Schuldverhältnisse. §§ 741-764 (Gemeinschaft, Leibrente, Spiel) (herausgegeben von Jan Martin Eickelberg, Norbert Engel, Maximilian Freiherr von Proff zu Irnich und Jörg Mayer) Berlin 2015; zitiert: Staudinger/*Bearbeiter*, BGB.
- Buch 2: Recht der Schuldverhältnisse. §§ 812-822 (Ungerechtfertigte Bereicherung) (bearbeitet von Stephan Lorenz) Berlin 2007; zitiert: Staudinger/*Bearbeiter*, BGB.
- Ergänzungsbände + Einstiegspakete, Ergänzungsband: Eckpfeiler des Zivilrechts 2014/2015 (herausgegeben von Roland Michael Beckmann, Jan Busche und Michael Coester) 5. Auflage, Berlin 2014; zitiert: Staudinger/*Bearbeiter*, Eckpfeiler des Zivilrechts.

Staudingers Kommentar zum Bürgerlichen Gesetzbuch und dem Einführungsgesetze, Band 2, Recht der Schuldverhältnisse (herausgegeben von Theodor Wilhelm Engelmann und Karl Kober) 2. Auflage, München 1906; zitiert: Staudinger/*Bearbeiter*, BGB (1906).

T

Tillmanns, Kerstin: Strukturfragen des Dienstvertrages, Leistungsstörungen im freien Dienstvertrag und im Arbeitsvertrag, Tübingen 2007; zitiert: *Tillmanns*, Strukturfragen des Dienstvertrages.

Timme, Michael: Anmerkung zum Urteil des BGH vom 13.01.2011: Anspruch auf Vergütung für übersinnliche Leistungen – Magisches beim BGH. MDR 2011, S. 397-398, zitiert: *Timme*, MDR 2011, 397.

Titze, Heinrich: Die Unmöglichkeit der Leistung nach deutschem bürgerlichen Recht. Leipzig 1900; zitiert: *Titze*, Unmöglichkeit der Leistung.

Tonner, Klaus/*Willingmann*, Armin/*Tamm*, Marina: Vertragsrecht, Kommentar. Fürstenwerder 2009; zitiert: *Tonner/Willingmann/Tamm*, Vertragsrecht.

U

Ullrich, Hanns: Zum Werkerfolgsrisiko beim Forschungs- und Entwicklungsvertrag, in: Festschrift für Wolfgang Fikentscher zum 70. Geburtstag (herausgegeben von Bernhard Großfeld, Rolf Sack, Thomas M. J. Möllers et al.) Heidelberg, 1998, S. 298-329; zitiert: *Ullrich*, in: FS Fikentscher (1989), S. 298.

Ulsenheimer, Klaus: Therapieabbruch beim schwerstgeschädigten Neugeborenen. MedR 1994, S. 425-428; zitiert: *Ulsenheimer*, MedR 1994, 425.

V

Voss, Jörg Michael: Anmerkung zum Urteil des OLG Düsseldorf vom 27.02.1953: Horoskope. NJW 1953, S. 1553; zitiert: *Voss*, NJW 1953, 1553.

W

Weber, Gerald: Die Unterscheidung von Dienstvertrag und Werkvertrag. München 1977; zitiert: *Weber*, Unterscheidung von Dienstvertrag und Werkvertrag.

Wendehorst, Christiane: Das Vertragsrecht der Dienstleistungen im deutschen und künftigen europäischen Recht. AcP 206 (2006), S. 205-299; zitiert: *Wendehorst*, AcP 2006, 205.

Westermann, Harm Peter/*Bydlinski*, Peter/*Weber*, Ralph: BGB-Schuldrecht Allgemeiner Teil. 8. Auflage, Heidelberg 2014; zitiert: *Westermann/Bidlynski/Weber*, SchuldR AT.

Wieacker, Franz: Leistungshandlung und Leistungserfolg im Bürgerlichen Schuldrecht, in: Festschrift für Hans Carl Nipperdey zum 70. Geburtstag, Band 1 (herausgegeben von Rolf Dietz und Heinz Hübner) München/Berlin 1965, S. 783-815; zitiert: *Wieacker*, in: FS Nipperdey (1965), S.783.

Wiese, Günther: Beendigung und Erfüllung von Dauerschuldverhältnissen, in: Festschrift für Hans Carl Nipperdey zum 70. Geburtstag, Band 1 (herausgegeben von Rolf Dietz und Heinz Hübner) München/Berlin 1965, S. 837-855; zitiert: *Wiese*, in: FS Nipperdey (1965), S. 837.

Windel, Peter: Okkultistische Tribunale? ZGS 2011, S. 218-222; zitiert: *Windel*, ZGS 2011, 218.

- Unsinnige, rechtlich unmögliche und verbotswidrige Leistungsversprechen. ZGS 2003, S. 466-472; zitiert: *Windel*, ZGS 2003, 466.

Windscheid, Bernhard/*Kipp*, Theodor: Lehrbuch des Pandektenrechts, Band 2. 6. Auflage, Frankfurt am Main 1887; zitiert: *Windscheid/Kipp*, Lehrbuch des Pandektenrechts, Bd. 2.

X Y Z

FSC
www.fsc.org
MIX
Papier | Fördert gute Waldnutzung
FSC® C083411

Kolibri 360 GmbH
Ferdinand-Jühlke-Straße 7
99095 Erfurt, Deutschland
produktsicherheit@kolibri360.de